Policy Guidelines for Tax,
Foreign Exchange and Accounting in Belt and Road Countries.

"一带一路"
税收外汇会计政策指南 Ⅱ

董付堂 姚焕然 辛修明 主编

中国经济出版社
CHINA ECONOMIC PUBLISHING HOUSE

图书在版编目（CIP）数据

"一带一路"税收外汇会计政策指南 . Ⅱ / 董付堂，姚焕然，辛修明主编 . -- 北京 : 中国经济出版社，2019.8

ISBN 978-7-5136-5725-9

Ⅰ . ①一… Ⅱ . ①董… ②姚… ③辛… Ⅲ . ① "一带一路" – 国际税收 – 会计政策 – 指南 Ⅳ . ① F810.42–62

中国版本图书馆 CIP 数据核字（2019）第 116110 号

责任编辑　杨　莹
文字编辑　郑潇伟　赵嘉敏
责任印制　巢新强
封面设计　晨罡文化

出版发行　中国经济出版社
印 刷 者　北京力信诚印刷有限公司
经 销 者　各地新华书店
开　　本　710mm × 1000mm　1/16
印　　张　24.5
字　　数　387 千字
版　　次　2019 年 9 月第 1 版
印　　次　2019 年 9 月第 1 次
定　　价　98.00 元

广告经营许可证　京西工商广字第 8179 号

中国经济出版社 网址 www.economyph.com **社址** 北京市东城区安定门外大街 58 号 **邮编** 100011
本版图书如存在印装质量问题，请与本社发行中心联系调换（联系电话:010-57512564）

主 编

董付堂　姚焕然　辛修明

编委名单

本书特别顾问

（按拼音字母排序）

房秋晨

　　中国对外工程承包商会会长

傅俊元

　　中国保利集团有限公司总会计师

王秀明

　　中国铁建股份有限公司总会计师

张　克

　　信永中和集团董事长

赵　东

　　中国石油化工集团有限公司总会计师

序 一

随着我国对外开放特别是"一带一路"倡议的深入推进，企业走出国门、拓展海外业务的步伐加大，越来越多的中国企业"走出去"并在海外市场开展投资、并购等经济活动。据商务部数据显示，2018年，我国对外投资规模持续扩大，共对全球164个国家和地区的7961家境外企业进行了非金融类直接投资，累计实现投资1701.1亿美元，同比增长44.1%；与"一带一路"沿线国家进出口总额达到6.3万亿元人民币，对"一带一路"沿线53个国家的非金融类直接投资145.3亿美元。

但由于缺乏对境外投资目的地整体营商环境的研究，近年来，"走出去"企业在国际市场开拓和经营的过程中也面临着较大的困难和风险，特别是财税外汇政策方面的风险。

据不完全统计，我国"走出去"企业多达几十万家，其中除大型企业外，绝大部分是中小型企业，普遍反映对所在国的会计政策、税收政策和外汇政策难以进行系统性的了解和掌握，特别是中小型企业，更是心有余而力不足。因此，极大地制约了我国"走出去"企业的财务管理水平和合规能力的提升，严重影响了我国企业的国际声誉。

为了帮助企业更好地了解当地财税法规，本丛书主要围绕境外投资目的地整体营商环境、税收体系、外汇制度、会计政策等方面内容，进行了较为详细的介绍。鉴于主要发达国家的财税体系较为健全，有关政策法规比较透明，资料也容易获取，本丛书不再予以整理收集。本《指南》汇集的80个国家（地区），大部分是我国企业境外业务开展较多的欠发达或发展中国家，能够基本满足我国"走出去"企业的迫切需求，有助于"走出去"企业能够快速熟悉境外投资目的地国的基本财税政策，大幅降低企业对所在国财税法规信息收集的成本，既有利于提升企业的法规遵从意识，又有利于企业防控经营风险，增强企业"走出去"的信心和底气。

本丛书是集体智慧的结晶。中国对外工程承包商会发挥了重要的平台和引领作用，参与本丛书编写的是我国"走出去"的核心企业代表，分别为中国路桥、中国建筑、中国电建、中国有色、国机集团、葛洲坝国际、CMEC、中国铁建、中石油、中国港湾、中水对外、北京建工和江西国际等十多家企业。信永中和会计师事务所对本丛书进了全方位的指导和审核，使本丛书的专业性和实用性质量得到了实质性的提升。

本丛书定位为专业工具书，旨在为我国广大"走出去"企业的财务、投资、商务和法务等专业管理人员提供参考和指南，同时，也为"走出去"企业提供专业服务的中介机构提供了重要借鉴。

由于编写组学术水平和实践经验有限，本指南难免有不足和谬误之处，恳请专家和读者批评指正！

2019 年 9 月于北京

序 二

2013 年国家提出"一带一路"倡议，随着中国与沿线国家的扎实推进，现在"一带一路"已成为举世瞩目且被越来越多的国家认可和接受的概念。近年来，中国企业对沿线国家直接投资超过 900 亿美元，完成对外承包工程营业额超过 4000 亿美元，为推动沿线国家的经济发展做出了卓有成效的贡献。

越来越多的中国企业以多种多样的方式走出国门，参与这一宏大的划时代壮举，但过程和结果并非都能遂人所愿。如近些年部分企业相继爆出海外投资失败，或遇到重大障碍而致进退两难。虽然决定中国企业海外投资能不能成功的因素非常复杂，但"知己知彼、百战不殆"，不知彼显然是其中一个重要因素。"走出去"的中国企业需要知悉目的国的经营规则和市场环境、税务财务制度和投资融资法规、政府的优惠及限制政策等。提高在国际环境下开展经营的意识和能力尤应引起足够重视，特别是在投资前期，要尽可能做到"谋定而后动"，充分了解当地规则和信息，并借助专业机构的力量，对投资事项作出审慎判断，从而避免投资损失。

鉴于此，本套丛书集合众多财会咨询专家、海外投资经营实务机构高管的智慧，全面陈述了"一带一路"沿线相关 80 个国家（地区）的投资环境、市场基本情况、税收种类和征管情况、外汇管制、会计制度及核算等政策、规定和信息。可以说，本套丛书可以视作投资"一带一路"国家的财会实务宝典。此外，越来越多的中国专业机构和专业人士在服务中国企业"走出去"中也扮演着越来越重要的角色，通过此书掌握境外目标国的基本经济情况和财税政策无疑也会有效提升这些专业人士的服务能力和效率。

"一带一路"倡议的提出和运作为所有沿线国家提供了更大的发展空间

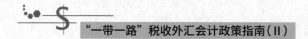

和福祉，也为中国企业提供了更多在世界舞台上驰骋的机会，若此书能在中国企业和中国专业服务机构走向世界的过程中发挥些许助力和护航的作用，则功莫大焉！

信永中和集团董事长

序 三

　　"一带一路"倡议提出六年来，中国对外承包工程行业保持良好发展势头，取得了可喜的成绩。但随着海外市场的不断拓展，企业面对的东道国政策法规环境也日趋复杂，企业中普遍存在着对所在国法规理解不透彻、经营管理中有"盲区"、正当权益遭侵害而维权不力等现象。特别是，很多企业对当地的财税政策了解较为肤浅和不系统，容易出现因无知和冒进的做法而触犯法律法规的问题，给企业经营带来损失，声誉造成影响，这其中的教训值得我们认真总结和反思。"走出去"企业迫切需要在了解和适应海外法律法规方面得到更多的指导和服务。

　　《"一带一路"税收外汇会计政策指南》丛书的出版，正是恰逢其时，为中国"走出去"企业提供了全面、及时、实用的海外政策信息指南，对企业开拓国际市场、提升合规经营和企业管理水平将发挥重要作用。

　　该《指南》由中国对外承包工程商会融资财税委员会组织行业内十多家骨干会员企业，联手信永中和会计师事务所共同整理研究的成果。《指南》对 80 个国家（地区）的投资经营环境、法律体系、外汇管理规定、税收会计政策等方面进行了详尽的解析，相信能对"走出去"企业准确了解所在国法规政策，快速融入当地营商环境，有效防范政策风险，促进企业可持续发展起到一定的引领和指导作用。

　　中国对外承包工程商会将进一步发挥各专门委员会的特色与专长，为广大企业提供更为专业和实用的服务，为中国企业全面参与"一带一路"建设，实现"共商、共建、共享"发展做出新的贡献！

中国对外承包工程商会会长

序 四

"一带一路"倡议提出以来，中国企业"走出去"的步伐不断加快，竞争实力日益提高，在国民经济中发挥着越来越重要的作用。但由于海外政治社会、法律财税、营商环境等方面存在较大差异，给企业国际化经营带来了较大挑战。

国际化经营涉及的内容繁多，企业需要从国际税法、国际税收协定、外汇和会计政策等角度作出系统全面的安排。企业在进行境外投资前有必要认真做好功课，对境外的税收、外汇和会计政策等重要内容进行充分了解、考察和分析，并针对企业自身情况制定出最优的投资架构、退出渠道等方案，以便有效规避境外投资风险，实现投资利益的最大化。

《"一带一路"税收外汇会计政策指南》丛书主要围绕境外投资目的地国整体营商环境、主体税种、征管制度、双边税收协定、外汇制度和会计政策等方面内容进行详细介绍，涉及"一带一路"沿线80个国家（地区），旨在使中国企业及时、准确、全面地了解和掌握境外投资的税务成本、纳税操作、税务风险规避、外汇和会计政策等重要信息，满足"走出去"企业的迫切需求，有助于"走出去"企业能够快速熟悉境外投资目的地国的基本财税政策，大幅降低企业对所在国财税法规信息收集的成本，既能够提升企业的法规遵从意识，又能够增强企业防控经营风险的信心和底气。

本丛书集合各类专家智慧结晶，具有很强的专业性、指导性和实用性，是不可多得的系列工具用书，对于助力中国企业"走出去"积极践行"一带一路"倡议将发挥重要作用。

中国石油化工集团有限公司总会计师

专家推荐语

　　随着"一带一路"倡议的深入推进，中国企业"走出去"的步伐不断加快，海外业务拓展迅猛，但由于海外政治经济人文等差异较大，各项政策制度复杂多变，给企业生产经营带来了很大的困难和挑战，也积聚了一系列的问题和风险，必须引起高度重视，积极做好各项应对之策。《"一带一路"税收外汇会计政策指南》丛书，围绕80个国家（地区）颁布的税收、外汇和会计政策等问题，进行全面系统收集整理，认真分析归纳研究，以应用指南的形式呈现给广大读者，值得"走出去"企业的相关人员借鉴和参考。该丛书覆盖范围广，涉及"一带一路"沿线80个国家（地区），涵盖中国企业"走出去"的重点区域；针对性强，选择了税收、外汇和会计政策等中国企业"走出去"过程中遇到的最迫切、最现实的问题，能够满足我国各类企业"走出去"的基本生产经营需要；操作性强，内容安排上既有基本制度和相关情况的介绍，又有重要制度政策解读以及具体操作应用指引；权威性高，集合中国对外工程承包商会及我国"走出去"的十多家核心企业代表的集体智慧，同时也得到信永中和会计师事务所的专业指导和审核。该丛书是广大"走出去"企业的财务、投资、商务和法务人员非常难得的操作应用指南。

中国铁建股份有限公司总会计师

这是一部中国企业"走出去"践行"一带一路"倡议的重要工具用书，对于实际工作具有十分重要的参考价值。

中国保利集团有限公司总会计师

"一带一路"倡议重在促进沿线国家之间的互联互通，加强相互间的经贸合作和人文往来。缺乏对相关国家会计、税收、外汇等体系的充分了解，不仅会提高经贸合作的成本，而且会加大经贸往来的风险。汇聚了我国在"一带一路"经贸合作领域耕耘多年的多家知名企业的实务界专家们巨大心血的这本政策指南，填补了空白，可以为我国"走出去"的企业提供极富价值的参考，对学术界开展国际比较研究，夯实会计基础设施，助推"一带一路"合作，也有很好的参考价值。

上海国家会计学院党委书记、院长

习近平总书记在推进"一带一路"建设工作5周年座谈会上发表重要讲话指出，过去几年，共建"一带一路"完成了总体布局，绘就了一幅"大写意"，今后要聚焦重点、精雕细琢，共同绘制好精谨细腻的"工笔画"。要坚持稳中求进的工作总基调，贯彻新发展理念，集中力量、整合资源，以基础设施等重大项目建设和产能合作为重点，在项目建设、市场开拓、金融支持、规范经营、风险防范等方面下功夫，推动共建"一带一路"向高质量发展转变。

"一带一路"沿线国家的发展水平、社会制度、宗教民族、文化习俗等方面千差万别，企业"走出去"面临诸多风险。"一带一路"建设中要行稳致远，持续发展，需要政府加强政策沟通，建立以规则为基础的法治合作体系，更需要企业遵守东道国的法律法规，建立健全风险防范机制，规范投资经营行为。这就要求企业加强对沿线国家法律法规的深入了解和科学应用，不断提高境外安全保障和应对风险能力。《"一带一路"税收外汇会计政策指南》丛书的出版，可谓应景适时。

本丛书有以下三个突出特点：一是选题聚焦"一带一路"沿线国家的税收、外汇与会计等财经政策，契合企业当前的迫切需求，可以帮助企业及时了解、识别和规避沿线国家的财税、外汇与会计风险，对企业提升相关业务的合规合法性、促进企业稳步发展具有重要的现实意义。二是编写团队来自我国参与"一带一路"建设的核心企业代表，他们不但熟悉沿线国家的财经政策，并且有扎实的理论功底和丰富的实践经验，确保了本书的专业性。三是内容翔实，重点介绍了80个国家（地区）最新的税收、外汇和会计政策，具有很强的针对性和时效性，为"走出去"企业提升财经风险意识、夯实财经管理基础和提高财经风险防范能力提供了基本遵循。

本丛书源于实践，是切合实际的专业性指导工具书。在此，由衷地希望"走出去"企业及相关从业者能够从本丛书汲取营养，共同助力"一带一路"建设，为推动共建"一带一路"走深、走实做出积极贡献。

厦门国家会计学院党委书记

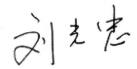

目录 CONTETS

第一章 赤道几内亚税收外汇会计政策

第一节　投资基本情况

一、国家简介

赤道几内亚国土面积 28051 平方公里（其中大陆部分 26017.46 平方公里，岛屿 2034 平方公里），位于非洲中西部几内亚湾，由大陆上的木尼河地区和几内亚湾内的比奥科、安诺本、科里斯科等岛屿组成。木尼河地区西濒大西洋，北接喀麦隆，东、南与加蓬交界。赤道几内亚领海面积为 31.2 万平方公里，海岸线长 482 公里，海上与圣多美和普林希比及尼日利亚毗邻。首都马拉博位于比奥科岛，陪都巴塔位于大陆西海岸，为沿海港口城市。全国人口 130 万（2017 年官方统计）。官方语言为西班牙语。赤道几内亚的货币币种为中非法郎（FCFA）（简写 XAF）。

赤道几内亚税收会计法律基本沿袭法国和西班牙的税收会计法律体系，近年来，OHADA 商法组织对商法体系进行协调统一，《企业会计组织和协调统一法》就是针对会计核算体系、法律体系而做出。该法于 2000 年 3 月 24 日在喀麦隆首都雅温得通过，该法为成员国确立了统一化的会计制度，对会计组织、提交年度账目的义务、净利润的计算和确定规则、审计、会计信息的公开、综合账户，以及刑事制裁等事项有全面的规定。

二、经济情况

赤道几内亚的经济以种植业为主，主要的出口产品是可可，其次为咖啡。赤道几内亚林、渔业资源丰富，森林覆盖率 80%，现平均每年出产原木 50 万立方米左右，其中约 90% 用于出口，在石油开发之前是赤道几内亚的支柱产业。

1996 年在赤道几内亚领海内发现了大量石油资源，此后该国经济快速增长，1997—2001 年的年平均经济增长率达 41.7%[①]。到 2004 年，赤道几内

---

① 数据来源：赤道几内亚财政与预算部网站 http://www.minhacienda.gob.gq/。

亚已经成为撒哈拉以南非洲的第三大石油生产国,石油产量达 36 万桶/日。

20 世纪 90 年代中后期以后,石油产业的迅猛发展推动赤道几内亚成为全球经济持续高速增长的国家之一。2001—2008 年赤道几内亚 GDP 增长达 20%,2011 年以来,赤道几内亚经济增长速度放缓。受主要油田——Zafiro 综合油气田产量近年来大幅下降影响,赤道几内亚原油生产和出口下降,GDP 年增长率不断降低,并且受国际油价及经济形势的影响,2013 年 GDP 年增长率由 2012 年 10.2% 下降至负 7.6%,2014 年赤道几内亚的 GDP 年增长率为 1.2 %[①]。

为拓宽财政收入渠道,减少对油气收入依赖,并推进经济多元化进程,赤道几内亚政府于 2014 年 5 月颁布第 71 号总统令[②],决定设立赤道几内亚 2020 国投公司。

近期,赤道几内亚国投已进入实质性运作阶段,国内外投资者均可申请赤道几内亚国投注资。赤道几内亚国投核准项目主要考量:投向符合经济多元化战略的工业生产性项目,并能够创造就业;能够赢利;培训人力资本,以便项目在外资撤出后可持续运营;有意转让技术。目前,赤道几内亚国投将以非控股股东(股权比重 1%~49%)的身份参股,投资者为控股股东,并负责公司管理经营。

赤道几内亚为中非经济和货币共同体成员国,其国内的法律法规也参照或沿用了中非经济和货币共同体的规章制度,成员国实行统一中非金融合作法郎(简称中非法郎),由中部非洲国家银行发行和管理。

三、外国投资相关法律

根据《统一法案》,任何要通过公司在《统一法案》条约成员国从事商业活动的人员,不管其国籍如何,必须选择《统一法案》规定的适合其业务的公司形式,包括有限责任公司、股份有限公司、一般和有限合伙企业以及分公司。除了合营企业(Sociétéenparticipation)外其他形式公司须经商业和信用登记处(Registre du Commerceetdu Credit Mobilier)登记注册。

---

① 赤道几内亚财政与预算部网站 http://www.minhacienda.gob.gq/。
② 第 71 号总统令:《关于设立赤道几内亚 2020 控股公司和共同投资基金的总统令》,2014 年由赤道几内亚财政与预算部颁布。

赤道几内亚的《劳动法》统一规定签订合同可以有一个月的试用期，特殊工种为三个月；当劳动者在远离居住地的地区工作时，用人单位必须支付差旅费；用人单位每过三个月需向劳动部汇报就业情况，包括人数、名单、职业和工资收入；赤道几内亚法律同时规定公司雇佣当地员工的比例应在 90% 以上。

赤道几内亚有关环境保护的法律法规主要有《环境保护调节法》和《矿产法》等。投资者在赤道几内亚境内投资前，需对投资项目做环境影响评估报告，企业有责任消除投资项目对当地环境的影响。近年来，赤道几内亚政府对环境保护的关注日益加大，对赤道几内亚在建及完工项目进行了环保排查，并责成承建公司限期整改。

赤道几内亚对我国公民持有外交护照和公务护照免签，持有我国外交护照、公务护照者在赤道几内亚停留时间少于 30 天的可免签，但应携带邀请单位出具的官方文件。赤道几内亚驻华使馆只出具 30 天期限入境签证，如需停留更多时间，只能在抵达后办理长期居留。普通护照签证种类如下：过境签证，指为外籍人员在赤道几内亚国际机场、港口及陆地关口过境而颁发的签证；普通停留签证，指为外籍人人员签发的有效期半年（自首次入境始）每次不间断停留期不超过 3 个月的签证；工作、居留签证，指为外籍人员颁发的自雇或他雇的工作签证，学生签证，指为外籍人员颁发的在赤道几内亚学习、科研、培训的签证。

外国人在当地工作必须具备合法的手续，首先是要办理入境签证，入境后在签证有效期内办理居留证，之后方能在当地合法居留和工作。

法律规定，外国人在赤道几内亚工作，需要获得工作许可证，工作许可证共分为四种，第一种为 A 类许可证，此种许可证适用于短期或临时赴赤道几内亚工作的外国人，该证件不予更新，价格为 50000 中非法郎（约合人民币 500 元）；第二种为 B 类初次许可证，该许可证期限不得超过一年，适用于赴赤道几内亚工作的外国人，价格为 75000 中非法郎（约合人民币 750 元）；第三种为 B 类已更新许可证，该许可证为 B 类初次许可证，延期后可获得的许可证，期限为两年，价格为 125000 中非法郎（约合人民币 1250 元）；第四种为 C 类许可证，授予 B 类已更新许可证延期后可获得的许可证，期限为三年，价格为 150000 中非法郎（约合人民币 1500 元）。

四、其他

赤道几内亚是中非货币与经济共同体(CEMAC)成员国,其他成员国分别为中非共和国、喀麦隆、加蓬、乍得、刚果共和国。赤道几内亚流通的货币中非法郎由 CEMAC 六国共同的中央银行——中非国家银行(BEAC)发行。中非法郎与欧元挂钩,实行固定汇率,1 欧元等于 655.957 中非法郎。新的中非法郎发行以来,币值一直随欧元变动,币值和汇率相对比较稳定。

中非货币与经济共同体国家,于 2000 年 4 月 29 日,以中非货币与经济共同体第 02/00/CEMAC/UMAC 号规定的方式,通过了外汇管理一体化条款,该条款支配共同体各成员国的对外金融财政关系。赤道几内亚外汇管制政策依据该条款主要分成 CEMAC 内部和 CEMAC 外部两部分。通常对 CEMAC 成员国之间的外汇进出不受限制,而对中非共同体成员国以外外汇进出限制较严。中赤两国暂未签署相关税收协定。

第二节　赤道几内亚税收概述

一、税法体系

赤道几内亚现行税法是 2004 年 10 月 28 日颁布的《赤道几内亚税收体制管理法 No.4/2004》和 2007 年 5 月 16 日颁布的《旨在建立新的财政税收机制同时明确相应税款的征收 No.2/2007》,该税法基本与中非经济与货币联盟(CEMAC)的税收政策一致。赤道几内亚实行属地税制,主要税种有企业所得税、个人所得税、不动产税等直接税与增值税、关税等间接税。赤道几内亚经济和财政部负责制定国家税收政策,每年都根据宏观经济发展的需要对税率标准进行一定调整。赤道几内亚的国家税务局是政府管理和征收各类税收的主管机构。

二、税收征管

（一）征管情况介绍

赤道几内亚实行税收中央集权制，税收立法权、征收权、管理权均集中于中央，由赤道几内亚财政、经济与规划部主管。主要的税法由赤道几内亚财政、经济与规划部制定，报国会审议通过，由总统颁布。

赤道几内亚经济和财政部负责制定国家税收政策，每年都根据宏观经济发展的需要对税率标准进行一定调整。赤道几内亚的国家税务局是政府管理和征收各类税收的主管机构。

赤道几内亚主要税种包括企业和个人所得税、红利和利息等直接税、增值税和财产转移税等。实行属地税制的税种有个人所得税、红利和利息等直接税、增值税和财产转移税等。

（二）税务查账追溯期

赤道几内亚《税法》第 65 条规定，税务管理机关追缴税款、罚款、追缴不当收入的权利在五年之后将不在有效，同时《税法》66 条对失效期限的法定中断情形也进行了规定。另外《税法》第 314 条规定，纳税人应保留在经营开始后五年内的收入和支出账本。

税收违法行为分为：一般税收违法行为、税收疏漏违法行为、偷逃税款违法行为、逃避税务检查违法行为。

一般税收违法行为：未能履行登记和计算义务，以及未能提供税法规定的数据、报告、背景和证明。消极抗拒或阻碍税法条款中规定的核实和调查行动。因疏忽导致国家财政的经济损失。各项税收规章制度中所规定的简单税务违法行为。上交虚假的或不准确的但未导致计算错误的声明。

对一般纳税违法行为的金钱处罚：当为未在规定期限之内呈交声明的一般税收违法行为每月处以 10 万中非法郎的罚金或违法；税法规定其他内容的一般违法行为则处以 5 万中非法郎的罚金。非金钱处罚：一般违法行为，查封其交易地或企业所在地。赤道几内亚税法规定，一般税务违法行为查账追溯期为五年。

税收疏漏违法行为：故意向税务管理部门完全或部分隐瞒可纳税行为或隐瞒纳税基础的准确金额，包括为呈交或未在规定期限内呈交税法规定的税务声明或者呈交虚假或不准确的但未导致计算错误的声明。税收疏漏违法行为查账追诉期为五年。

对税收疏漏违法行为处罚：处以平均隐瞒应交税款的一半的金额，但最低不得低于每月15万中非法郎的罚款。

偷逃税款的违法行为：未在各项税收规定的期限内向国库存入税务债务的所欠款项；消极抗拒或阻碍税收管理部门的核实或调查行动；给税务管理部门获知和确定其真实的税务债务造成困难、拖延或使其不能进行的恶意行为；在税务征收的计算和登记中出现异常或不正规现象；上交虚假的登出声明；同时犯有一般税收违法行为和偷逃税款的行为。偷逃税款违法行为无限期追溯。

对偷逃税款税收违法行为处罚：处以偷逃税款的两倍最低为1亿中非法郎的罚金。偷逃税款违法行为，勒令取消其一年的活动和职业。

脱逃税务检查违法行为，指秘密生产或买卖财产或商品，和提供需缴税的服务，却逃避上缴税款的行为。脱逃税务检查的违法行为无限期追溯。

脱逃税务检查违法行为，处以税款的3~5倍，或商品或产品价值的3~5倍的罚金。脱逃税务检查的违法行为，取消其三年内获得国家补贴的机会，取消其与国家和其他公共部门所签合同的相同期限内享有财政好处和鼓励的权利。

由于拖延、延期和催缴产生的利息和其他增额不考虑为罚金并且与罚金并存，而且将增加产生该利息和增额的税收金额。

（三）税务争议解决机制

《税法》第124条规定税务委员会为有义务解决出现在税务管理部门和纳税人之间的纠纷问题。税务委员会进行的所有程序将由课税和纳税总署和国家财政及预算部代表处在辖区内办理。税务委员会解决由于纳税人对税务机关采用不恰当纳税基础、税率提出的上诉。

税务机关与争议当事人协商解决。这种解决方式是目前赤道几内亚税收争议的一种普遍解决方式，也是成本耗费最低的一种解决方式。争议双方当事人通过协商解决问题不需要通过上级税务机关和司法机关，如果问题能够得到协商解决可以减少争议双方的矛盾，缩短争议解决的时间，减少争议解决的环节。但如果问题如果不能够协商解决或是当事人在达成协议后又反悔的又不得不诉诸于其他途径来解决争议。因此，协商解决争议是解决方式中法律效力最低，不确定因素最多的一个。

税收委员会行政复议解决。这种争议解决方式的法律效率略高于协商解决方式。此种方式由税务委员会按照税法规定确定纳税人纳税基础、税率，但它不能涵盖所有税收争议管辖范围。

诉讼解决。这种解决方式是最具法律效力、最公平的一种。在赤道几内亚涉税的案件中，由于缺乏此类案件的经验和保障体制也经常败诉，这种方式付出成本也比较多。

其他方式。对于体制上或是立法层面的问题通过国家权力机关、行政机关本身行使其立法权、监督权来行使其检举、监督、建议权来解决。

三、主要税种介绍

（一）企业所得税

1. 征税原则

企业所得税法是具有普遍征收性质的税，对公司或其他法律单位所获利润总额直接、定期按比例进行税收。

企业所得税法引入居民企业概念。居民企业是指依照赤道几内亚法律成立的，或依照外国法律成立但实际管理机构设在赤道几内亚的企业。居民企业需就全球收入在赤道几内亚缴纳企业所得税。非居民企业仅就来源于赤道几内亚的收入缴纳企业所得税。

赤道几内亚注册的企业必然是居民企业，而实际管理机构设在赤道几内亚的外国公司也可能被认定为赤道几内亚居民企业。认定标准为：居民企业为在 1 个公历年内在赤道几内亚营业时间超过 3 个月，或在两年内营业时间超过 6 个月的商业实体。

2. 税率

居民企业所得税税率为 35%，纳税额为其全球收入的利润总额。非居民企业就其来自赤道几内亚的总收入征收 20% 的预提税。

3. 与企业所得有关的其他税种

最低公司税。居民纳税人如果发生亏损，营业额缴纳 3% 的最低公司税。此处营业额指全球范围内的营业额，按照赤道几内亚税法的规定，"各个公司或各个集团应该交纳的税款应不少于前一财政年度内此公司或集团全球范围内获得的营业额或盈利的3%，最小缴纳金额为80万中非法郎。"最低公司税应于当年3月31日前申报纳税。未按照规定数额缴纳最低公司税或未在规定期限内缴纳者，将被处以应交税款的50%作为附加惩罚。最低公司税实为企业所得税的预缴税，将于第二年汇算清缴企业所得税时予以扣除。

4. 税收优惠

外商投资企业为赤道几内亚带来新的就业机会的，可以按企业员工总工资的50%加计扣除抵扣企业所得税，税收优惠时间最长不能超过18年；外商投资企业培训赤道几内亚雇员，可以按培训雇员总费用的200%抵扣企业所得税，税收优惠时间最长不能超过18年；促进非传统商品出口的企业将获得由赤道几内亚经济部颁发的专用信用证。该信用证可用于支付财政税费和关税，支付金额最高不能超过企业为促进非传统商品出口从银行贷款总额的15%。信用证有效期最长不超过18年。具体申请办法是出口企业向赤道几内亚经济部提交出口证和出口收入证明，取得信用证，信用证由第三方进行担保。

5. 应纳税所得税额确定

应纳税所额得指的公司的总收入在扣除可列支的扣除项及弥补亏损后的余额。公司发生亏损可以向以后年度结转弥补，期限为三年（石油与天燃气行业期限为五年）。在公司重组时，一个实体的亏损不得转给另一个实体。

6. 反避税规则（特别纳税调整）

（1）关联方交易。企业与关联方之间的收入性和资本性交易均需遵守独立交易原则。目前赤道几内亚在当地形成产业链企业并不多，税务机关对关联企业的关注度并不高。

（2）转让定价。目前的税法上没有明确的规定，但在OHADA会计核算体系上有相关的定价确认原则。

（3）资本弱化规则。企业从其关联方接受的债权性投资与权益性投资的比例超过中非六国银行规定标准而发生的利息支出，不得在计算应纳税所得额时扣除。

公司高管和股东提供给公司的贷款不允许扣除利息，除非贷款金额不超过他们持有的权益性资本。

7. 征管与合规性要求

（1）企业所得税征税地点。根据法人或社团名下的用于在赤道几内亚开展一系列应税经营活动的一定比例的份额确立，设在公司总部所在地或在其最初创立的地方。对于位于赤道几内亚境外的并且与赤道几内亚境内的法人或企业有从属或相互依存关系的法人，其课税地点和它与之保持联系的法人或企业征税地点相同。这些国内的法人和企业共同承担未赤道几内亚以外的法人缴纳税款的责任。

（2）未按照规定时间申报税款，比规定时间迟 1 个月或迟 1 个月以内申报税款者，罚款 20 万中非法郎。以这种计算方式，所计算出的罚款总数额将不应超过应缴纳税款的 75%。

未按照实际数目申报税款，当未申报的部分超过已申报部分的十分之一时，将处以未申报部分的 50% 作为罚金。如果纳税人不具备良好的信誉时，罚金将被提升到未申报部分的 100%。

拒绝提供会计报表或拒绝提供此税收制度任何其他的证明文件者，在对其明确警告之后，每迟交 1 个月将对其处以 5 万中非法郎的罚款。不足 1 个月的按 1 个月计算。

（3）企业所得税的申报。企业所得税申报纳税时间为次年 4 月 30 日前。应在收到财政部出具的税务清算通知的 15 天之内缴纳，追缴年限为五年。

（二）增值税

1. 征税原则

根据《税法》第 270 条规定增值税是一种普遍征收的税，与消费有关，不管是企业和个人的习惯性交易还是临时交易都应收取税金。同样，公司进口货物也将被收取增值税。从征收范围的角度看，将所有货物（不动产除外）的生产、流通以及加工、修理修配劳务均纳入增值税的征税范围；从纳税人的角度看，将所有从事货物（不动产除外）生产、流通以及从事加工修理修配的业务的一切单位和个人，都纳入增值税的征收范围。

2. 计税方式

根据《税法》第 308 条规定一般商贸企业采用简易征收管理，其他企业采用一般计税（销项减进项），其中进项抵扣税额需提供具有纳税人识别（NIF）的发票。免税项目和应税项目分开核算，未分开核算则需按扣税权利的经营有关的交易量部分来计算。

3. 税率

《税法》第 294 条规定增值税税率分为 15%、6% 和 0% 三种税率。

标准增值税税率为 15%。

0%税率适用于税法中提供的特定产品和设备清单（例如某些医疗产品、某些建筑设备）。

6%税率适用于有限的基本消耗品和书籍清单。

简易征税的税率：由与增值税相关的营业收入作为分子和缴税人所得到的任何性质的总收入作为分母计算得出。收入的计算周期是以一个经营周期计算而不是以月计算。在提交新的结算账目时，公司可以对税率进行调整。计税方式为：

增值税税额 = 应税收入 ÷（1+ 简易征税的税率）× 简易征税的税率

4. 增值税免税

属于免税范围的业务类型主要有：所有者本人直接销售自产未经加工的农、渔、猎、牧产品；出售地面及其以下开采的产品；个人出售不动产；外部贷款产生的利息；客户存款产生的利息；旅客符合制度下进行的小型进口贸易，并且商品价值不超过 50 万中非金融合作法郎；银行、保险及再保险；社会、教育、文化、慈善、宗教性质的公共事业或贸易活动服务；中非税经联盟（UDEAC）关税协定规定免税的进口；医疗产品及服务；学校收取的学费、书本费；邮资；报刊杂志（广告除外）出版销售；农机；出租房屋用于居住等。

5. 销项税额

《税法》第 292 条规定销项税的计税基础为销售货物或提供的服务全部价款。

在商品移交方面，由购买方支付的总金额或总价值，所有作为销售方已接收或待接收的收益、利益、商品或服务构成。

在进口方面由海关进口税构成，包括除增值税以外，第一次现金支付的价格和所有税金。

在公共事业赋税方面，由接收到的所有款项以及津贴构成，在此情况下，还应包括过程中消耗产品的价值。

在货物交换方面，作为供应产品的交换，由接收到的产品价值以及支付的现金价值构成。在不动产工作方面，由所有买卖、交易、账单的总金额构成。

产品自销的计税基础由下列因素构成：未进行继续加工而购买或使用的不含增值税商品的进货价格；制造或者继续加工商品的成本。

6. 进项税额抵扣

《税法》第 299 条规定按照交易价格计算的增值税可抵扣本次交易中发生的进项税，记载在具有纳税人识别号（NIF）的发票中的进项税允许抵扣。下列进项税不得抵扣：虚假发票；虚假申报的海关进口增值税；取得附属于不允许抵扣进项税资产的服务发票。

7. 征收方式

增值税按进销项相抵后的余额缴纳，征收后税款不再退回。如有增值税留抵税额，只能用于抵扣以后年度应缴纳的增值税，且抵扣期不得超过两年。

8. 征管与合规性要求

（1）增值税按月申报，要求纳税人于次月 15 日前进行申报，并在申报期后 15 天内缴纳。

（2）《税法》第 325 条规定逾期申报、未申报以及逃税将被处以的 50%~100% 的罚息。

9. 增值税附加税

无

三、个人所得税

1. 征税原则

赤道几内亚个人所得税实行综合征税，起征点为年收入 100 万中非法郎，实行超额累进制，税率最高税率为 35%。

居民是指在本国长期从事生产和消费的人或法人，符合上述情况他国的公民也可能属于本国居民。这时，居民可分为自然人居民和法人居民。如果一个人留在该国，一个人在 1 个日历年内停留超过 3 个月，或者在 2 个日历年内停留超过 6 个月，则一个人被视为居民。相反，非居民是在赤道几内亚的 1 个日历年内花费不到 3 个月的人在进行一项活动时。

2. 申报主体

个人所得税申报应由发放工资单位代扣代缴，申报纳税时间为次月 15 日前。

3. 应纳税所得额

根据《税法》对个人下列收入征收个人所得税：不动产收入；工业、商业及手工业收入；工资薪金及其他报酬收入；非商业性职业收入；出售动产收入；可转让性资本收入；农业收入。

4. 与个人相关的其他税种

个人资本所得税。对外籍人在股票、债券、存款利息、房地产销售等获得的收入征收 25% 预扣税。

自然人税。赤道几内亚《税法》规定，对自然人的征税，所有居住或定居在赤道几内亚的自然人都应承担，所有 18 周岁以上本国人和外国人，不分性别，不论暂居或定居在赤道几内亚，都是对自然人税的征税对象。税率以居住地区分，依据地区经济发达程度和收入水平依次递减，此税的缴纳额由以下方式决定：①居住在马拉博和巴塔城市地区的，每人 5000 中非法郎。对于居住在毗邻的非城市地区的居民可以降低 50%；②居住在其他省会城市地区的居民，每人 3500 中非法郎；③居住在特区首府的居民，每人 1500 中非法郎；④居住在城市首府的居民，每人 1000 中非法郎；⑤居住在农村地区的居民，每人 500 中非法郎。自然人税按年收取，并且应在每个财政年度的第一季度申报缴纳。

5. 扣除与减免

各行业按照标准扣除后的净收益缴纳个人所得税；因购买动产不动产贷款产生的利息支出；不动产收入扣除购买不动产支付的金额；工业、商业及手工业收入扣除购买时支付的金额；工资薪金及其他报酬收入扣除生活必须的住宿、家政、水电、食品、社保。

根据《税法》规定：对于未达到个人所得税起征点和外交人员免征个人所得税。

6. 税率

赤道几内亚个人所得税实行综合征税，税率实行累进税率。

表1-2-1 赤道几内亚的缴税标准

需要缴税的年收入（CFA）	税率	税金（CFA）
从 0~1000000	0%	免税
从 1000001~3000000	10%	200000
从 3000001~5000000	15%	500000
从 5000001~10000000	20%	1500000
从 10000001~15000000	25%	2750000
从 15000001~20000000	30%	4250000
多于 20000000	35%	

数据来源：《赤道几内亚共和国税务法》第 252 条。

7. 征管与合规性要求

个人所得税按月申报，截止日期为每月 15 日之前。

惩罚逾期申报、未申报以及逃税将被处以 50% 的罚息和根据《税法》的罚则处罚。

四、关税

1. 关税体系和构成

赤道几内亚海关关税的征税对象为与共同体与外部国家之间进出口的商品或服务。赤道几内亚作为中非国家关税联盟成员国，进口物资关税率分为两大类：一类是中非国家关税联盟成员国之间的进口关税率，另一类是中非国家关税联盟成员国对外统一的进口关税率。成员国之间的进口关税率是对外统一的进口关税率的十分之一。（见表 1-2-2）：

表1-2-2　赤道几内亚进口物资关税率分类表

物资分类	关税等级	联盟对外税率	联盟对内税率
必需品	1	5%	0.5%
原材料和材料	2	10%	1%
中间产品和杂项	3	20%	2%
奢侈品	4	30%	3%

数据来源：非洲商法协调组织 http：//www.ohada.org/index.php/fr/。

上述进口税率只是基准税率，实际操作中还需另加12%的特别税（非增值税）、0.5%交易税。赤道几内亚部分进口物资实际进口税率见表1-2-3：

表1-2-3　赤道几内亚部分进口物资关税率表

物资名称	关税等级	中非国家关税联盟对外统一税率
水泥	3	22.6%
沥青	2	23.7%
钢筋	3	34.9%
铸铁管	3	34.9%
油漆	2	22.6%
燃料	2	23.7%
电缆	3	34.9%

数据来源：非洲商法协调组织 http：//www.ohada.org/index.php/fr/。

表1-2-4　赤道几内亚关税名称及其计算方法

编号	简写	关税中文翻译	税率	计算方式
1	TEC	进口关税	X	$VI \times X$
2	TCI	共同体统一税	1%	$VI \times 1\%$
3	CCI	共同体统一捐税	0.40%	$VI \times 0.4\%$
4	RDI	信息税	2%	$VI \times 2\%$
5	OHADA	非洲商法协调机构税	0.05%	$VI \times 0.05\%$
6	IVA	增值税	15%	$VI \times (1+X) \times 15\%$

数据来源：非洲商法协调组织 http：//www.ohada.org/index.php/fr/。

2. 税率

海关关税针对共同体与外部国家之间的商品或服务的进出口，实行落地申报。关税税率如表 1-2-5：

表1-2-5　赤道几内亚进口物资关税率分类表

物资分类	关税等级	联盟对外税率	联盟对内税率
必需品	1	5%	0.5%
原材料	2	10%	1%
中间产品	3	20%	2%
奢侈品	4	30%	3%

数据来源：非洲商法协调组织 http://www.ohada.org/index.php/fr/。

3. 关税免税

特定现汇项目在合同条款中明确享受优惠关税政策及税率。中国政府资金框架项目大部分在合同条款中约定免关税，但必须缴纳中非共同体税，税率为 3.45%。优惠范围一般为建设该项目所进口物资、机械设备，主要包括钢筋、水泥、沥青、车辆、机械设备等大宗材料。免税期限为项目合同上规定的施工期限，如遇工程延期需要向海关提供由业主出具的延期证明并办理延期免税文件。但生活物资、豪华车辆不在免税范畴。

为支撑某个行业或者是招商引资的需要，财政部会单独针对某个行业或者某个企业出具的免税文件，免税范围和优惠范围根据免税协议确定。

4. 设备出售、报废及再出口的规定

企业向项目所在地海关监管机构申请鉴定所需出售的免税车辆、机械和设备，由监管机构鉴定残值后出具书面文件；按残值补缴全额关税并取得结关单后可出售。免税到期后，如果没有后续免税项目，需按鉴定残值补缴关税，企业可自行处理设备；如果转入其他免税项目，需要办理转移登记手续；如果项目结束后设备转场到其他国家，需取得海关监督管理机构的同意，按照核定的残值缴纳 1% 的出口税。

五、企业须缴纳的其他税种

赤道几内亚现行税法是 2004 年 10 月 28 日颁布的《赤道几内亚税收体制管理法 No.4/2004》和 2007 年 5 月 16 日颁布的《旨在建立新的财政税收

机制同时明确相应税款的征收 No.2/2007》，该税法中规定其他税种包括：

不动产税。不动产税的征税对象为土地以及房地产的收益和其真实或潜在的利润。农村土地每公顷征收 100 中非法郎不动产税（5 公顷以下免征）；城市不动产税税率为以土地价值和土地上建筑物价值总和的 40% 为税基征收 1% 的不动产税。不动产税应于每年第一季度进行申报缴纳。

财产转让税。财产转让税分为动产（指除土地、房地产以外的财产）转让和不动产（土地、房地产）转让两种，同时在赤道几内亚国民之间转让和赤道几内亚国民与外籍人之间转让税率存在明显差别。动产转让：赤道几内亚人与外籍人、外籍人之间的动产转让需缴纳 3% 转让税。不动产转让：赤道几内亚国民之间的不动产转让税率为 5%，赤道几内亚人与外籍人的不动产转让税为 25%。财产转让税的税基为合同额。

继承税、赠与所得税、人寿保险的纳税。继承税：税率为受益人继承所得的 10%。赠与所得税：税率为受益人接受赠与财产或物品所得价值的 5%。人身保险受益税：指合同签署人不是受益人的人身保险合同，税率为受益人接受人寿保险公司赔付金额所得的 10%。

特殊产品税。特殊产品税等同于国内的消费税，该国对酒类、烟草、美容化妆品、贵重金属、高档数码产品、奢侈品等特殊商品按照特定税率征收特殊产品税，税率较高，一般在 20% 以上。《税法》第 296 条规定了适用于消费税产品的单一税率 30%，税基为不含消费税的商品价格。

印花税。赤道几内亚各项经济凭证与交易会被征收印花税，譬如资本的产生或增资、非上市公司的股票转让、不动产转让等。印花税率为 1%~10% 不等，税基为市场价值或评估价值。

特许权使用税。支付给非中非共同体居民的特许权使用费用，需缴纳 20% 的预提税。

石油和天然气预提所得税。对于石油和天然气部门内的居民实体的付款，必须支付 6.25% 的预提所得税，对于支付给石油和天然气行业的非居民企业的款项，需缴纳 20% 的预提税。

车船使用税。对于自然人和法人拥有的车辆、旅行飞行器、动力游船或帆船，均需征收车船使用税，税收在每年 1 月收取。

征收标准：按照车船、飞行器的总马力（帆船还需参照长度），实行累进税制，税率由 500 中非法郎 /CV–10000 中非法郎 /CV，从登记之日起按照每一个季度减少 30% 来算，第十年停止征税。

资源税。红土砾料的开采，为每立方 1000 中非法郎。石料的开采，为每立方 1500 中非法郎。资源税按月缴纳，依据相关开采合同，当月使用，次月 15 日前缴纳，直至相关合同取消。

六、社会保险金

1. 缴纳原则

赤道几内亚政府规定员工试用期为 1~3 个月。试用期通过后，用人单位须向赤道几内亚劳动部购买劳务合同（一式四份），签订后分别由用人单位、员工、劳动部、社保局四方保存，聘用外国工人（包括中方人员）也需要签订当地劳动合同，按当地工资标准上缴个税、社保、劳动培训费、自然人税。

赤道几内亚社保中包含医疗保险，由用人单位每月按员工基本工资的 26% 向赤道几内亚国家社会保障基金（National Social Security Fund）缴纳社保，其中雇主负担基本工资的 21.5% 的费用，个人负担基本工资的 4.5% 的费用。国家独立日（10 月 12 日）以及圣诞节（12 月 25 日）当月社保费增加 50%。

由用人单位每月按员工工资总额的 1.5% 向劳动保障基金（Work Protection Fund）缴纳劳动培训费。国家独立日（10 月 12 日）以及圣诞节（12 月 25 日）当月劳动培训费增加 50%，缴纳 2.25%。

2. 外国人缴纳社保规定

在赤道几内亚工作的外国工人也需要按照最低工资标准缴纳社会保险、个人所得税、劳动培训费、自然人税，由用人单位每月按员工基本工资的 26% 向赤道几内亚国家社会保障基金（National Social Security Fund）缴纳社保，其中，雇主负担基本工资的 21.5% 的费用，个人负担基本工资的 4.5% 的费用。国家独立日（10 月 12 日）以及圣诞节（12 月 25 日）当月社保费增加 50%。

第三节　外汇政策

一、基本情况

赤道几内亚外汇管理机构为中非国家银行（BEAC）。赤道几内亚政府规定，外商在赤道几内亚的资本需要先申报，未分配利润再投资不需要事先申报。

关于外汇的管制政策，企业或个人只要符合赤道几内亚投资政策和财政法中规定的相关政策，一般的买卖外汇都会被批准，允许外籍劳动人员汇出个人所得。股息、资金回收、利润和外债的本金、租金的支付、矿山使用费和管理费、清算中的盈利需要缴清相关税费后方可汇到境外。赤道几内亚政府规定，汇往中非国家和货币共同体成员国以外地区的资金，金额超过 100 万中非法郎，必须事先获得政府管理部门批准。

近年来，赤道几内亚政府加强了外汇管制，要求各企业将获取的利润，要求企业尽可能将资金用于支持当地经济的发展，限制企业将工程款大量的汇出，企业购买外汇汇出 CEMAC 境外，需要提供相应金额的采购发票原件。购买材料等外汇汇出需要提供：汇款单、公司 NIF、发票、合同和在建的建造合同。这些材料经过中非国家银行（BEAC）审核同意后，方能汇出。

赤道几内亚对外汇入境没有限制，对于携带外汇出境加以严格限制，赤道几内亚政府规定，禁止携带 5 万以上中非法郎现金出境，个人携带外汇出境金额不能超过入境申报的外汇金额。

二、居民及非居民企业经常项目外汇管理规定

（一）货物贸易外汇管理

赤道几内亚外汇业务需赤道几内亚外汇管理局许可，材料采购款汇出需要提供采购材料合同、海关资料、建筑合同等凭证；外币资金汇入目前

无政策方面的限制。

（二）服务贸易外汇管理

服务贸易视同资本利得，盈利汇出需要提供财务报表、利润分配决议等支持性文件、10%的资本利得税，报外汇管理局审批同意后办理汇出。

（三）跨境债权债务外汇规定

公司涉及跨境债权债务需向中非国家提交购货合同、公司 NIF、公司授权文件、购买货物用于公司在建项目或者连续生产产品的需求合同方可汇出或者汇入外汇，汇入外汇直接折算成中非法郎方可入公司账户。

（四）外币现钞相关管理规定

目前，银行购买外汇现钞越来越严格，购买现钞业务分为商业旅行及个人旅行，商业旅行最高可以申报 1000 万中非法郎外汇购买金额，需要资料包括个人护照、目的国签证、目的国机票或者是行程单、目的国酒店预订单、公司购买外汇取现发文，经过银行审查方可购买外汇现钞。个人旅行可以最高购买 500 万中非法郎外汇，需要资料包括个人护照、目的国签证、目的国机票或者是行程单、目的国酒店预订单、公司购买外汇取现发文。

三、居民及非居民企业资本项目外汇管理

赤道几内亚大型企业主要为外资控股企业，赤道几内亚跨境对外投资比例较少。涉及在赤道几内亚企业对外投资，需要签订投资协议，明确被投资企业的股权比率、公司成立决议或增资决议，公司业务性质等解释文件。对于 1 亿中非法郎以上的投资，需报赤道几内亚财政部审批同意后，方可购汇对外投资。

四、个人外汇管理规定

个人出关携带现钞不超过等值 2000 美元。

第四节　会计政策

一、会计管理体制

（一）财税监管机构情况

赤道几内亚是非洲商法统一组织（OHADA）成员国，适用 OHADA《企业会计组织和协调统一法》。

在赤道几内亚注册的企业如果有经济业务发生，均需按照非洲统一商法（SYSCOHADA）中的《会计统一法》体系要求建立会计制度进行会计核算。税务局为财政部下设机构，各企业需要按照统一格式上报会计和税务资料。

（二）事务所审计

《税法》没有关于赤道几内亚税务审计周期和审计内容的具体规定，但税务总局在稽查时会对企业是否进行外部审计予以关注。

（三）对外报送内容及要求

会计报告中主要包含：①企业基本信息：行业分类、经营范围、雇员情况、股东情况、公司地址、银行账户信息、NIF 号等。②企业经营情况表：资产负债表、利润表、银行账户余额表、固定资产摊销表。③披露信息：费用类、资产类、历年营业额（2 年内）、股利分配报告。④申报收支平衡表的会计职务、姓名、级别和是否为本公司雇员。

会计年度：《税法》第 158 条规定公司会计年度与历法年度一致，即公历年度 1 月 1 日—12 月 31 日为会计年度。但对于在规定结账日期前 6 个月开始经营活动的公司，被看做中断期，可以在开始其经营活动的预算年度结束时结算财务报表。

二、财务会计准则基本情况

（一）适用的当地准则名称与财务报告编制基础

赤道几内亚是非洲商法统一组织（OHADA）成员国，适用 OHADA《企业会计组织和协调统一法》。

公司按照《商业公司与经济利益团体统一法案》（下称《统一法案》）体系下的会计系统（SYSCOHADA，下称会计系统）进行经济业务的会计处理和财务会计报告编制。会计系统规定了会计处理的具体核算方法，包括账户分类（共八类，各账户以数字编号）及其核算内容，同时也规定了借贷记账规则。

《赤道几内亚税收体制管理法》是会计处理的法定要求，于 2001 年 1 月 1 日开始实施，规范企业会计处理的原则。

总体来说，赤道几内亚的会计与税法联系紧密，财务报表与纳税申报只有很少的内容需要纳税调整，其会计系统以规则导向为主，无完整的会计准则体系，实务处理时可以援引一些会计惯例，但纳税申报是以税务局核准的会计报表为依据，财务会计更多的是考虑税法的规定，与税务会计趋于一致。

（二）会计准则使用范围

所有在赤道几内亚注册企业均需要按照会计准则进行会计核算并编制报表。实际操作中，划归中型、大型企业管理局所涉及的企业会计工作更加规范。

三、会计制度基本规范

（一）会计年度

《税法》第 158 条规定公司会计年度与历法年度一致，即公历年度 1 月 1 日—12 月 31 日为会计年度。但对于在规定结账日期前 6 个月开始经营活动的公司，被看做中断期，可以在开始其经营活动的预算年度结束时结算财务报表。

（二）记账本位币

《税法》第 161 条规定，企业会计系统必须采用所在国的官方语言（法语和西班牙语）和法定货币单位，提交收支平衡表也必须使用赤道几内亚官方语言的统计数据，否则，必须按照税务局责令提供一份有法定资格的译者翻译并经过公证的翻译件，赤道几内亚采用中非法郎作为记账本位币，货币简称 FCFA。

（三）记账基础和计量属性

《税法》第 160 条规定以权责发生制为记账基础，复式记账为记账方法，还规定以历史成本基础计量属性，在某些情况下允许重估价值计量。

四、主要会计要素核算要求及重点关注的会计核算

（一）现金及现金等价物

列示于现金流量表中的现金是指库存现金及可随时用于支付的存款。现金等价物是指持有的期限短（从购买日 3 个月以内到期）、流动性强、易于转换为已知金额现金及价值变动风险很小的投资。

（二）应收款项

会计账户第四类记录应收、应付款项。会计系统规定了应收款项的具体规则，也规定了坏账准备、折扣的会计处理。

（三）存货

存货初始计量以历史成本为计量属性，包括买价及必要合理的支出。存货发出核算核算方法可以采用先进先出法或者移动加权平均法。

期末计量以成本与可变现净值孰低法，若成本高于可变现净值时，其差额可以摊销或减值准备，视该减值是否为最终损失而定。

存货：存货由全部商品，原材料和有关的供应品，半成品，成品以及在盘点日企业拥有所有权在的物资。具体分类如下：31 商品，32 原材料，33 其他储备品，34 在产品，35 进行中的工作，36 产成品，37 半产品，38 在途物资，39 存货减值。

确定存货的期末库存可以通过永续盘点和实地盘点两种方式进行。

存货的初始核算：存货的采购成本应不包含采购过程中发生的可收回的税金。不同存货的成本构成内容不同，通过采购而取得的存货其初始成本由使该存货达到可使用状态之前所发生的所有成本构成（采购价格和相关采购费用）；通过进一步加工而取得的存货其初始成本由采购成本，加工成本，以及使存货达到目前场所和状态所发生的其他成本构成。

存货出库的核算方法：在 OHADA 下，存货出库有两种核算方法有两种：先进先出法和平均法（移动平均或加权平均）。企业应根据存货的性质和使用特点选择适合的方法进行存货的出库核算。

存货跌价准备：在期末，由于一些不可扭转的原因，导致的存货价值低于账面价值时，应根据存货的可变现净值与账面价值的差额计提存货跌价准备。

（四）长期股权投资

长期股权投资是投资企业为了与被投资企业建立长期关系或为了自身的经营和发展而持有的被投资企业权益 10% 以上的投资。会计系统中账户 26 核算长期股权投资，分为四个明细科目分别核算控制、共同控制、重大影响、其他四种情况的投资。按会计系统的解释：控制是直接或直接持有被投资单位 40% 以上的表决权，且没有其他持有者通过直接或间接持有被投资单位超过 40%；共同控制是由有限的股东共同持有被投资单位的股权，共同决定被投资企业的决策；当直接或间接持有被投资单位有表决权股权的 20% 以上时，视为有重大影响。初始计量按投资成本，期末计量按会计法第 43 条，处置长期股权投资时，其成本通过账户 81——处置非流动资产的账面价值结转。不属于长期股权投资的其他投资通过账户 50——短期投资核算。

（五）固定资产

企业应对每种固定资产在其预计使用年限内计提折旧，每种固定资产的预计使用年限由企业自行决定。但是在会计实务操作中，企业通常采用与税法一致的折旧政策：

商业性和工业性房屋、车库、厂房和库房的折旧率为 5%；电炉、蒸汽锅炉、石油精炼设备的折旧率是 10%；传输电缆折旧率是 15%，临时设施、厨房用具、起重设备、工厂设备折旧率 20%，重型卡车、拖拉机、推土机折旧率 33.33%。

固定资产（实物资产）折旧方法：在 OHADA 的会计法下，企业应采用直线法计提固定资产的折旧；《税法》规定通常情况下应采用直线法计提折旧。

在会计实务中，企业应当按照年度计提折旧，在计算年度折旧费用时，在增加和减少固定资产的当月都应计提折旧。

固定资产（实物资产）预计净残值：折旧费用指固定资产原始价值与预计净残值的差额，确定的预计净残值应具有合理性。

开办费用：除债券溢价应在整个债务期间进行摊销外，其他开办费用应在企业开始经营起 2~5 年内进行摊销。

有价证券一般不认为是固定资产。

（六）无形资产

无形资产，是企业持有没有实物形态的资产，能对未来利益产生影响。它是企业从外部取得或自身创造的一种资产形式，不能被出售或转移加工，但可以以持久、直接或间接的形式运用到企业的活动中。

无形资产的摊销年限：在会计实务操作中，企业通常采用关于无形资产摊销年限的规定，例如，研发支出摊销纳税收益的 50%。

企业内部研究开发项目开发阶段的支出，确认为当期损益，当满足下列条件时，在开发结束后，确认为无形资产：开发项目的类型，具体指对企业的经营或产品的性能、质量能产生实质性改变，并且该开发成本能可靠地计量；开发时有明确的计划，并要论证项目成功的可能性；该开发支出用于未来的经营或产品具有商业价值。

土地：赤道几内亚实行土地私有制，拥有土地所有权后，为永久使用权，不计提折旧和减值准备。

商誉不可抵扣。

开办费用可以摊销（关于有形资产）或完全免税（关于注册费用和费用）。

（七）职工薪酬

会计系统的第四大类账户的第二类账户（编号 42）核算职工薪酬，核算所有支付给职工的各类报酬，工资基数为赤道几内亚当地国家规定的最低工资标准核算。确认和计量方法与中国会计准则的职工薪酬类似，但薪酬的构成扣除个人上缴当地社保、劳动培训费、个人所得税。其中，每年按 13 个月薪酬发放，独立节和圣诞节均按照当月工资 50% 发放，为了核算方便每年年终对聘用工人按照劳工法律规定发放结算费用。

（八）收入

收入确认的一般原则。在 OHADA 体系下，通常情况，以商品所有权的转移来确认商品销售收入，商品所有权的转移不以是否开具发票为标准；提供服务收入在提供服务的期间确认收入，并参考合同、提供服务的性质等。

商品销售收入。通常情况下交付商品所有权凭证（如发票）视为销售行为的发生，在会计实务中需要在交付商品实物的同时交付商品所有权凭证，与实际是否收到款项无关（如预收款销售，分期收款销售，后收款销售等）。

建造合同收入。在同一个年度开始并结束的工程，在工程完工并验收之后确认收入；跨越若干年度的建造工程，建造合同收入有成本法和完工百分比法两种方法确认收入。

成本法。在每个会计年度以实际支付的成本额确认收入，在工程完工以前的每个会计年度，工程毛利为零。

完工百分比法。在每个会计年度，以实际完成的工作量占总工作量的比重视为完工百分比，合同总额乘以完工百分比确认为当年的营业收入。具体完工百分比的计算有年度成本占合同总成本的比重和工程进度等来确定。

建造合同收入的确认不以所有权凭证的转移为标准。赤道几内亚现阶段收入确认以政府签订账单确认收入，当年未签订账单则以实际收到政府支付工程款及预付款确认收入。

出租收入。在会计实务中，根据承租方实际拥有该出租物的使用权时确认收入，并在拥有使用权的期间内分期确认收入。出租收入的确认与发票是否开具、款项是否收到没有关系。

（九）政府补助

政府补助包括三类（前两类也包括第三方补助）：投资性补助、经营性补助和平衡性补贴。

《会计统一法》中会计科目（71）用于核算经营性补助收入，核算方法类似中国会计准则《政府补助》中与收益相关的政府补助。经营性补助是由政府、公共机构或第三方为了弥补企业产品的售价或其经营费用而给予的补助，既不是捐赠也不是投资性补助。经营性补助分为进口产品补助、出口产品补助。债权人放弃债务权利也视同经营性补助计入本科目，年末本科目结转至本年利润。

投资性补助类似于中国会计准则《政府补助》中与资产相关的政府补助，是企业取得的为了购置、建造长期资产或为了提供长期服务而取得的补助。会计科目（14）用于核算投资性补助收入。取得时计入会计科目（14）和相关资产；年末结转会计科目（14）中当年分配的收益部分至会计科目（865），计入本年收益；处置相关资产时将会计科目（14）尚未分配的余额计入会计科目（865）。

平衡性补贴是政府对企业特别事项的补贴，相当于营业外收入，直接通过会计科目（88）"营业外收入"，并在期末结转到本年利润。

（十）借款费用

借款费用是指企业因借款而发生的利息及其相关成本。借款费用包括借款利息、折价或者溢价的摊销、辅助费用，以及因外币借款而发生的汇兑差额等。

（十一）外币业务

外币交易时，应在初始确认时采用交易发生日的即期汇率折算为记账本位币金额，当汇率变化不大时，也可以采用当期平均汇率或者期初汇率核算。

于资产负债表日，外币货币性项目采用资产负债表日的即期汇率折算为外币所产生的折算差额，除了为购建或生产符合资本化条件的资产而借入的外币借款产生的汇兑差额按资本化的原则处理外，其他类折算差额直接计入当期损益。以公允价值计量的外币非货币性项目采用公允价值确定日的即期汇率折算为人民币所产生的折算差额作为公允价值变动直接计入当期损益。

于资产负债表日，以历史成本计量的外币非货币性项目，除涉及计提资产减值外，仍采用交易发生日的即期汇率折算，不改变其记账本位币金额。流动性较强的科目、有合同约定的科目应采用外币核算，包括：（1）买入或者卖出以外币计价的商品或者劳务；（2）借入或者借出外币资金；（3）其他以外币计价或者结算的交易。

（十二）所得税

所得税采用应付税款法，不区分时间性差异和永久性差异，不确认递延所得税资产和负债，当期所得税费用等于当期应交所得税。本期税前会计利润按照税法的规定调整为应纳税所得额（或由税务局核定的应纳税所得额），与现行税率的乘积就是当期在利润表中列示的所得税费用。会计科目（89）核算所得税，分为当期所得税费用和以前年度所得税费用调整，年末余额结转至本年利润。

五、其他

会计核算系统中没有单独企业合并准则，但明确该体系接受国际标准：

——国际会计准则理事会批准的标准，即 IASB 发布的 IFRS3，OHADA 公布成员国会计准则和国际会计准则协同，并且发布时间表，企业合并准则使用国际会计准则的表述和会计处理。

第二章 多哥税收外汇会计政策

第一节　投资环境基本情况

一、国家简介

多哥共和国（The Republic of Togo，La République Togolaise）位于非洲西部，南濒几内亚湾，西与加纳相邻，东邻贝宁，北与布基纳法索交界。国境南北狭长。内陆多丘陵和高地，海拔 200~500 米；鲍曼峰（Baumann peak）海拔 986 米，为全国最高点；沿海有沼泽、泻湖和沙洲。在北方有一个轻微起伏的热带草原，中部有山区；南部有一个高原延向布满广阔的礁湖和沼泽地的滨海平原。

多哥为热带草原和热带雨林气候，年降水量 800~1800 毫米。国土面积 56785 平方公里，人口数量 790 万（2018 年）。多哥官方语言为法语，首都为港口城市洛美，多哥货币是西非金融共同体法郎（简称西非法郎），由西非国家中央银行（BanqueCentrale des Etats de l'Afrique de l'Ouest，BCEAO）发行。2001 年起正式挂靠欧元，固定汇率为 1 欧元兑换 655.957 西非法郎。多哥税收法律主要分为保税区企业税法和普通税法，其中普通税法分为《海关税则》和《总税法》两部分。

二、经济情况

多哥是非盟、西非国家经济共同体、西非货币联盟等国际组织成员国，是联合国公布的世界最不发达国家之一。农业、磷酸盐和转口贸易是多哥三大支柱产业。实行自由化经济政策，优先发展农业，积极扶持中小企业。主要出口商品是棉花、磷酸盐和咖啡，主要进口石油制品、日用消费品和机械设备等。2013 年，贸易总额 35.14 亿美元，出口额 13.13 亿美元，进口额 22.01 亿美元。主要出口对象国为黎巴嫩、印度、中国、布基纳法索；主要进口国为中国、比利时、美国、法国。当收成正常时，多哥能对基础粮食自给自足，伴有偶然的个别地区供应困难。2010 年起，多政府增加对农业和基础设施投入，加大矿业开发力度，取得一定实效。2017 年 GDP 总计 48.13 亿美元，人均 GDP 约 617 美元[①]。

三、外国投资相关法律

多哥于 20 世纪 60 年代中期引入《投资法》，历经多次修订，目前实施的是 1989 年 10 月颁布的《投资法》修订版。为更好地吸引投资、保护投资者利益及专利转让，多哥政府进一步审议和修改了投资法，新《投资法》已于 2011 年 1 月 19 日经内阁会议通过。新法案的重点旨在促进私人投资，创造就业，鼓励开发、加工当地原材料以及引入适合国情的先进技术。

根据多哥的《投资法》规定，只能以注册企业，即法人的形式进行投资，自然人无法进行投资。投资方式多样，可以设立代表处、分公司、子公司、有限责任公司等，可以采取合资、合作、独资等方式，可进行现汇投资、设备投资、技术投资等。多哥《投资法》中没有关于外国并购的规定，目前多哥也没有有关并购的案例。

多哥现行《劳动法》由议会审议通过，总统于 1996 年 12 月 13 日签署 2006-010 法令[②]颁布实施。招工申请，在多哥境内或境外招聘外籍员工应事先向劳动管理部门提交招工申请，签订书面合同，合同期 2 年，可延一次。签订劳动合同，雇佣员工的依据是工作合同。工作合同分定期、不定期合同。针对企业常规活动的某个职位，定期劳动合同无论内容或效力都有期限规定，包括延长期在内，合同期不得超过 4 年。定期合同须采取书面形式。凡期限超出 1 个月或需对劳动者常住地另作安置的合同应于劳动者体检后即做书面确认。不定期合同中的试用期不能超过 6 个月。雇工应试，从常住地到雇工企业的往返旅费由雇主承担。雇工的被雇佣期超过试用期，雇主与雇工之间的劳动合同关系即被视为最终确立。解除定期劳动合同，在下述情况下定期合同可以在合同期内解除：不可抗力（企业破产、司法清算不构成不可抗力）；劳资双方以书面形式达成协议；雇员严重过失；法律判决。解除不定期劳动合同，由主动提出解除合同动议的一方提交预先通知，合同即可解除。解雇劳动者应于 8 日之内向其本人做书面确认，确

---

① 中国驻多哥使馆经参处官方网站。

② 多哥总统 2006 年第 10 号总统令。

认副本抄送劳动及就业管理部门。在预先通知提出期间，雇主和劳动者要遵守各自相关义务，劳动者每周可享有 1 天的自由时间另寻工作，并且工资需全额支付。

根据多哥移民局的规定，多哥对中国公民实行落地签政策，即持有效护照的中国公民，可在多哥入境口岸向多哥边境移民检查站申办最长一个星期的入境签证。签证到期后，可向移民局申请办理签证延期，一般为 3 个月，最长不超过 6 个月。另外，对持有效的中华人民共和国外交、公务、公务普通护照的公民，在多哥入境、出境或者过境，停留不超过 30 天，实行免办签证。

四、其他

非洲商法统一组织（简称 OHADA）。1993 年 10 月 17 日，14 个非洲国家在毛里求斯的路易斯港签订了《非洲商法协调条约》，该组织随之产生。成立该组织的目的是对成员国的商法进行统一，推动仲裁成为解决商事争议的手段，为成员国的商业发展提供良好的法律环境。该组织自成立以来已通过大量的统一法，对于确保该地区商法的确定性、可预见性，实现该地区贸易和投资的发展，推动该地区的经济一体化发挥了举足轻重的作用。

多哥为 OHADA 成员国之一，该组织目前有 17 个成员国：贝宁、布基纳法索、喀麦隆、中非共和国、乍得、科摩罗伊斯兰联邦共和国、刚果（布）、科特迪瓦、赤道几内亚、加蓬、几内亚、几内亚比绍、马里、尼日尔、塞内加尔、多哥和刚果（金）。非洲商法协调组织自成立以来，已批准并实施了九部统一法：《一般商法统一法》《商业公司及经济利益集团统一法》《担保法统一法》《会计统一法》《清偿债务的集体程序（破产程序）统一法》《仲裁统一法》《债务追偿简易程序及执行措施统一法》《公路货物运输合同统一法》《合作社统一法》。统一法在所有成员国内直接适用，对所有成员国有约束力。在这 17 个成员国内进行投资，均受九部统一法的管辖。

第二节　税收政策

一、税法体系

多哥的税法分为保税区企业税法和普通税法，普通税法分为《海关税则》和《总税法》。《海关税则》规定一切对外贸易活动（包括进口、出口、转口贸易）应上缴的税赋，海关关税共有九个税种，货物进关时，均由海关收缴。《总税法》规定除海关税则以外的其他税则，包括直接税和间接税。直接税包括公司税、工资税、职业税、地产税等，间接税包括增值税、消费税、注册税、印花税等。

税收除小部分用于公益事业外，其他全部上缴国家财政。多哥实行属地税制。

二、税收征管

（一）征管情况介绍

多哥实行税收中央集权制，税收立法权、征收权、管理权均集中于中央，由经济与财政部主管。主要的税法经济与财政部起草，上交部长会议，待国民议会投票通过后，返回部长会议再移交给总统签署颁布。经济与财政部与下设的税务总局、海关和国库一同处理国家税务事宜，其中税务总局下设税务立法与争议部、稽查部、大型企业部、中型企业部、地区税收部和海湾省税收部；海关下设海湾省关税管理部、地区关税管理部、法规部和情报与反诈骗部。所征收税款统一缴纳国库。多哥五大区（滨海区、高原区、中部区、卡拉区和草原区）各设有一处缴纳申报办事点，尤其海湾省拥有六个办事点。企业征收类型分大型企业和中小型企业分别管理。

（二）税务查账追溯期

若在该年度税务稽查后，因税务机关的责任，致使纳税人、扣缴义务人未缴或者少缴税款的，税务机关无权要求纳税人补缴税金。

因纳税人、扣缴义务人计算错误等失误，未缴或者少缴税款的，自纳税人收到税务局通知之日起 12 天内，纳税人需到税务局修改申报信息和补缴，逾期者则应缴纳滞纳金（应缴税金 × 10% × 延误月份数）。

对于偷税、抗税、骗税，税务机关追征其未缴或者少缴的税款、滞纳金或者所骗取的税款，不受前款规定期限的限制，而且税务局会将该情况上报争议处或法院。

（三）税务争议解决机制

税务总局和海关下专门成立争议处来解决税务争议，而且在处理争议过程中，经济与财政部会提供一定的帮助，但纳税人申诉期仅限一年。

多哥税务争议机制有以下三个方式。

协商解决。争议当事人向税务机关递交申诉申请，对应部门会与争议当事人通过协商解决问题，而且双方无需支付任何费用，是目前使用最多一种解决方式。

行政复议解决。行政委员会为主要执行人，该委员会由税务、行政专家、政府和土地局代表组成，以向争议双方解释各种性质的税种征收，但会产生相应的咨询费用。若纳税人败诉，不仅要补缴税费，而且要承担协商过程中产生的一切费用。

诉讼解决。这是解决争议的最后途径，企业可以聘请专业机构进行税务诉讼事项，同时提供相应的诉讼材料，通过法院进行税务诉讼，但时间周期较长，诉讼费用较高。

三、主要税种介绍

（一）企业所得税

1. 征税原则

企业所得税是对所有企业以及其他法人获取的全部利润或收入征收的税种。对于总部位于多哥以外地区，但在多哥实施商业活动的企业，或在多哥拥有相关财产的企业，同样缴纳相关税款。需缴纳企业所得税的企业包括：股份有限公司和有限责任公司，包括单一合伙人公司，不论其营业目的为何；以下企业同样需要缴纳企业所得税：共同名义公司、简单两合公司、简易股份公司、合伙公司、事实公司、经济利益联合体，劳动合作公司、集团、联盟、协会以及劳动合作公司联合会和集团；不论其营业活动为何，从事不动产购买或销售中介活动、贸易基金会、以公司名义经常性购买相同货物用于转销的法人与企业、地产信贷企业，进行土地分块和土地销售的法人和企业，出租包含家具和运行必要设施的贸易或工业建筑的法人和企业，中标人、特许经销商和市镇农场主，保险和再保险公司，不论其形式为何，银行和金融机构，带家具公寓的出租人，财务独立、活动具有工业和贸易性质的政府机构、国家组织或地方分权集体，民事专业公司，其他所有以盈利为目的进行运营和活动的法人。简单股份公司、单一合伙人公司、自然人、有限责任公司除外，上述第1点中指出的合伙人或法人成员可以采用收入税体制。

2. 税率

企业所得税的法定税率是28%。

当企业无需缴纳企业所得税时，需要缴纳年度最小税。其税率为上一个财务年度除以增值税外含税总营业额的1%。当企业的营业额小于500万西非法郎时，上述税的年度最小额为5万西非法郎。当企业的营业额大于500亿西非法郎时，年度最小税的最大限额为5亿西非法郎。

3. 税收优惠

以下情况免除企业所得税：

进行农产品生产、加工、保存、销售的民事形式劳动合作公司以及它们的联盟。具有以下贸易行驶时不免税：在主营业地之外的分销仓库进行销售、人和动物食用之外的产品和半成品加工活动、产品和半成品能够用于农业或工业原材料、活动并非与劳动合作社员完成；根据相关规定进行农业供应和采购的劳动合作公司与工会；只帮助成员购买用于消费的食品、产品或货物的，并在其存储仓库中进行分配的劳动合作公司；农业互助信贷社；负责乡村和农业发展的公益性企业、组织、合作社和协会；互助性质的企业和企业联盟；负责廉租房整治与建设、土地分块、所属土地销售以进行经济适用房建设或城市整治活动的办事处、政府机构、混合经济公司以及办事处同盟；进行土地分块和所属土地销售的非营利性的建设合作公司、混合经济公司和集团；为经济建设提供融资的政府办事处、固定资产信贷公司以及它们的联盟；教育互助会；地方集体、市镇工会以及与它们有关的公共服务机构；不进行贸易形势活动的贸易、工业、手工业、农业和其他行业商会；多哥控股公司通过股份转让带来的增值，如果上述公司至少 60% 的股份掌控在西非经货联盟的某个成员国的企业中；公共集体及其分支机构发行债券的收入，如果债券期限超过 10 年；由储蓄与信贷合作互助机构（IMCEC）进行的储蓄收集和信贷活动，前提是这些操作或附属活动已经在相关行业的法律中规定；储蓄与信贷合作互助机构的成员的社会分摊、储蓄收入以及从互助机构获得信贷的利息支付。但是，如果相关行业法律没有规定，互助机构所有的操作与活动都适用于普通法律；依法成立的非营利性组织，其管理不以盈利为目的，而是为社会、教育、文化和体育成员提供服务；从事活动为酒吧、餐饮和游戏之外的俱乐部和联谊会；得到承认为公共事业做出贡献的战争伤残士兵和老兵协会；固定资本的投资企业，在西非经货联盟的成员国进行活动，自企业成立之日起已运行 12 年；交由在西非经货联盟的成员国进行活动的风险资本企业管理至少三年的资金所产生之利润。

在投资法条例的框架下，所有享受某项许可的企业和其他法人能够暂时全部或部分免除企业所得税。

4. 所得额的确定

应纳税所得额是指企业每一纳税年度的收入总额，减除不征税收入、免税收入、各项扣除及允许弥补的以前年度亏损后的余额。

当企业在某个财务年度出现亏损，亏损将被视为下一财务年度的支出，最多可以用下一财务年度利润额的 50% 来抵扣。亏损余额计入以后财务年度，无时间期限上的限制。

5. 反避税规则

（1）关联交易。企业与关联方之间的收入性和资本性交易均需遵守独立交易原则。目前，在多哥当地形成产业链的企业并不多，税务机关对关联企业的关注度并不高。

（2）转让定价。目前，多哥税法上没有明确的规定，但在 OHADA 会计核算体系上有相关的定价确认原则。一般情况下企业可以选择以下五种比价法进行定价确认：市场比价法 PCML、成本比价法 PRM、购销比价法 PRM、最大边际效应比价法 MTMN、利润分享法 PSM。

（3）资本弱化。企业支付给关联方的利息支出可以税前扣除，但需要提供相关的关联企业之间的资金贷款协议和外汇收款证明。

6. 征管与合规性要求

（1）企业所得税的缴纳实行"分次预缴、年度清算"的方式。每年分四次预缴企业所得税，分别在1月31日、5月31日、7月31日、10月31日。每次预缴税额为上一年所交企业所得税额的四分之一。当预缴税额超出最终所征税额时，超出的部分可用于抵扣企业需要缴纳的其他税费。不论企业在年初还是在年末成立，新成立的企业在营业活动前12个月不用进行预缴，不考虑它们第一个财务年度的期限。企业最迟于4月30日之前向税务局上交年报，申报上一年度利润。

（2）企业如逾期申报、未申报以及逃税将被处罚金，为企业应纳所得税额的10%。

（二）增值税

1. 征税原则

增值税是对在多哥境内从事经济活动过程中产生增值部分征收的税赋。征税对象为自然人和法人，主要包括提供的商品及服务。条例中特别明确，下列活动视为提供服务：出租动产及不动产；转让无形资产；运输；供水供电供气及电信；研究咨询；现场消费的销售；修理及合约性工作；建筑安装。也包括除特殊免税外的港口及机场所提供的服务。

2. 计税方式

对企业采用一般计税，发生经济活动时企业需开具有纳税人识别号的增值税发票。增值税税基为销售货物或提供的服务全部价款。

3. 税率

通用税率为18%，少部分商品及服务免征。

4. 增值税免税

下列情况属于免税范围：需缴纳另一税种的业务，如保险业务、社交娱乐业、彩票销售业等；农业，渔业和养殖业，农产品、渔业类产品及养殖业产品；自由职业，医院、诊所及其他类似医疗机构提供的医药咨询、医疗护理、兽医诊断、药物治疗、住院费、假体安装、医疗化验等，教育机构、高校、技术和职业培训机构所进行的教育活动；报纸和信息周刊的发售（不包括广告收入），原创作者对自己原创作品的销售；公益组织，公益性组织或不以盈利为目的的团体提供的无偿、等于或低于其成本的服务，不以盈利为目的的组织或慈善机构的业务活动（如盲人组织，残疾人组织），学校食堂或公司食堂的运营；其他免税项，非商业性或工业性的国家机构、社会团体及公共机关所进行的出售、转让或服务提供行为（广告收入除外），为了获取自身利益而从事手工活动，（主要从其自身劳动中获益的手工业者），免税企业自身的融资租赁和设备租赁业务，与物品进口相关的、其价值已包括提供在进口税基的服务中，对位于商业免税区中的企业，为其安置和运营所必须的物品和服务。

5. 销项税额

增值税税基为销售货物或提供的服务全部价款。符合下列条件的内容不包括在税基内：发票上的现金折扣降价，退款及其他各种客户直接享有的减价；中间人根据要求为支付委托人账单而产生的垫款，此垫款应偿还给中间人，中间人需向委托人汇报并在税务局对这些垫款的性质和确切金额进行公证；对于需退回包装的物资运输，只要本金额未开具在发票内，则此金额不包含在税基内，但如果在规定的期限内包装未退回，则此笔金额应属于税基内。

6. 进项税额抵扣

在下述情况下，增值税可以抵扣：①在采购或进口原材料时；②登记为资产并用于有效纳税，受益于出口机制的应纳税业务的实施而进行的动产或不动产的进口或自供；③用于融资租赁或设备租赁业务的动产或不动产的进口或变现；④与上述业务实施相关的服务。

在下述情况下，增值税不能抵扣：①旅游车辆以及其车辆相关部分，配件或零部件，实用性车辆除外；②为确保公司领导或人员的住宿或安置而产生的费用，包括接待费用、餐饮费用、剧场、交通费用等，符合交通永久合同而产生的交通费和为满足工作场地内人员的集体需要而产生的花费除外；③家具及房屋设施；④非企业活动严格必需的物品；⑤以佣金、工资、奖金、折扣、回扣、礼物及其他任何名义免费，或以明显低于成本价让，或提供的物资，或服务，众所周知的、不含税价值低于5000西非法郎的物品除外；⑥获取的服务所发生的增值税进项不能抵扣的服务；⑦车辆燃油费用。

7. 征收方式

增值税按进销项相抵后的余额缴纳，纳税人在要求税额扣减时，可以使用增值税扣减权。本权利在发票入账月使用，但在提供服务和不动产工程方面，发生的时间为支付当月；在物资自供运送时，为物资分配当月。但是，纳税人有义务通过支票、银行或邮局转账的方式，支付物资采购或提供服务的费用，本费用高于或等于财政部法令规定的参考金额，违规纳税人都必须在规定金额以外以现金形式，缴纳应付金额的 10% 罚金。财政部法令确定了本条款的实施方式。如增值税扣减未在上述规定的期限内实施，则可以在下一年 12 月 31 日前进行后申报。

纳税人进行物资运送，非用于国内再次销售，可以申请近 6 个月内增值税偿还。同样，对于进行出口业务或类似业务的纳税人来说，对于超过年营业额一半的金额，也可以申请近两个月内的增值税偿还。拥有投资资产、在累计两个月内含税业务额达到 40000 万西非法郎的纳税人，也可申请增值税偿还。最后，对于符合投资法规定的纳税人也可以在申报期内，申请增值税偿还。

对于上述在一定期限内可要求税额偿还的纳税人，不能以纳税业务的名义，将可扣减税额全部列入可要求偿还税额中，纳税人可以获得超额补偿。因此，纳税人最晚必须在上述条款明确的期限内的月末最后一天前递交申请，以免丧失税额偿还权。

增值税偿还申报需将可扣减增值税文件副本、出口申报文件、投资资产获取发票等所有法律性文件提交税务局，只能在每个周期末与增值税申报一起递交。对于周期为两个月的申报，增值税偿还申请应在两个月内进行，对于周期为 6 个月的申报，应在 3 个月内进行。

为避免权力的丧失，所有的免税证明应在批准之日起 6 个月内使用。只有在纳税人不拖欠任何性质的税收时，才能得到增值税偿还。

8. 征管与合规性要求

增值税按月申报，截止日期为每月 15 日之前。纳税人应在税收扣减发生后 20 天内缴纳。所有的延迟缴纳或不按时缴纳的纳税人，都必须在规定金额以外以现金的形式缴纳应付金额的 10% 罚金。如因税务方面可纳税基数的缺失，或因增值税抵扣，而未进行税务申报，则罚款 5 万西非法郎，另有条款规定除外。

（三）个人所得税

1. 征税原则

按年度对本国公民境内外一切收入及对外国居民境内收入征收个人所得税。个人所得包括：工资、津贴、养老金、房租所得、工商业利润等；个税起征点为：年度总收入不超过 90 万西非法郎，免除征收个税。

2. 申报主体

以个人为单位进行申报，申报的时候参照家庭情况、婚姻状况和子女数量，由所在企业或者政府机构代扣代缴，并于每月 15 日前申报缴纳（《税法总则》第 176 条）；每年 1 月 31 日前，与工资税、工资附加税一起由企业统一进行年度纳税申报。

3. 应纳税所得额

为个人收入总额扣减可减免、扣除项后的净额。

4. 扣除与减免

未达到个人所得税免征额的收入免征个人所得税。计算所得税时，个人收入可扣除费用：购房贷款利息、子女抚养支出（1 个孩子可扣除 4.8 万西非法郎，2 个孩子可扣除 12 万西非法郎，3 个孩子可扣除 21.6 西非法郎，4 个孩子可扣除 28.8 万西非法郎，5 个孩子可扣除 36 万西非法郎）、租赁房租费用（根据租房档次确定 1.5 万 ~15 万 F），缴纳的水电费（视住房档次 6.8 万 ~10 万西非法郎）、电话费（1.5 万西非法郎）、雇佣厨师（2 万西非法郎）、雇佣清洁工（1.5 万西非法郎）、生活费（工资的 25%）。

5. 税率

个人所得税税率实行累进税率，详见表 2-2-1：

表2-2-1①应纳税所得额与税率的关系

应纳税所得额	税率
0~900000 西非法郎	免税
900001~4000000 西非法郎	7%

---

① 多哥共和国总税法第 163~167 条规定。

应纳税所得额	税率
4000001~6000000 西非法郎	15%
6000001~10000000 西非法郎	25%
10000001~15000000 西非法郎	30%
大于 15000000 西非法郎	35%

6. 征管与合规性要求

个人所得税纳税人此外需要同时缴纳附加所得税按年度对个人所得税纳税人所征收的一种附加税。当个人应纳税所得额小于 900001 西非法郎时，附加所得税为 3000 西非法郎 / 年，当个人应纳税所得额大于等于 900001 西非法郎时，附加所得税为 1500 西非法郎 / 年。最迟在次月 15 日之前申报缴税，每年 1 月 31 日之前，与工资税、个人所得税一起进行工资年度申报。

（四）关税

1. 关税体系和构成

多哥实行贸易自由化政策，贸易壁垒较少。但是，多哥政府规定，有关生命健康、国家安全和公共道德的特定产品进口，必须向主管部门申请办理许可证，如：武器、爆炸器材和军事器材、药品等。此外，多哥禁止粮食出口、水泥进口。其他商品在海关监管下可以自由出入多哥。为鼓励出口，多哥政府规定，凡是在多哥生产的产品，出口时一律免税。

临时进口设备在办理临时进口手续时需为每台设备申请临时进口许可，并按照临时进口报关手续办理。临时进口许可有效期为 12 个月，需每年更新。临时进口设备有效期为合同规定的工期，工程结束后，应及时办理再出口、过户或当地出售的相关手续，并补缴海关税费。

2. 税率

表2-2-2　多哥进口关税税率表

税目	税基	税率	适用范围
进口关税（DD）	海关估价（VD）	0%	第一类商品: 有关教育（如书刊、杂志、报纸等）、公共健康（药品等）及社会福利性（轮椅等）产品

续表

税目	税基	税率	适用范围
进口关税（DD）	海关估价（VD）	5%	第二类商品：生活必需品（奶粉、粮食等）基础原材料、机械设备及一些特准物资（如塑料和橡胶工业用材料、纸浆、有机无机化工产品等）
		10%	第三类商品：一般物资材料及中间产品
		20%	第四类商品：终端消费品等
		35%	第五类商品：利于区域经济发展的特殊商品（如肉类、纺织品等）
统计税（RS）	VD	1%	所有商品（含免税待遇商品）
经货联盟互助税（PCS）	VD	0.8%	西非货币经济联盟成员国以外的国家和地区的进口商品
增值税（TVA）	VD+ DD+ RS+ PCS+ PC+ TPI	0%	化肥、药品
		18%	其他所有商品
共体税（PC）	VD	0.5%	西共同体成员国以外的国家和地区的进口商品
国家团结税（PNS）	VD	0.5%	多哥以外国家和地区进口的商品
基础设施保护税（TPI）	特别税	2000西非法郎/吨	所有商品
工商利润税（BIC）	VD+ DD+ RS+ PCS+ PC+ TPI+ DC	1%	在多哥注册的企业
		5%	未在多哥注册的企业
消费税（DC）	VD+ DD+ RS+ PCS+ PC+ TPI	1%	植物油
		15%	非酒精饮料
		35%	酒精饮料、香烟
		16%	化妆品
非洲联盟税（PUA）	VD	0%	进口国为非盟成员国
		0.2%	非盟以外地区和国家进口的消费品

数据来源：2018年1月1日颁布的《西共体共同对外关税税则》。

3. 关税免税

根据西共体共同对外关税税则，免除海关关税的进口商品如下：药品、肥料、手套、出版刊物（如书刊、报纸和建筑图纸）、蚊帐、残疾人专用轮椅或其他类似器械、整形外科设备仪器（包括矫形支带和外科医用绷带、拐杖；夹板，固定托和骨折用品和仪器；补形术用品和仪器；改善聋人听力的仪器和其他手动仪器，用于帮助病人或将仪器移植到病人体内，减少因功能衰退或生理残疾带来不便的关节假体和其他整形外科仪器或用于骨折治疗仪器）。

根据各类项目合同的免税条款、财政部颁发的免税批文和税务局出具的MP1（该文件主要明确免税总额度）来确定免税范围和种类。事实上，相关项目免于缴纳海关为政府征收的税费，由政府发放国库支票替代，以便企业在海关缴纳相应税费。针对在项目框架内进口的机械设备和物资材料，政府将发放与海关税费和增值税等值的国库支票，同样免于缴纳工商利益税（BIC）。进口的车辆和其他施工机械可以临时进口的方式入关，免于缴纳各种海关税费（每12个月更新），但仍需缴纳不在合同免除范围之内的各项服务税。但生活物资、设备配件不在免税范畴。免税期限为项目合同上规定的施工期限。

4. 设备出售、报废及再出口的规定

（1）设备出售。若企业已缴清设备的进口关税，当地转卖设备时不再补交任何关税，无须到海关办理任何手续；设备出售时，销售价格由销售方按照自己的会计折旧方法确定。

（2）设备报废。若企业已缴清设备的进口关税，设备报废时不再补交任何关税，无需到海关办理任何手续；若为临时进口设备，企业需将报废设备申报海关，海关评估设备残值后，企业则根据设备残值补缴进口环节的关税等，完税后海关将出具设备报废批文。

（2）设备再出口。任何情况下，临时进口设备再出口都需事先取得海关总署出口同意批文，再委托清关代理办理设备再出口报关手续。针对未完税情况，清关代理在查询信息过程中会根据设备残值计算应缴税费，分别为出口税、统计税、印花税和过路费；若已完税，则每一报关单应缴5000西非法郎信息费才能将设备出口。出口关税税率如下：

表2-2-3 多哥出口关税税率

税种	税基	税率
再出口税（TSR）	设备残值（VR）	1%
统计税（RS）	VR	1%
过路费（PEA）	货物吨数	200 西非法郎／吨
国库税（CRA）	TSR+RS+PEA	0.25%

数据来源：2018 年 1 月 1 日颁布的《西共体共同对外关税税则》。

（五）企业需缴纳的其他税种

1. 工资税

按月对工薪人员其雇主支付工资总额（包括工资、奖金、赔偿、终身年金等）征收的税。国家、非营利性公共团体、外交机构、教育部门工作人员免征，其他纳税人税率为3%。最迟在次月15日之前申报缴税，每年1月31日之前，与个人所得税、工资附加税一起进行年度申报。

2. 职业税

按年度对长期从事一种职业，但不领取固定工资收入的自然人或法人征收的税。税率基数为年营业额。2010年起，多哥扩大了职业税的免税范围。以营业额和产品价值计征，根据职业性质不同，从 0.2%~0.8% 不等。如果职业税超过 2.5 万西非法郎，则按照上年缴纳的职业税总额的50%，最迟在当期 6 月 30 日之前缴纳，预缴税款。余额，在递交年报时缴纳（《总税法》第 1151 条）。如果税额低于 2.5 万西非法郎，不必预缴。

3. 陆路运输所得税

按年度对以盈利为目的、从事陆路运输且运输车辆为本国注册的业主所征收的税。征税基数为按规定的年营业额，税率10%。

4. 注册税

记录法律行为开始或由当事人向税务部门说明某一法律行为开始而需办理有关手续的一种税，分为固定税和按比例累计进税。外部投资合同，如果合同不含税总额超过 5000 万西非法郎，则缴纳固定税额 20 万西非法郎；如果合同不含税总额低于 5000 万西非法郎，则缴纳 5 万西非法郎。多哥政府投资合同，合同不含税总额的 2% 比率税。办理手续时应缴纳注册税及印花税。需要注意的是，在办理如下三种税的手续时，印花税可能在注册部门外支付：注册税；注册附件税（每个合同附件5000西非法郎）；注册印花税（合同每页A4纸1500西非法郎，每页A3纸3000西非法郎）

5. 中介服务税

对于自然人或法人或非生产经营类别的企业或个人所得，必须对酬金、（经纪人）佣金、提成，以及所有向居住在多哥的第三方支付的类似酬金进行征收中介服务税，中介服务税的部分不归公司所有。按照如下比率进行征收：适用于没有税号的公司税率为10%；适用于有税号的公司税率为5%。最迟必须在次月15日前把代扣下来的税上缴税务局。按照税务部门提供的申报表进行申报并缴税。延期申报，将按照应交中介服务税额加收10%罚款，并补缴相应税款。

6. 调节税

企业注册公共合同时，需缴纳调节税，此为固定税率，合同不含税总额的1.5%。

7. 饮料加工及销售特别税

按年度对生产和销售饮料的自然人和法人所征收的一种税，具体如下：进口饮料：不含酒精饮料10F/瓶，发酵未蒸馏饮料25F/瓶，含酒精饮料50F/瓶；本地生产：不含酒精饮料5F/瓶，发酵未蒸馏饮料5F/瓶，含酒精饮料50F/瓶。

8. 住房税

对租房居住者征收的一种税（18岁以下、没有收入的50岁以上老人、60岁以上者免征）。根据住房的档次及水、电供应情况确定征税额：一般住房为1000~15000西非法郎；公寓为20300~28100西非法郎；别墅30000~35000西非法郎。

9. 金融业务税

有关金融业务。税率为利润的10%。

10. 保险协议税

各类保险公司与客户达成保险协议，依据保险金额按规定税率纳税：海上、内河和航空货物运输险含火险税率5%、火险税率25%、寿险税率3%、货物陆运含火险税率6%、出口信贷保险税率0.20%，由投保人缴纳。

11. 印花税

对经济活动中书立、领受具有法律效力的凭证的行为所征收的一种税。一般用于各种商业票据、有价证券、合同、护照、签证等，根据需要贴花凭证的纸张大小适应不同的税率。

表2-2-4　印花税目表

序号	纸张大小	税率
1	B5	1000 西非法郎 / 张
2	A4	1500 西非法郎 / 张
3	A3	3000 西非法郎 / 张

数据来源：多哥政府颁布的 2018 年 1 月 1 日总税则第 896~897 条规定。

12. 房产土地税

《多哥总税法》规定，对除按照法律规定得到豁免以外的物业，征收房地产税，主要分为三种情况，即：对处在多哥的已建成物业每年都要征收已建成物业房产土地税；对处在多哥的未建成物业每年都要征收未建成物业房产土地税；没有进行建设或没有进行充分建设的地块，每年对其征收房地产附加税。

第三节　外汇政策

一、基本情况

多哥外汇管理部门为财政部。多哥官方货币为西非法郎，由西非国家中央银行（Banque Centrale des Etats de l'Afrique de l'Ouest，BCEAO）发行，与欧元挂钩，实行固定汇率，1 欧元兑换 655.957 西非法郎，货币发行受外汇保证金制约，货币相对稳定。

多哥实行外汇管制，外汇不能自由兑换。无论是当地居民还是外国居民，要设立外汇账户必须报经西非国家中央银行同意，由驻在国财政部颁发批准文件。凡在多哥注册的外国客商，其合法利润和在多哥从事贸易的所得，都可通过开户行兑换并汇往境外。在银行开立账户并符合中央银行有关规定的情况下，利润汇出不交税。外汇进入外商在多哥的银行账户，不能提现，必须按当时官方汇价卖给银行折算为西非法郎。

多哥外汇管理制度相对比较严格，允许用美元、欧元等国际通用货币兑换当地币；西非法郎在西非共同体所有国家可以自由流通，由西非经济共同体国家银行进行监管。美元购汇汇率由各银行根据自己汇率机制定价。

西非经货联盟（UEMOA）的规则规定，成员国之间无论是经常项目还是资本项目的资金流动不受限，但联盟以外的任何资金转移必须事先审批。

二、居民及非居民企业经常项目外汇管理规定

（一）货物贸易外汇管理

多哥外汇业务需多哥财政部许可，材料采购款汇出需要到开户行填写汇款申请，同时提交材料待多哥财政部审批。向财政部提交的资料包括：货物提单（正本）、货物发票（正本）、海关批准的申报单（正本）、已付船公司费用发票（副本）、已付港口费用发票（副本）、完税证明；外币资金汇入目前无政策方面的限制，但外汇进入外商在多哥的银行账户，不能提现，必须按当时官方汇价卖给银行折算为西非法郎。

另外，进口商如需在货物发运前支付定金，银行可在进口商向其提供换汇许可单、纳税证明，以及形式发票的前提下对外支付不超过总金额50%的预付款。待到货后，进口商再向银行提供提单、进口证明等材料，结清余款。如若支付行认为该进口商信誉良好，也可以在只提供换汇许可单、纳税证明与形式发票的前提下全额支付货款。余下材料待进口商提货后再行补交。

（二）服务贸易外汇管理

外国人在多哥注册公司后经营所得的合法利润，盈利汇出需要提供财务报表、利润分配决议、税务申报资料等支持性文件，报财政部审批同意后方可由开户行汇出。

（三）跨境债权债务外汇规定

无。

（四）外币现钞相关管理规定

多哥境内只使用西非法郎进行结算。不使用外币结算。根据各银行管理规定执行，通常规定外币取现需要提前预约。同时需支付换汇所需各项费用。

三、居民企业和非居民企业资本项目外汇管理

无论是当地居民还是外国居民，要设立外汇账户必须报经西非国家中央银行同意，由驻在国财政部颁发批准文件。

西非经货联盟（UEMOA）境内所有外汇，由西非中央银行统一管理，各成员国对经常项目与资本项目下的外汇流动实行统一的外汇审批制度。根据1998年12月颁布的《关于西非经货联盟成员国对外金融关系的规定》，进口商只要提供完整的合法证明材料，经过有关部门审批，便可获得授权通过邮局或银行购汇，对外支付。其中，邮局只允许100万西非法郎（按当前汇率约合1700美元）以下金额的汇款，超过100万西非法郎的必须经由银行对外支付。

外资企业在当地银行融资须有资产抵押，利息约18%。由于贷款利率较高，外资企业很少在当地融资。

外汇账户开立须由企业向开户行申请后，由西非国家中央银行和财政部批复同意后，银行予以开立。

四、个人外汇管理规定

无论是外国人还是多哥人到国外出差或旅游，可凭护照及机票到银行兑换3000欧元限额以下的外汇。外籍员工在多哥注册公司工作的工资全额（凭公司的工资单）可申请汇出。

第四节　会计政策

一、会计管理体制

（一）财税监管机构情况

在多哥由财政部下辖的税务总署对企业进行监管，各企业需要定期按照统一格式上报会计和税务资料。

（二）事务所审计

企业每年纳税申报需要由审计机构进行外部审计。

（三）对外报送内容及要求

会计报告中主要包含：①企业基本信息：行业分类、经营范围、股东情况、公司地址、银行账户信息、税务登记号等。②企业经营情况表：资产负债表、利润表。③披露信息：费用类、资产类、历年营业额（五年内）、权益变动。④关联交易中，采购定价相关的证明材料及交易申明。

上报时间要求：会计报告须按公历年度编制，于次年的 4 月 30 日前完成。

二、财务会计准则基本情况

（一）适用的当地准则名称与财务报告编制基础

目前，多哥使用非洲 OHADA 体系（非洲 14 个法郎区国家、科摩罗和几内亚），无任何国家颁布的行政法规。西非会计系统 SYSCOA 第 1 版于 1998 年 1 月 1 日实施。SYSCOA 第 2 版为第 1 版的完善版本，于 2001 年 1 月 1 日实施。2017 年 2 月 15 日，通过财务与会计统一法令，同时通过非洲会计系统 SYSCOHADA 附件。

SYSCOHADA《会计统一法》中规定了会计处理的具体核算方法，包括会计科目分类规则及其核算具体内容，同时也规定了借贷记账规则。为了加强企业财务报表和财务信息的可靠性，OHADA 会计制度确定了财政年度损益的评估和计算条例，并且阐述了其他条例和原则、国际会计准则等。该会计制度主要依据的原则包括谨慎性、透明度、重要性、资产负债表的不可触犯性、历史成本、经营连续性、方法持久性和财政年度的专门化。这里所指的一般都是实践中允许遵循的原则。

公司按照 OHADA 会计制度（Système comptable OHADA，简称 SYSCOHADA）进行经济业务的会计处理和财务会计报告编制。会计核算按照 SYSCOHADA 中《会计统一法》处理，实务处理时可以参照一些财税部门公布的以前会计处理惯例。

每个财政年度结束时，董事会、董事长或财务主管应编制至该日为止各项资产或负债要素的财产清查表。他们还应编制公司适用会计科目表规定的财务报表。财务报表是反映企业财产、财务状况和损益的定期报告。公司做出的承诺、担保或保证的金额和期限，以及公司批准的真实担保状况，都记入附表。财务报表包括：资产负债表；损益表；资金来源与运用表（仅对于正常会计制度是必须的）；附表；额外表格（仅对于正常会计制度是必须的）。

财务报表互相不可分割，合法及真实描述财政年度事项、交易和状况，表明企业财产、财务状况和损益具有可信性。

财务报表按照 OHADA 会计制度规定编制和递交，方便各个财政年度随时比较，以及与其他企业的年度财务报表进行比较。但是，这些企业必须遵循相同的合法性及可比性原则。财务报表应反映出财产组成、财务状况和财政年度损益。

OHADA 企业《会计统一法案》第 111 条规定，每个财政年度，个体企业和公司领导若没有编制财产清查表和年度财务报表，以及管理报告和资产负债表（如有必要），会受到刑事处罚。因编制和递交无可信性的财务报表而受到的处罚。

财务报表、管理报告、资产负债表和法定约定清单，应于普通股东大会召开之日前至少 45 日交给审计员（股东大会在财政年度结束后 6 个月内召开），即最迟在财政年度结束后下一年的 6 月 30 日。

OHADA 商业公司与 GIE 统一法案第 269 条规定，股份有限公司必须向法院登记处递交上一财政年度的综合财务报表（资产负债表、损益表、

TAFIRE 和附表），而且必须在普通股东大会对这些财务报表作出批准的当月递交。如果财务报表没有得到普通股东大会的批准，大会决议副本应在相同期限内交给法院登记处。

（二）会计准则使用范围

所有在多哥的企业均需要按照会计准则进行会计核算并编制报表。实际操作中，税务总署对企业会计工作进行定期的稽核。

三、会计制度基本规范

（一）会计年度

《OHADA 会计统一法》规定，财政年度采用日历年制，自 1 月 1 日—12 月 31 日。财政年度的持续时间可以例外，小于或大于 12 个月：如果第一个财政年度是从日历年上半年开始，时间可以小于 12 个月；如果第一个财政年度是从日历年下半年期间开始，时间可以大于 12 个月。财政年度的持续时间将模仿停业情况下清算活动的持续时间，且无论是出于何种原因停业的。因此，清算活动的持续时间只算作一个财政年度，但需要编制临时年度报表。财务报表最迟在财政年度结算后 4 个月内批准，原则上也就是说最迟在下一年的 4 月 30 日。每次递交财务报表，应注明批准日期。

（二）记账本位币

《会计统一法》第 17 条规定，企业会计系统必须采用所在国的官方语言和法定货币单位，多哥采用西非法郎为记账本位币。

（三）记账基础和计量属性

《会计统一法》第 17 条规定，企业以权责发生制为记账基础，以复式记账为记账方法。

《会计统一法》第 35 条规定，企业以历史成本基础计量属性，在某些情况下允许重估价值计量（第 62~65 条）。

四、主要会计要素核算要求及重点关注的会计核算

（一）现金及现金等价物

会计科目第五类记录现金、银行存款及现金等价物。会计科目（51）核算现金，会计科目（52）核算银行存款。

现金资产属于 SYSCOHADA 五类由投资证券、兑现票据、银行支票、邮政支票和现金组成。这类科目登记的是企业的资金调动，具有很大的流动性。主要是现金、支票交易，与金融机构实现的交易。现金流量表（TAFIRE）中列示的现金及现金等价物和 IFRS 准则中概念一致。

（二）应收款项

会计科目第四类记录应收、预付款项。《会计统一法》规定：应收款项科目记录应收账款的初始计量按初始价值计量确认，同时规定了坏账准备、折扣、可回收包装物的会计处理。与第三方有关的科目，只要用于登记债务债权相关融资方式（应付票据、应收票据），或与财政年度有关的未来债务债权（应付费用、应收账款），都集中在四类科目。

坏账是指因债务人财务困难导致不可回收的债权。只要债权是有争议的或者是坏账，应按其含税金额转移到科目（416）有争议债权或坏账。如果损失最终被确定，债权就不可回收。损失通过科目（651）客户和其他债务人债权损失确认，相应地根据具体情况，记入科目（411）应收账款或科目（416）有争议客户债权或坏账。如果是登记在科目 485 固定资产转让债权，损失还可以通过科目（834）债权损失确认。

（三）存货

《会计统一法》第 39 条规定，存货初始计量以历史成本计量确认，包括买价及必要合理的支出。存货的初始核算：存货的采购成本不包含采购过程中发生的可收回的税金。不同存货的成本构成内容不同，通过采购而取得的存货，其初始成本由使该存货达到可使用状态之前所发生的所有成本构成（采购价格和相关采购费用）；通过进一步加工而取得的存货，其初始成本由采购成本、加工成本、以及使存货达到目前场所和状态所发生的其他成本构成。《会计统一法》存货由全部商品、原材料和有关的供应品、半成品、产成品，以及在盘点日企业拥有所有权的物资组成。具体分类如下：31 商品，32 原材料，33 其他储备品，34 在产品，35 在建工程，36 产成品，37 半产品，38 在途物资，39 存货减值。

《会计统一法》第 44 条规定，存货出库可以采用先进先出法和平均法（移动平均或加权平均）。企业应根据存货的性质和使用特点选择适合的方法进行存货的出库核算。确定存货的期末库存可以通过永续盘点和实地盘点两种方式进行。

《会计统一法》第 43 条规定，存货期末计量以初始成本与可变现净值孰低法，若成本高于可变现净值时，应根据存货的可变现净值与账面价值的差额计提货跌价准备并计入会计科目（39 存货减值）作为存货的备抵项。

存货贬值构成企业费用，应当计入贬值科目 6593 库存准备金费用。

（四）长期股权投资

《会计统一法》中定义了长期股权投资是投资企业为了与被投资企业建立长期关系或为了自身的经营和发展而持有的被投资企业权益 10% 以上的投资。

会计科目（26）长期股权投资下设四个明细科目，分别核算控制、共同控制、重大影响、其他四种情况的投资。按会计法规的解释：控制是直接或直接持有被投资单位 40% 以上的表决权，且没有其他持有者通过直接或间接持有被投资单位超过 40%；共同控制是由有限的股东共同持有被投资单位的股权，共同决定被投资企业的决策；当直接或间接持有被投资单位有表决权股权的 20% 以上时，视为有重大影响。初始计量按投资成本计量确认，期末计量按《会计法》第 43 条以成本与可变现净值孰低法确认期末价值；处置长期股权投资时，其成本通过账户 81——处置非流动资产的账面价值结转。不属于长期股权投资的其他投资通过账户 50——短期投资核算。

根据 OHADA 与 GIE 统一法案，若持有某公司 10%~50% 的股份，即表示参股。超过该比例，即是母公司和子公司的关系。股份有限公司或有限责任公司，不得拥有另一持有其 10% 以上股份的公司的股票或股份。若相关公司未对状况调整达成协议，持有另一方最低股份份额的公司，应出让其股票或股份。如果双方持股同等重要，各方应减少自己的份额，不得超过另一方股份的百分之十。到实际出让之时，需出让的股票或股份将被剥夺选举权和相关股息支付权（第 177 条）。股份有限公司或有限责任公司以外的公司，其合伙人中有持其百分之十以上股份的股份有限公司或有限责任公司的，则不能持有该公司的股票或股份。如果股份有限公司或有限责任公司持有的公司股份等于或小于百分之十，该公司不得持有股份有限公司或有限责任公司百分之十以上的股份。

初始计量。益性证券流入企业财产之日，记账金额为证券购置价格，或购置合同、出资证书条款规定的价值。附带购置费，如购买的认股权，应包含在流入价值。

（五）固定资产

《会计统一法》第45条规定，固定资产初始计量以历史成本计量确认，企业应在其预计使用期限内对固定资产计提折旧。

《会计统一法》第42条规定，固定资产期末计量按可回收价值计量，如果发生减值，计入减值准备。

OHADA会计制度将固定资产定义为长期保留在企业内部的财产或价值。它们不会在初次使用时被消耗完。一般使用寿命超过一年。某些价值不大或消耗非常快的财产，可以被视为在使用过程中完全被消耗，故不能被列入固定资产的范畴。OHADA会计制度未规定任何价值标准。由各个企业自己按照重要性原则评价财产的单位价值标准，只要在这方面不存在税务问题。OHADA会计制度将固定资产分为四类，另外还需要加上固定资产预付款项目，即：无形固定资产（无形资产）、有形固定资产（固定资产）、金融性固定资产（权益性证券、其他长期证券、契约性贷款和类似于贷款的非商业性债权）和固定资产。

有形固定资产：企业为了用于生产商品和／或服务、租给第三方或做行政用途而持有的资产要素；为了做长期用途而购置或建立的资产要素；不会在企业正常经营周期中被销售的资产要素，例如，展示车辆、设备租赁。

金融性固定资产：这些资产由权益性证券、其他长期证券、契约性贷款和类似于贷款的非商业性债权。

固定资产：不参与生产过程的非生产性固定资产，被视为固定资产（例如对企业经营目的有用的土地、楼房、与经济活动无关的艺术品、废弃生产线相关设备等）。

（六）无形资产

《会计统一法》中没有单独对无形资产的确认和计量规范，无形资产即上述OHADA会计制度中固定资产项下的无形固定资产。一般包括：研发费，特许权和特许经营，软件，专利、许可、类似权利和商标，商业资产和租赁权，创作投资，在建无形固定资产。

无形资产中可摊销的部分包括关于专利、许可、商标、工艺、模型、图纸、特许权、特许经营和研发的费用，摊销期限如下：

发明专利的折旧期即其实际使用期：如果发明专利用于公共领域，折旧期即法定保护期（专利为 20 年，实用证书为 6 年），如果它们的使用期更短，折旧期也就更短；

许可的折旧期即相应权利的经营垄断期：如果实际使用期可以确定，制造商标就可以折旧；

特许权和特许经营的占用费以及工艺，折旧期即初始合同的使用期限；

研究费折旧的分摊时间原则上不超过五年，但是，如果是特殊项目，作为例外情况，可以采用较长的折旧时间，且不超过相关资产的使用期限，必须满足的条件是，给出做了例外情况处理的原因。

无形资产中不可摊销的部分（商业资产、租赁权等）在会计上仅记录企业取得的商业资产，被创造出来的商业资产不记账。

（七）职工薪酬

《会计统一法》中会计科目（42）核算职工薪酬，核算所有支付给职工的各类报酬。包括以下人员的薪酬费用：行政管理人员、普通员工、临时性雇佣员工、职工代表、提供服务的企业合伙人。包括所有在企业领取工资的人员，职工薪酬的核算需要结合个人所得税和社会保险基金的计算综合考虑。

（八）收入

《会计统一法》中会计科目（70）核算企业日常经营活动中取得的收入，核算企业对第三方销售货物、提供服务或劳务取得的经济权利。收入计量按净价计量确认（不包括销售代收的税金和在发票上注明的折扣，但现金折扣例外。）收入是企业在销售商品、提供劳务及他人使用本企业资产等日常活动中所形成的经济利益的总流入，使企业资产增加。

对于房建和工程建筑企业，计量库存等的成本时涉及到了跨年度合同，即跨年度合同涉及的有商品服务生产，或全体商品和 / 或服务的生产，且合同执行期限至少横跨两个财政年度。考虑到跨年度合同管理，跨年度合同相关交易损益，采用以下三种方法确定：竣工法（只在竣工时核算收入）；

进度法（即完工百分比法）；财产清查部分利润法（仅当如果总合同预计是盈利的，在当期末计算部分利润）。

（九）政府补助

政府补助包括三类（前两类也包括第三方补助）：投资性补助、经营性补助和平衡性补贴。

《会计统一法》中会计科目（71）用于核算经营性补助收入，核算方法类似中国会计准则《政府补助》中与收益相关的政府补助。经营性补助是由政府、公共机构或第三方为了弥补企业产品的售价或其经营费用而给予的补助，既不是捐赠也不是投资性补助。经营性补助分为进口产品补助、出口产品补助。债权人放弃债务权利也视同经营性补助计入本科目，年末本科目结转至本年利润。

投资性补助类似于中国会计准则《政府补助》中与资产相关的政府补助，是企业取得的为了购置、建造长期资产或为了提供长期服务而取得的补助。会计科目（14）用于核算投资性补助收入。取得时计入会计科目（14）和相关资产；年末结转会计科目（14）中当年分配的收益部分至会计科目（865），计入本年收益；处置相关资产时将会计科目（14）尚未分配的余额计入会计科目（865）。

平衡性补贴是政府对企业特别事项的补贴，相当于营业外收入，直接通过会计科目（88）"营业外收入"，并在期末结转到本年利润。

（十）借款费用

借款费用是指企业因借款而发生的利息及其相关成本。借款费用包括借款利息、折价或者溢价的摊销、辅助费用以及因外币借款而发生的汇兑差额等。

（十一）外币业务

外币交易时，应在初始确认时采用交易发生日的即期汇率折算为记账本位币金额，此价值记录在资产负债表直到财产被消耗、转让或消失。

于资产负债表日，外币货币性项目采用资产负债表日的即期汇率折算为外币所产生的折算差额，除了为购建或生产符合资本化条件的资产而借入的外币借款产生的汇兑差额按资本化的原则处理外，其他类折算差额直接计入当期损益。以公允价值计量的外币非货币性项目采用公允价值确定日的即期汇率折算为人民币所产生的折算差额作为公允价值变动直接计入当期损益。

用外币填写的应收账款和负债都转换为当地法定货币单位,如果是商业交易,以双方达成一致协议的日期的牌价为基础,如果是金融活动,则以处理外汇日期的牌价为基础。

如果用外币记录的应收账款和负债存在资产负债表中至期末日期,以当天最近的兑换牌价为基础修改原始登记的信息。

当外汇流动资金还在资产负债表上,要以期末当天牌价为基础转为当地法定货币单位,确定的差额直接记录在当期利润和支出处,汇兑收益或汇兑损失。

(十二)所得税

所得税采用应付税款法,不区分时间性差异和永久性差异,不确认递延所得税资产和负债,当期所得税费用等于当期应交所得税。本期税前会计利润按照税法的规定调整为应纳税所得额(或由税务局核定的应纳税所得额),与现行税率的乘积就是当期在利润表中列示的所得税费用。会计科目(89)核算所得税,分为当期所得税费用和以前年度所得税费用调整,年末余额结转至本年利润。

四、其他

OHADA 会计科目体系与中交会计制度科目体系对照表

OHADA 企业会计制度统一法案会计科目体系共分为九类:一类、二类、三类、四类、五类和资产负债表有关;六类、七类、八类和损益表有关;九类与财务管理、财务分析有关。

中交会计制度科目体系则分为六类:资产类、负债类、共同类、所有者权益类、成本类和损益类。

表2-3-1 科目对照表

中交会计科目体系		多哥会计科目体系	
科目类代码	科目类名称	科目类代码	科目类名称
1	资产类	1	长期资产类
2	负债类	2	固定资产类
3	共同类	3	存货类
4	所有者权益类	4	往来科目
5	成本类	5	流动资金类
6	损益类	6	主营业务费用类
—	—	7	主营业务收入类
—	—	8	其他费用和收入类
—	—	9	资产负债表外业务活动及财务管理分析类

数据来源: 非洲法律统一协会、OHADA(SYSCOHADA)会计制度(第三版)[M].北京: 法律出版社.

第三章 俄罗斯税收外汇会计政策

第一节　投资环境基本情况

一、国家简介

俄罗斯联邦（Russian Federation），又称俄罗斯，由 22 个自治共和国、46 个州、9 个边疆区、4 个自治区、1 个自治州、3 个联邦直辖市组成的联邦共和立宪制国家。俄罗斯位于欧亚大陆北部，地跨欧亚两大洲，国土面积为 1709.82 万平方公里，是世界上面积最大的国家。人口 1.44 亿（2018年），官方语言为俄语，货币为俄罗斯卢布。俄罗斯是联合国安全理事会五大常任理事国之一，对安理会议案拥有一票否决权。除此以外，俄罗斯还是五个金砖国家之一。莫斯科，是俄罗斯联邦首都、莫斯科州首府，是俄罗斯的政治、经济、文化、金融、交通中心以及最大的综合性城市，是一座国际化大都市。

二、经济情况

俄罗斯工业、科技基础雄厚，苏联时期是世界第二经济强国，1978 年被日本赶超。苏联解体后，俄罗斯经济一度严重衰退，经济持续下滑，加入国际经济体系成了俄罗斯经济战略目标之一。1992 年，俄罗斯加入国际货币基金组织，加速了俄罗斯与世界经济一体化的进程，成为俄罗斯与国际金融市场机构的协调者，有助于俄罗斯形成良好的投资环境以吸引国际投资。此外，俄罗斯在 2011 年加入世界贸易组织，关税的下调也为中国企业加大对俄罗斯投资提供了新的机遇。近年来，俄罗斯经济快速回升，已连续 8 年保持增长（年均增幅约 6.7%），外贸出口大幅增长，投资环境有所改善，居民收入明显提高。工业主要有机械、冶金、石油、天然气、煤炭及化工等；轻纺、食品、木材加工业较落后；航空航天、核工业具有世界先进水平。财政金融总体趋好。2006 年，黄金外汇储备居世界第三位；卢布升值 7.6%；国际信用评级提高。自 2006 年 7 月起，俄罗斯实行卢布完全可自由兑换，汇率稳定。2015 年，俄罗斯财政预算收入为 14.17 万亿卢布，支出为 15.15 万亿卢布，财政赤字 9800 亿卢布，占 GDP 的 0.53%。2017 年俄罗斯 GDP 为 15275 亿美元，GDP 增速为 1.4%，排名全球第 12 位。2017 年俄罗斯财政赤字占 GDP 的 3.2%。2017 年俄罗斯收入低于 2016 年，支出达 15.79 万亿卢布（约合 2464 亿美元）。[①]

三、外国投资相关法律

俄罗斯现行的联邦级别的鼓励和调节外商投资的基础性法律文件是《俄罗斯联邦外国投资法》，与外国投资有关的法律有《俄罗斯联邦租赁法》《俄罗斯联邦产品分成法》《俄罗斯联邦土地法典》《俄罗斯联邦经济特区法》等。

俄罗斯与外国公司贸易活动相关的法律法规有俄罗斯联邦《对外贸易活动国家调节原则法》《对外贸易活动国家调节法》《俄罗斯联邦海关法典》《海关税则法》《技术调节法》《关于针对进口商品的特殊保障、反倾销、反补贴措施联邦法》《外汇调节与监督法》《在对外贸易中保护国家经济利益措施法》《欧亚经济联盟海关法典》等。

此外，与外国投资相关的法律还有 2013 年 4 月 10 日俄罗斯国家杜马修订的《外国公民法律地位法》。主要内容包括：一是外国劳务人员办理赴俄罗斯一年期以上（含一年期）劳务签证，必须具备俄语综合考核证书。二是有以下情况的外国移民将被遣送并处罚款：劳务许可过期后 5 日内仍未离境；在遭俄罗斯雇主解聘或聘用合同到期，办理工资结算后 5 日内仍未离境；外籍劳务违规进行跨工种、跨行业的务工活动。修正案已于 2015 年 1 月生效。俄罗斯联邦劳动和社会保障部在每年年底，都会公布下一年度各联邦主体和地区可签发的本区外来务工许可配额。各联邦主体和地区应在配额范围内，对该地区用人单位递交上来的申请材料进行审批、签发外来劳务用工许可。移民局在接收材料并对其审核后，会向俄罗斯联邦劳动就业局发函询问意见，如果该局认为俄罗斯就业市场缺乏能满足其申请职位要求的人员，则会将正性结果反馈给移民局，移民局会参照此意见来

---

① 数据来源：《中国居民赴俄罗斯投资税收指南》。

对用人公司签发外来劳务用工许可。一般情况下,此阶段所需要的时间为
45 天。该类外来劳务用工许可的有效期为 1 年。根据俄罗斯现行的政策,
分公司和代表处在俄罗斯联邦司法部下属是注册局登记注册之时,便可同
时获得可以雇用 5 名外国员工的外来劳务用工许可。此后,该分公司或代
表处可凭借此许可,向注册局递交材料为员工办理工作许可证。

四、其他

俄罗斯海关法和政府税收法规定,外资重点投资项目可以享受优惠;
俄罗斯地方政府可以在职权范围内利用地方财政收入或预算外资金向外资
提供税收优惠、担保、融资及其他形式的支持。

2006 年,中国与俄罗斯签订《中俄政府间关于鼓励和相互保护投资的
协定》。1994 年,中国与俄罗斯签订《中俄政府间关于对所得税避免双重征
税和偷漏税的协定》。2015 年 3 月,俄罗斯政府批准了中俄避免双重征税协
定的修正案。

中国企业到俄罗斯开展投资合作的注意事项包括:①了解相关法规和
双边协议。2008 年 5 月 7 日,俄罗斯颁布了《外资进入对国防和国家安全
具有战略意义行业部门程序法》,规定关系到国家安全的 42 个战略领域,
对外商的投资比例严格设限。②选择可靠、实力雄厚的合作伙伴是在俄罗
斯投资项目成功的关键。③考虑地区差异。俄罗斯幅员辽阔,东西长 11
个时区,应充分考虑企业税费、产品生产条件、销售市场、交通运输,人
文、气候和民族风俗等因素。④办好注册手册,认真对待合同条款。⑤有
效雇用当地劳动力。⑥充分核算成本,充分了解财务规定,以避免损失。
⑦基础设施建设合作方面,俄罗斯限制外资进入的产业经营活动和区域有:
联邦电网送变电,海运内河航运和空运铁路运输,民航机场的设计建设和
维修养护,公路铺设等。此外,在市场准入、国民待遇、土地使用、劳工
配额、保险及就医、签证、税收体系、外资银行经营模式等方面对外资还
存在诸多限制。此外,还有不合理的投资争端解决机制,小股东的权益保
护问题等,均成为中资进入俄基建市场的障碍。⑧如果投资或者工程承包
的周期较长,要关注俄罗斯自身的通胀率、物价水平和汇率风险并有一定
的风险储备。

第二节　税收政策

一、税法体系

俄罗斯税法由《俄罗斯联邦税法典》（以下简称《税法典》）及据其颁布的其他法规组成。在 2000 年前后，俄罗斯税收制度经历了重大的变革。在此期间，《税法典》第一部分（1998 年）和第二部分（2000 年）编写完成并被批准通过。之后通过立法，对《税法典》不断地修订完善。《税法典》第一部分是一般规定，涵盖了最抽象且最重要的法条，主要包括俄罗斯税制的基本原则、税种以及设立联邦主体税和地方税的基本原则、反避税规则、履行纳税义务的方式和纳税人与税务机关的权利与义务、税收监督的形式和方法、税收违法行为所应负担的责任，以及对税务机关及其公职人员违反国家规定的行为进行控告的方式等。《税法典》第二部分对具体税种做出规定。根据《税法典》，俄罗斯税收按俄罗斯联邦、联邦主体（也译为"地区"）和地方三个层级征收。联邦税费根据《税法典》和联邦法律确定，联邦主体税根据《税法典》和联邦主体法律确定，地方税根据《税法典》和市政当局的法规确定。联邦主体立法和地方立法可根据《税法典》规定确定联邦主体和地方的税务减免、确定特定范围内的税率、纳税程序和截止时间等。因此，在俄罗斯不同地区登记的纳税人的税收负担不同。（联邦主体税征税主体：85 个联邦主体按地域原则划分为 9 个联邦管区，分别是中央联邦管区、西北联邦管区、南部联邦管区、北高加索联邦管区、伏尔加沿岸联邦管区、乌拉尔联邦管区、西伯利亚联邦管区、远东联邦管区和克里米亚联邦管区。）

俄罗斯联邦税包括：增值税、某些商品和资源的消费税、企业所得税、个人所得税、国家预算外社会基金缴纳、国家规费（指各级政府或公共机关为个人或者企业提供某种特定劳务或实施行政管理时，依照有关部门规定向特定对象所取得的特定报偿）、海关关税和规费（海关规费是指海关工作人员应有关单位申请，在规定的监管区域以外执行任务所收取的一种费用）、地下资源开采税、动物和水生资源使用权税、林业税、水资源税、生态税、联邦许可证签发手续费等。俄罗斯联邦主体税包括：企业所得税、不动产税、道路交通税、运输税、销售税、博彩税、地区许可证签发手续费等。俄罗斯地方税包括：土地税、自然人财产税、广告税、继承或赠与税、地方许可证签发手续费等。（注：规费是按国家法律法规授权由政府有关部门对公民、法人和其他组织进行登记、注册、颁发证书时所收取的证书费、执照费、登记费等。）

截至 2017 年 1 月 1 日，俄罗斯已与 81 个国家 / 地区签订双边税收协定。现行有效的中俄税收协定于 1994 年签订，新的中俄税收协定于 2014 年 10 月签订。2015 年 5 月两国对 2014 年修订的税收协定利息条款进行了进一步修改，于 2017 年 1 月 1 日起正式生效。

二、税收征管

（一）征管情况介绍

俄罗斯国家税务总局是联邦政府主管税收工作的职能部门，是监督税法执行、监督税收缴纳的国家税务机关系统。国家税务总局在各联邦主体、各个城市和区，包括各城市的市区设立其分支机构税务检查局，即俄罗斯国家税务总局系统实行三级管理：联邦国家税务总局、联邦主体国家税务局和国家税务检查局。整个系统在业务上实行垂直集中领导的管理体制，独立于地区和地方政府机关，不接受地方政府的直接领导。地区和地方政府机关无权做出改变或撤销税务机关的决定，无权向税务机关发出业务指令。

（二）税务查账追溯期

纳税人纳税义务的追溯期为审计年度的前三年。此外，联邦税务局无权对纳税人同期的同一税收进行两次以上的实地税务审计。禁止联邦税务局对会计期间的纳税人进行超过两次的实地税务审计，但联邦税务总局可以采取特殊决定解除这种限制。同样的限制规定适用于对纳税人分支机构和代表处的独立税务审计。因此，联邦税务局对实地税务审计只涉及进行实地税务审计那年起的前三年。

（1）违反基本规定的处罚。

①延迟到税务局登记。如果错过登记截止时间，罚 10000 卢布；如果在未登记的情况下开展业务，罚开展业务所得收入的 10%，但不少于 40000 卢布。②严重违反应税收支会计规则。罚 10000 卢布（约 312.5 美元）；如果在几个纳税期均违规，罚 30000 卢布（约 938 美元）；如果因少计税基而导致违规，罚未缴税款（如有）的 20%，但不少于 40000 卢布（约 1250 美元）。③延迟提交纳税申报表。延迟每个整月或不足整月金额的 5%，但不得超过 30% 且不少于 1000 卢布。④未提交用于税务控制目的的基本信息。对于个人，罚 100~300 卢布；对于公司行政人员，罚 300~500 卢布。

（2）不履行纳税义务的处罚。

①拖欠或少缴税款。由于少计税基或非法行为，罚未缴税款的 20%；如果故意少缴税款，罚未缴税款的 40%。②代扣代缴义务人未预提税款和／或欠缴税款。代扣代缴义务人未预提和未缴税款的 20% ③《刑法》规定个人或法律实体应承担逃税责任。根据俄罗斯《刑法》，公司高级职员可能因公司少缴税款而被处以刑事罚款。尤其是，重大逃税行为可能导致最长六年监禁、禁止开展特定业务三年及罚款 200000~500000 卢布，或违法者 1~3 的工资或其他收入总额。如果组织或个人首次逃税并已全数支付预算、所有欠税、相应逾期利息和罚款，则无需承担刑事责任。重大逃税行为是指，三年间拖欠税款超过 1000 万卢布且超过应缴税款总额的 20%，或者超过 3000 万卢布。

（3）其他处罚。

在上述情况下，如果纳税人自行更正错误并支付额外税款及应付罚款，则不应就错误的计账和税务计算结果征收逾期利息。通常，对于延迟纳税的每一天，均按俄罗斯联邦中央银行再融资利率的 1/300 收取逾期利息。

（三）税务争议解决机制

在俄罗斯税务争议的解决途径主要有：①俄罗斯境内的诉讼与仲裁；②国际诉讼与仲裁；3、ICSID 仲裁。此外，还可借助诉讼与仲裁前的调停机制解决争议问题。

纳税人认为，税务机关及其工作人员行为不恰当的，可通过被申诉机关向上一级税务机关进行申诉。被申诉的税务机关应在申诉提交之日起 3 日内将申诉状及其附带材料提交给上一级税务机关。如《税法典》中未有其他规定，申诉人知道或应当知道自身权益被损害之日起 1 年之内有权直接向上一级税务机关进行申诉。对于未经申诉已经生效的追究或不追究税收违法行为责任的决定进行申诉，应在该决定做出之日起 1 年内进行。对受理申诉机关的申诉处理决定不服的，在该处理决定做出之日起 3 个月内向授权负责监督税收及费用征收的联邦执行权力机关进一步申诉。申诉期已过但有正当理由的，根据申诉人的申请，上一级税务机关可以延长其申诉期。纳税人认为税务机关及其工作人员行为不恰当的，也可以直接向法院起诉。组织和个体企业家对税务机关的法令（包括标准法令）、税务人员的行为或不作为提起司法申诉，应按照联邦法律规定的仲裁程序向仲裁法院提交申诉书；自然人对税务机关的法令（包括标准法令）、税务人员的行为或不作为提起司法申诉，应按照对政府机关和公务人员非法行为提起申诉的联邦法律的规定向普通审判法院提交申诉书。

三、主要税种介绍

（一）企业所得税

1. 征税原则

俄罗斯企业所得税（中俄税收协定译为"团体企业所得税"），是对俄罗斯企业（组织、机构、团体等，以下统称"企业"）的利润和外国法律实体在俄罗斯通过常设机构开展经营活动取得的利润，或有来源于俄罗斯境内的所得征收的直接税。利润是按照税法核算的收入减去税法规定的可扣除的支出费用计算的余额，与我国企业所得税中的所得核算原则基本一致。按照与收入相匹配的原则，经济上合理且适当记录的支出和费用，才可以扣除。《税法典》中明确了不能扣除的具体支出和费用。

2. 税率

（1）居民企业。

1）法定税率。企业所得税的法定税率为 20%。2017—2020 年，企业所得税税收收入的 3% 支付给联邦预算，17% 支付给联邦主体预算。各联邦主体有权通过立法的形式针对特定的纳税人实行优惠税率，优惠税率最低不得低于 12.5%。

2）特定类型所得税率。①股息红利所得税税率：零税率，适用于俄罗斯公司从其持有至少 50% 股份且持股时间超过 365 天的俄罗斯公司分得的股息，13% 税率，适用俄罗斯公司或俄罗斯个人取得的股息；②转让某些特定类型债券所得税税率：零税率，适用于 1997 年 1 月 20 日前发行的国家和市政债券的利息收入；1999 年在实施第三系列内部公共货币债券创新活动中发行的国家货币债券的利息收入；根据《中央银行法》规定，从俄罗斯联邦中央银行取得的收入。9% 税率，适用于 2007 年 1 月 1 日前发行的且发行期不少于三年的市政证券的利息收入；2007 年 1 月 1 日前发行的按揭债券的利息收入；信托管理创始人收购按揭证券经理人 2007 年 1 月 1 日前签发的按揭贷款证明书取得的收益。15% 税率，适用于下列类型证券的利息收入：联邦主体发行的政府证券；俄罗斯联邦发行的政府证券和市政证券；2007 年 1 月 1 日后发行的抵押贷款证券；俄罗斯公司于 2017 年 1 月 1 日—2021 年 12 月 31 日期间发行的卢布债券（不含被认定为居民纳税人的外国公司的债券）。③某些特定财产转让收益所得税税率：零税率，适用于俄罗斯公司转让其 2011 年 1 月 1 日后取得的，且持有至少五年的股份取得的收益；④从事运营、维修或租赁国际运输船舶、飞机、集装箱及其他运输设备所取得的收入，适用 10% 税率。

（2）非居民企业。

1）法定税率。企业所得税的法定税率为 20%，适用于通过常设机构在俄罗斯经营的非居民企业。2017—2020 年，其中，3% 支付给联邦预算，17% 支付给联邦主体预算。各联邦主体有权通过立法的形式针对特定的纳税人实行优惠税率，优惠税率最低不得低于 12.5%。

2）预提所得税率。①股息红利所得税税率：15% 税率，适用于外国公司取得的股息收入。归属于外国企业在俄罗斯设立的常设机构的利润，一般须按适用于居民企业的税率征税，但常设机构从居民企业取得的股息除外，这部分收入按 15% 的税率征税。依据判例法，如果在俄罗斯设立常设机构的外国公司所在地国家（地区）适用于任一项带有非歧视条款的税收协定，这一税率将降低至适用于居民企业的 13%（2015 年 1 月 1 日前为

9%），但非居民企业的常设机构不享有再度减免，②利息所得税税率：零税率，适用于 1997 年 1 月 20 日前发行的国家和市政债券的利息收入；1999年在实施第三系列内部公共货币债券创新活动中发行的国家货币债券的利息收入；依据《中央银行法》规定从俄罗斯联邦中央银行取得的收入。9%税率，适用于 2007 年 1 月 1 日前发行的且发行期不少于三年的市政证券的利息收入；2007 年 1 月 1 日前发行的按揭债券的利息收入；信托管理创始人收购按揭证券经理人 2007 年 1 月 1 日前签发的按揭贷款证明书取得的收益。15% 税率，适用于下列类型证券的利息收入：联邦主体发行的政府证券；俄罗斯联邦发行的政府证券和市政证券；2007 年 1 月 1 日后发行的抵押贷款证券；俄罗斯公司于 2017 年 1 月 1 日—2021 年 12 月 31 日期间发行的卢布债券（不含被认定为居民纳税人的外国公司的债券）。20% 税率，适用除上述以外的其他类型的利息收入；③财产转让收益所得税税率：零税率，在俄罗斯未构成常设机构的外国企业转让不动产占企业全部资产不超过 50% 的俄罗斯企业股份取得的收益；或者在公开证券市场转让俄罗斯企业股份取得的收益。20% 税率，在俄罗斯未构成常设机构的外国企业转让不动产占企业全部资产超过 50% 的俄罗斯企业股份取得的收益；④国际运输税率：从事运营、维修或租赁国际运输船舶、飞机、集装箱，以及其他运输设备所取得的收入，适用 10% 税率；⑤除上述以外的其他所得税率：20% 税率，除上述以外的其他所得。

3. 税收优惠

（1）居民企业。

1）税率优惠。①从事教育和（或）医疗活动的法人实体取得的收入（《税法典》第 284–1 条），适用零税率；②符合《税法典》第 346.2 条规定标准的农业和渔业生产者、销售农产品或自产的农副产品适用零税率；③莫斯科地区，对于投资额超过 20 亿卢布的项目，企业可以在 5~7 年内由优惠税率（最高优惠幅度为 3.5%）逐渐过渡至标准税率。莫斯科以外的其他地区，联邦主体可降低企业所得税税率，降幅不得超过 3.5%。2017—2020 年期间，各俄联邦主体有权对部分纳税人的企业所得税最低税率下限调低至 12.5%，即降幅不得超过 4.5%；④在加里宁格勒地区，实施投资项目前六年免税，第 7~12 年，减半征收；⑤对科技经济特区和旅游经济特区的居民企业实施零税率；⑥依据俄罗斯联邦关于斯科尔科沃创新中心的法律，研发企业的收入、股息红利的预提税，适用零税率；⑦对于参加区域项目投资的企业，俄罗斯联邦体可立法降低税率；⑧加入自由贸易区的企业，依据条约在自由贸易区内开展的经济活动适用零税率，从首次取得来自于货物（劳务、服务）的利润的纳税期起，连续10个纳税期内有效。

2）亏损弥补。在纳税年度中，每季度的利润按累计方式计算，即当前纳税人的某项活动中出现的季度亏损可用于抵消同一纳税期从另一活动中获得的利润。不可从企业所得税中扣除和不可提前执行的资本亏损除外。当公司年度经营亏损时，可用今后10年的利润相抵消，前提是企业的储备基金必须全部用于弥补亏损。某些类型的活动（例如证券、金融工具）的亏损是分开确定和结转的，今后只能用同类活动的利润来弥补。自2017年开始，弥补以前年度的亏损取消了10年的时间限制，但在2017—2020年期间，纳税人弥补以前年度的亏损不能超过当期应纳税所得额的50%。

3）安置残疾人就业。吸纳残疾人和退休人员的企业实施特殊的税收优惠政策，即企业中残疾人数超过职工总数的50%或残疾人和退休人员数量超过职工总数的70%，企业所得税减半征收；但采取税收优惠制度的必要条件是，这类企业应将所获利润的一半以上用于残疾人的基本社会需求。

4）社会公益事业各种社会团体、社会联合会、社会慈善基金、创作联合会所属企业的利润，宗教组织从事宗教活动和销售宗教活动必需品所得利润，用于实施企业章程规定活动的利润免税。

5）小微企业 对于从事农产品生产和加工、民用消费品生产、建筑和建材生产的小企业，如果其上述业务的销售进项总额占其销售商品（劳务、服务）进项总额的70%以上，那么，在其创建的前两年免缴企业所得税。如果企业成立后的第3年和第4年其上述业务活动的销售进项总额达90%以上，分别缴纳企业所得税的25%和50%。

（2）非居民企业。

自2017年1月1日起，《税法典》第312条更改为：外国企业必须证明其是取得该所得的受益所有人，而无需俄方支付人另行提出要求（此前规定是：应俄方支付人的要求才提供证明）。通过俄罗斯常设机构经营业务的非居民企业须对通过常设机构获得的全球收入缴纳企业所得税（包括资本收益）。俄罗斯对"常设机构"一词的定义大体遵循了《关于对所得和资本避免双重征税的协定范本》（简称《OECD 范本》）的概念。但是，建筑工地或建筑项目自有关活动开始就有资格成为常设单位，若其为另一企业的生产目的而保持库存，其常设机构资格不会因此取消。

4. 所得额的确定

应税所得通过计算企业经营活动和非销售活动的利润或亏损来确定，比如租赁收入和资本利得，但不包括从俄罗斯企业获得的股息。取得的外币收入需要先根据俄罗斯央行当日发布的汇率换算成卢布后再来确定。应税所得由非免税收入减去扣除项目计算得出。非免除收入包括销售收入（根据会计销售数据确定）和非销售收入（税法明确提及的特定项目）。扣除项目包括那些在经济上具有合理性并且在俄罗斯《税法》中规定的费用。但是，资本性质的支出不允许立刻扣除。

当公司年度经营亏损时，可用今后 10 年的利润相抵消，前提是企业的储备基金必须全部用于弥补亏损。某些类型的活动（例如证券、金融工具）的亏损是分开确定和结转的，今后只能用同类活动的利润来弥补。自2017 年开始，弥补以前年度的亏损取消了 10 年的时间限制，但在 2017—2020 年期间，纳税人弥补以前年度的亏损不能超过当期应纳税所得额的 50%。

5. 反避税规则

（1）关联交易。关联方是指交易双方所做的交易行为直接或间接影响他们所代表的人的经济结果的居民或非居民（个人和 / 或与此相关的法人）。《税法典》第 105-1 条对关联方列出了 11 种类型，其中直接拥有 25% 以上的股权是最主要的标准。除此之外，立法机关有权在其他情况下以逐个审查为基准视双方为相关方。

（2）转让定价。俄罗斯对市场价的确定方法与经济合作与发展组织指引的规定类似，为了确保转让价格公正性，企业应该可以选择以下五种比价法进行定价确认：①可比非受控价格法。②再销售价格法。③成本加成法。④可比利润法。⑤利润分割法。

（3）资本弱化。关联方贷款利息的扣除和下列情况下的贷款提供方适用资本弱化规则：①直接或间接拥有俄罗斯公司超过25%注册资本的外国公司或自然人；②上述外国公司或自然人的俄罗斯关联公司；③任何上述俄罗斯关联公司或外国公司或自然人向俄罗斯借款方为其提供担保的公司或自然人，包括自身作为担保人或以任何其他方式提供担保。此外，法院可以判定某些债务的清偿是受控债务（比如在向境外投资者或其关联公司清偿债务的情形）。通常，关联法人实体的债权性投资与权益性投资的比例不得超过3:1，银行和租赁公司的该比例不得超过12.5:1。对具有受控债务特征的债务汇总计算债权性投资与权益性投资的比例。

超过该债资比产生的利息将被视作股息分配，借款方在计算俄罗斯企业所得税时不得扣除，且须代扣代缴外国企业股息预提税。

7. 征管与合规性要求

（1）居民企业。

企业所得税的纳税期为一个公历年。居民企业纳税人需每月预缴企业所得税税款。自2016年1月1日起，如果居民企业每月的收入总额不超过500万卢布（此前是100万卢布），或每个季度收入总额不超过1500万卢布（此前是300万卢布），纳税人可以按季度预缴企业所得税；如果超出该额度，纳税人应在超出月份的次月起按一般程序纳税。纳税人获准每月或每季度提交纳税申报表，报告年度申报表为次年3月28日前。需要注意的是，在申报截止期内必须将申报表提交给税务机关，按月申报的纳税人不得晚于次月28日，按季度申报的纳税人不得晚于季度终了的次月28日，年度纳税申报不得晚于次年3月28日。大型俄罗斯公司可合并企业所得税报告。自2012年1月1日起，仅当母公司持有子公司90%或以上的股份，并且增值税、消费税、企业所得税和矿产资源开采税的全年总金额达100亿卢布（3.125亿美元）或以上时，方可获准合并企业所得税报告。此外，集团的销售总额必须达到1000亿卢布（31.3亿美元），资产总额必须达到3000亿卢布（93.8亿美元）。

（2）非居民企业。

常设机构的企业所得税需每季度预缴，另有补缴税款的企业应在下一年度的 3 月 28 日之前缴纳。常设机构每季度提交纳税申报表，报告年度申报表为次年 3 月 28 日前。需要注意的是，在申报截止期内必须将申报表提交给税务机关，按季度申报的纳税人不得晚于季度终了次月 28 日，年度纳税申报不得晚于次年 3 月 28 日。预提所得税由支付人从应付给非居民的收入中代扣代缴，并在向非居民付款之日缴纳税款，按规定提交预提所得税的计算结果。

（二）增值税

1. 征税原则

增值税纳税人包括：具有法人地位、从事生产和其他经营活动的各种组织形式和所有制形式的企业、机构和组织；从事生产和其他商业活动的外商投资企业；个体（家庭）企业、私营企业、由个体和社会组织创办的从事生产和其他商业活动的企业；具有独立结算账户并独自销售商品的各类企业的分厂、分部和其他独立分支机构；在俄罗斯境内从事生产和其他商业活动的国际联合公司和外国法人；非商业性组织，其中包括消费合作社、社会和宗教联合组织、从事商业活动的慈善和其他基金会；向俄罗斯境内进口商品的企业，在海关是增值税的纳税人。增值税纳税无需单独登记。所有俄罗斯增值税纳税人均需进行纳税登记，此登记涵盖所有税种，包括增值税。

增值税的征税对象包括：在俄罗斯联邦境内销售全部自产商品（劳务、服务）和销售全部外购商品（劳务、服务）的销售额；俄罗斯联邦的企业内部销售商品（劳务、服务）用于自己生产需要的销售额；按俄罗斯联邦海关法律规定，向俄罗斯进口的商品；企业获得的任何货币资金，如果这些资金的取得与支付货款的结算相关，也征收增值税；企业不支付货款而用来交换其他商品的商品流转额；无偿或部分有偿转让给其他企业、自然人以及企业职工的商品；国外企业通过互联网向俄罗斯居民提供的电子服务，包括通过互联网提供计算机软件使用权、游戏和数据库的使用权，以及提供互联网广告服务、发布信息服务、提供数据库服务、提供电子书和提供网上音乐、视频等。销售商品时，增值税的征税对象是所有商品的销售额，包括各种产品、房屋、建筑物、其他形式的不动产、电能和热能、天然气和水等。承包工程时，增值税的征税对象是已完成的建筑安装工程量、维修工程量、科研工程量、试验设计工程量、工艺技术工程量、勘察设计工程量、修复以及其他工程量。提供劳务时，增值税的征税对象是提供上述服务所获得的款项：客货运输服务；天然气、石油、石油产品、电能与热能的输送；商品的运输、搬运和装卸服务及保管服务；动产和不动产租赁；中介服务；通讯服务和日常生活服务与住宅维护服务；体育运动服务；完成商品订单服务；广告服务；创新服务与资料加工和信息保证服务；其他各种有偿服务。

2. 计税方式

增值税是俄罗斯三大主要税收种体系之一联邦税（其余两大类为：联邦主体税、地方税）体系下的重要税种。增值税多数情况下采用一般计税方式。俄罗斯实行联邦税、联邦主体税和地方税三级税收体制。联邦税在俄罗斯境内普遍实行，但其税收并不统归联邦预算。联邦主体税由联邦主体的立法机关以专门法律规定，并在相点地区普遍实行。地方税由地方自治代表机关以法规形式规定并在更管辖区域普遍实行。

此外，《税法典》还针对小微企业等规定了五种特别征税制度，提供了简单便捷的征税方式，供符合条件的纳税人选择使用。包括：简易征税制度、核定征收制度（特定经营活动估算收入统一税收制度）、统一农业税、特许征税制度以及产品分成协议征税制度。

因此，简易征收的计税方式只针对小微企业。

3. 税率

目前，俄罗斯增值税税率规定为 0%、10% 和 18% 三种税率。实践中执行的税率划分为零税率、标准税率、低于标准的税率、结算税率和特种税率五种。

（1）零税率的商品和劳务主要包括：①通过海关出口到独联体国家的商品（石油、凝析油和天然气除外）；②与不征收增值税的出口商品的生产和销售有直接关系的劳务；③与过境运输有直接关系的劳务；④以统一的国际转运协议为基础的旅客和行李的转运服务；⑤直接为宇宙空间提供的劳务及其在技术工艺上所依赖并与之有关的地面准备劳务；⑥贵重金属开采者或利用含贵金属的废金属及下脚料的生产者卖给俄联邦贵金属和宝石国立基金、俄联邦中央银行、其他银行的贵金属；⑦外交代表机构及与之享受同等待遇的代表机构的专用商品（劳务、服务）以及这些代表机构的外交官或行政技术人员及其随行家属的自用商品（劳务、服务）。

（2）增值税税率为10%的商品种类由俄罗斯联邦政府根据全俄罗斯产品分类表和对外经济活动商品清单加以规定，包括以下四类：

一是基础食品类。活牲畜，活禽；肉和肉制品（高级美味食品除外：精肉，牛犊肉，舌头，香肠制品，上等生熏制品，上等半干生熏制品，上等半干制品，上等带馅制品，猪肉熏制品，羊肉熏制品，牛肉熏制品，小牛犊肉熏制品，禽肉熏制品，鱼肉熏制品，肉罐头等）；奶和奶制品（包括奶制品冰淇淋，除水果，浆果冰淇淋外）；蛋和蛋制品；植物油；人造奶油；糖（包括原糖）；食盐；粮食，混合饲料，粮食废料；油料种子及油料种子加工品（油粕、油渣）；面包及面包制品（奶油面包，面包干，面包圈）；米类；面粉；通心粉制品；活鱼（白鲑鱼、波罗的海和远东地区的鲑鱼、鲟鱼等珍贵品种鱼除外）；海鱼和海产品/海产品和水产品（除珍贵品种鱼及高等营养食品外）；儿童食品及糖尿病患者食品；蔬菜（包括马铃薯）。

二是儿童类。新生儿，幼儿，学龄前儿童，中学高、低年级学生的针织外衣、床单、帽子；新生儿和幼儿的衣服及服装制品；鞋（运动鞋除外），婴儿软底鞋，学龄前儿童鞋，中学生鞋，毡鞋，幼儿胶鞋，儿童胶鞋，中学生胶鞋；儿童床上用品；儿童用床垫子；儿童四轮推车；学生用练习本；玩具；模型造具；文具盒；计算尺；学生用算盘；学生用日记本；图画本；画册；绘画本；练习本封面；教科书、日记本、练习本封皮；数字字母盘；尿布；

三是期刊杂志（除广告杂志和色情杂志外）。

四是个人使用的医药产品。此外，销售用于工业加工和工业消费食品用途的农产品和米粉产品；销售用于技术目的、饲料生产和药品制剂生产的粮食、鱼粉和海产品等适用10%税率。

（3）18%税率。俄罗斯现行增值税税率除以上征收低税率商品（服务）外，其他商品（服务），包括应征收消费税的食品，增值税税率都为18%。如果企业生产和销售按不同税率征税的商品，会计部门应根据规定的税率单独分开核算产品销售额和增值税额，并按商品种类在结算凭证中指明增值税额。如不能保证分开核算，则统一适用18%的最高税率。

（4）结算税率。结算税率是从基本税率派生出来的，根据基本税率倒推出的以含增值税的收入为税基的税率。使用结算税率有以下几种情况：按含增值税的价格销售商品（劳务、服务），如差旅费和出差补助费支出的税金；以销售价与购买价之间的差额形式计算应税销售额；获得预付款、财政援助和贷款；以在交易所完成交易的手续费形式获得的收入。

（5）特种税率。现行俄罗斯税法还规定，有特种增值税税率与结算税率的数值一致，但实质上不同于结算税率，适用于对取得的罚款、滞纳金、违反供货合同规定义务的违约金的征税。

4.增值税免税

俄罗斯的《税法》规定了增值税的税收优惠。这些优惠由全国统一规定（总共大概有100种优惠），地方政府无权改动。

按《税法》规定免征增值税的商品和项目有：在全生产阶段的药品和医疗用品的生产；一个企业的一些部门为工业生产需要而销售给该企业其他部门的产品、半成品、工程和劳务的销售额（厂内流转额）；以非生产性为目的，销售、缴换、无偿转让所购置的含增值税的固定资产和商品，但以超过购买价的价格销售上述商品的情况除外；销售军需品和俄罗斯国防部提供劳务所取得的资金，但必须用于改善军人、退役人员和这些人员家属的社会经济条件和住房条件；煤炭开采企业向煤炭销售机构出售煤炭和选煤产品的销售额；企业生产者直接出口的商品、出口的劳务和工程，以及出口商品的运输、装卸、换装服务；专门用于外国外缴代表机构及这些代表机构的外缴人员和行政技术人员，以及其家属个人使用的商品和劳务；城市客运服务（出租车服务除外），以及近郊客运服务；住宅房租，包括公寓房租；以私有化方式收购的国有企业财产的价值、以国有财产为基础建立的租赁企业的租金；保险、贷款和货币存款业务，以及结算账户、往来账户和其他账户业务；与外币、货币、银行券和有价证券流通相关的业务，但印制和保管上述货币和证券的业务除外；邮票（不含集邮邮票）、明信片、信封、彩票的销售；律师公会成员提供的服务；地下资源付费；与工业产权对象相关的专利许可证业务（不含中介业务），以及著作权的取得；某些公共饮食企业自产的产品，如大学生食堂、其他学校的食堂、医院、儿童学前机构，以及预算拨款的社会文化领域其他机构和单位的自产产品；与教学生产过程和教育过程相关的教育领域的服务、教育培养儿童的服务、向儿童和青少年提供使用体育设施的服务；教育机构的企业制造和销售的商品（工程、劳务），但须将其所得收入直接用于发展和完善教育过程的需要；依靠国家预算，以及俄罗斯基础研究基金、俄罗斯技术发展基金、各部和部门的预算外基金而完成的科学研究和试验设计工作，由教育机构根据经济合同而完成的科学研究和试验设计工作；文化艺术单位和宗教联合会的服务，电影戏剧演出、体育、文化教育和娱乐措施；赌场、游艺机营业额和赛马场中彩收入；殡仪馆和墓地的葬礼仪式服务，包括制作纪念碑、墓志铭，由宗教组织主持葬仪；罚没的和无主的财产销售额；为矿石深加工和精炼而出售精选矿和含有贵金属的其他工业品的销售额；为居民提供的有偿医疗服务、药品、医疗用品、医疗器械、疗养证、旅行证等；精神病治疗机构所属的治疗劳动小型工厂，以及残疾人社会组织所生产和销售的商品（工程、劳务）；残疾职工超过企业职工总数50%以上的企业、机构和组织销售的自产商品（工程、劳务）；在实物劳动报酬和工资实物配给项下销售集体农庄、国有农场和其他农业企业自产产品；民间手工艺制品；按俄罗斯政府规定的方式运入俄罗斯境内的人道主义援助物资，向外国公民和派驻俄罗斯的法人出租办公和居住场所；输入俄罗斯境内的下列商品：食品（应课消费税的食品除外）及其生产原料、列入俄罗斯政府规定清单的儿童商品、用于科学研究目的的仪器设备、技术设备、药品、医疗设备，以及用于生产这些设备的原料与配件；向企业出售用于加工的宝石原料和贵金属原料的销售额；农业企业用于出售给曾在本企业工作过的上年纪和残疾退休人员的商品、工程和劳务；结核病防治所和精神病治疗机构所属的，以及社会保障机构所属的教学生产小型企业所销售的自产商品（工程、劳务）；从事某些种类活动的许可证发放费；外商投资企业自登记注册之日起一年内运入俄罗斯境内用于该企业法定基金投资的商品；运入俄罗斯境内用以保证生产诊断用医疗免疫生物制剂，预防和治疗传染病与流行病的技术设备及其配件和材料；按政府间协议以及与外国组织和公司签订的共同科研协议，输入俄罗斯境内作为外国用于无偿技术援助的商品和技术设备；为教育机构进口的书籍、定期刊物和教学参考书。

享有免征增值税优惠的企业提供有权享受税收优惠的证明满 180 天后，征人预算的增值税额返还给出口纳税人。

5. 销项税额

对于出口商品，国际运输和其相对应的货运服务，国际客运和其他服务，实行零税且其相关进项税额可以抵扣。

但销售货物或提供服务适用增值税零税率或免税取得的收入不包括在销项税的税基中。

增值税销项税额应根据权责发生制计算，并根据以下时点计提：货物（行为或服务）或财产所有权发生转移的当天；预收全部或部分款项（未来销售货物或提供服务，或转让财产所有权）的当天。

6. 进项税额抵扣

企业向供货单位实际支付的税款大于其销售商品的税款额时，超过的部分可以抵补下期应付税款，也可以由企业所在地的税务机关根据企业提供的计算表从预算中予以返还。返还税款应在得到计算表之日起的 10 日内进行。在纳税报告期之后的 3 个纳税期内，没有抵消的差额应按纳税人的申请退还给纳税人，但申请退还增值税时必须提供银行担保。

从 2017 年 1 月 1 日起，申请退还增值税的纳税人提供的银行担保有效期限应自提出申请之日起不少于 10 个月。此前的规定是 8 个月。税款退还由联邦国库机关执行。联邦国库机关在两个星期之内（包括接到税务机关的上述决定之日）退还差额。如果联邦国库有关机关在 7 日内（包括税务机关发出该决定之日）未接到这一决定，那么，第 8 日应视为这一决定的接到之日（包括税务机关发出这一决定之日）。如果违反本条规定的期限，对应当返还给纳税人的差额，须按俄罗斯联邦中央银行的再融资利率加算利息。

7. 征收方式

增值税申报表应按季度提交，申报期限不迟于纳税季度结束后次月 25 日。俄罗斯税法规定增值税可延期缴纳，可在纳税季度结束后的连续 3 个月内支付，每月缴纳应付款项的三分之一。为外国法人代扣的增值税应于支付货款当期纳税。

8. 征管与合规性要求

增值税申报表应按季度提交，申报期限不迟于纳税季度结束后次月25日。增值税逆向征收机制（由服务或者商品使用者申报缴纳增值税）需单独进行。增值税纳税申报需在网上进行。

（三）个人所得税

1. 征税原则

俄罗斯常住居民个人是指连续12个月内在俄罗斯联邦居住至少183天，其中，境外旅行、不到6个月短期境外的治疗或培训，以及因用工合同或其他责任到境外工作或提供服务等不中止居住时间的计算。2015年，俄罗斯联邦确定在2014年3月18日—12月31日期间在克里米亚共和国及其重要港口塞瓦斯托波尔居住至少183天也为俄罗斯常住居民个人，其中，到俄罗斯领土以外的不到6个月短期境外同样不中止居住时间的计算。

俄罗斯居民纳税人需就其在全球所得在俄罗斯纳税，俄罗斯非居民纳税人仅就其来源于俄罗斯的收入纳税。

2. 申报主体

以个人为单位进行申报，或者由所在企业或者政府机构代扣代缴。

3. 应纳税所得额

来源于俄罗斯的收入包括但不限于以下项目：在俄罗斯境内工作或提供服务取得的报酬；处置俄罗斯境内财产取得的收入；来自俄罗斯的存款利息；出租俄罗斯境内财产的租金收入；俄罗斯公司支付的股利。

4. 扣除与减免

俄罗斯税务法设立了有限的税项减免清单，包括以下内容：一次性扣除在俄罗斯购买或建造房产的税收；扣除出售房屋、公寓、别墅、土地的收益，该纳税人拥有土地年限不少于五年；医疗扣除；教育扣除（纳税人可扣除与儿童教育相关的费用，每名儿童可获得高达5万俄罗斯卢布（约860美元）；扣除向俄罗斯保险公司缴纳的俄罗斯私人养老基金/养老保险费；扣减向俄罗斯国家养老基金额外自愿捐款；扣除慈善捐款。

社保缴款对于个人所得税是不可以减扣的。在俄罗斯支付的社会捐款，以及在中国支付给雇员的补偿，都不会减少他们在俄罗斯的个人所得税基数。在俄罗斯支付的个人所得税税额可以抵销在中国应付的个人所得税，然而，这一问题还需要从中国国内税法的角度进行进一步分析。

5. 税率

非居民的基本个人所得税税率为 30%，有以下例外情况：13% 的税率适用于受雇于分公司的高素质专家的收入；15% 的税率适用于来自俄罗斯公司的股息收入。对于高素质专家，资和其他与工作相关的报酬所征的个人所得税税率为 13%，无论他们的税务居民身份如何。

俄罗斯居民个人所得税税率。俄罗斯居民的基本个人所得税均为 13%，除了某些类型的收入（贷款和其他特定类型的收入、奖励等）的个人所得税为 35%。

6. 征管与合规性要求

需纳税申报的个人必须在当年 4 月 30 日之前完成，并不晚于 7 月 15 日完成支付。纳税申报单位应提交税务稽查机构登记个人注册所在地。报税必须包括所有纳税年的所有收入，并按项目、来源、每月金额和日期列出。逾期报税的罚款是每个月全部或部分未缴税款的 5%，但不超过未缴税款的 30%，同时不低于 1000 卢布。

（四）关税

1. 关税体系和构成

俄罗斯联邦海关服务处（FCS）不属于税务部门。FCS 及其分支机构赋予税务机关监督遵守税收和海关立法的权力，包括正确计算和支付税金（费用）。

在俄罗斯海关边境运输货物时，需要缴纳关税，以下情况需征收税款：进口货物时，从越过海关边界算起；出口货物时，从提交海关申报或直接从俄罗斯联邦海关领土出口货物的时刻算起。

关税类型包括：进口关税；季节性关税；根据俄罗斯联邦立法的特殊关税；根据俄罗斯联邦立法的出口关税。

2. 税率

对特定种类商品（石油、天然气、木材等）征收出口关税，税率根据货物种类确定。进口货物通常需要缴纳进口关税和进口增值税。关税税率根据商品关税价值的不同从 0%~20% 不等。俄联邦政府 2000 年 11 月 27 日发布第 886 号决定，自 2001 年 1 月 1 日起实行新的进口关税税率，大多数商品为从价税，但有的商品须计征从量关税和复合关税。新的关税政策将原 7 档进口税率（0%、5%、10%、15%、20%、25%、30%）减为 4 档，即 5%、10%、15% 和 20%，这次简化和下调的进口税率占到三分之一以上，是对原有税率的重大改善，也是为俄罗斯加入世贸组织以来所做的一次调整与准备。

3. 关税免税

根据俄罗斯海关税法，以下进出口行为免征海关关税：

（1）海关业务的海关费用不得用于以下方面：①法律给予援助（援助）的货物；②与俄罗斯联邦外交使团、领事机关、外国政府、国际组织等享有特权或豁免权有关的；③暂时进口（入院）或国家临时出口，非国家，包括直辖市、博物馆、公共和私人档案馆、图书馆、城市资源库等文化财产方面；④与有外资参与的交易会，航天沙龙等类似活动有关的；⑤现金货币的国家—海关联盟，进口或国家的中央银行出口成员—海关联盟的成员，纪念币除外；⑥通过运输文件进口到俄罗斯联邦或从俄罗斯联邦出口（除个人用途的货物外），其总价值不超过中央税率 200 欧元的货物；⑦海关过境程序下的货物；⑧俄罗斯国际公路运输协会和国际公路运输联盟；⑨从俄罗斯联邦进出口的邮票；⑩为个人、家庭，用于非创业活动的个人移动物品；⑪以国际邮件寄出的货物，但通过单独报关申报货物的情况除外；⑫进口到俄罗斯联邦并从俄罗斯联邦出口的物品；⑬根据特别海关程序进行的货物；⑭因事故或不可抗力因素被摧毁，不可挽回地丢失或损坏的海关放置物品；⑮货物到达俄罗斯联邦境内，但未位于海关控制区；⑯根据海关程序临时进口到俄罗斯联邦的科学或商业样品；⑰货物暂时带入俄罗斯联邦与应用单证册 ATA，如果满足 ATA 单证册和俄罗斯联邦的再出口货物暂准进口的条件，同时也关于从俄罗斯联邦、ATA 单证册暂时出口的货物，如符合使用 ATA 证卡暂时出口货物并返回俄罗斯联邦的条件；⑱部分进出口到俄罗斯联邦的配件和设备；⑲国际运输车辆；⑳由俄罗斯政府设立，并用于生产目的和媒体发行的专业设备；㉑用于进行拍摄、演讲、表演等类似的目的道具，根据临时进出口的海关程序放置或临时搬迁；㉒与体育赛事播报或训练有关的货物；㉓货物进出口到加里宁格勒地区；㉔

俄罗斯联邦政府规定的其他货物。

（2）以下情况不收取海关费用：①海关将货物放置在海关的临时仓库时；②在俄罗斯联邦政府确定的其他情况下；③俄罗斯联邦政府有权确定的免除海关费用的其他情况。

4. 设备出售、报废及再出口的规定

在项目初期，外国企业需要向俄罗斯转运资产，而当转出该国时，需要支付进口设备的进口税、折旧，以及转出外国雇员的工资和总部花费等。

（五）企业须缴纳的其他税种

1. 印花税

印花税是国家对各种交易、起草文件、交易登记等征收的税收。在俄罗斯联邦，印花税在证券发行说明书及每个参与者在注册证券交易时被征收，但后来这种类型的印花税被证券交易税取代。以前，印花税在签发或开展证券交易活动的许可证时被征收，现在由一次性许可证费用取代。目前，在俄罗斯联邦收取印花税费通常金额很小。

2. 特别消费税

特别消费税纳税人是指生产、销售应税消费品的机构、组织和个人，也包括向俄罗斯进口货物的组织、私营企业和其他个人；进口商品的纳税人是俄罗斯海关法规定的企业和个人。

征税对象包括以下商品：①酒精类产品，包括各种原料制成的酒精半成品、酒，以及变性酒精、原料酒、烈性酒、葡萄酒、果酒、香槟酒、干邑白兰地酒、伏特加酒、利口酒和啤酒；②烟草及其产品；③石油及燃料油品；④汽车、摩托车（发动机容量超过112.5千瓦）；⑤航空煤油（指用于航空发动机中的液体燃料）、直馏汽油等产品；⑥动力汽油、柴油；⑦苯、对位二甲苯、邻二甲苯；⑧用于加热能耗的烟草制品；⑨电子传输系统（电子烟）；⑩用于电子传输系统（电子烟）中的液体。

如果在俄罗斯生产、进口到俄罗斯或在俄罗斯销售的特定货物没有征过消费税，都要征收消费税。另外，出口消费品也要征收消费税，除非有具体规定予以免除。

消费税的税率一般有两种形式：一种是比例税率；另一种是定额税率，即单位税额。表2-1是俄罗斯消费税税率表。

表3-2-1　俄罗斯消费税税率表

消费税项目	适用范围	税率
酒类	受原产地保护的起泡酒／香槟酒	每升 14 卢布
	酒精标准含量在 0.5% 以下的啤酒	每升 0 卢布
	酒精标准含量在 0.5%~8.6% 的啤酒	每升 21 卢布
	酒精标准含量在 8.6% 以上的啤酒	每升 39 卢布
烟草及其制品	烟管、鼻烟壶、水烟（不包括烟草作为原料生产的烟草制品）	2520 卢布每公斤
	吸用的烟草（用作烟草制品原料的烟草除外）	每公斤 4800 卢布
	雪茄烟	每支 171 卢布
	小雪茄	每 1000 支 2428 卢布
	不带过滤嘴香烟、白杆烟	每 1000 支 1562 卢布 +14.5% 成本
轿车、摩托车	发动机功率为 67.5 千瓦（90 马力）（含）以下的轿车	零税率
	发动机功率为 67.5 千瓦（90 马力）以上至 112.5 千瓦（150 马力）（含）的轿车	每 0.75 千瓦（1 马力）43 卢布
	发动机功率为 1125 千瓦（1500 马力）以上的轿车	每 0.75 千瓦（1 马力）420 卢布
	发动机功率为 1125 千瓦（1500 马力）以上的摩托车	每 0.75 千瓦（1 马力）365 卢布
燃油	车用汽油：不符合 5 级	每吨 13100 卢布
	车用汽油：5 级	每吨 10130 卢布
	直馏汽油	每吨 13100 卢布
	苯、对二甲苯	每吨 2800 卢布
	柴油	每吨 6800 卢布
	柴油及汽化器发动机机油	每吨 5400 卢布
	航空煤油	每吨 2800 卢布
	中质馏分油	每吨 7800 卢布

数据来源：《中国居民赴俄罗斯纳税指南》。

消费税的纳税期限为月，纳税人应在纳税期满后的次月的 25 日内缴纳税款；对于持有资质的法人实体，须在纳税期满后的第 3 个月的 25 日内缴纳税款。酒精货物制造商实行消费税预缴，消费税应在当前纳税期限届满 15 日内预缴。

3. 土地税

土地税是市政税种，由地方性的税收规定与税法共同规范。计税基础为土地所在地纳税年度 1 月 1 日确定的地契价值。税率由地方管理机构设定。税法中对税率的适用给予了限定条件，如农业和居住用地不得超过 0.3%；其他土地不得超过 1.5%。

4. 不动产税

不动产税是地方税种，征收依据为地方性的税收规定（其免税政策在税法中也没有规定）。征收范围包括纳税人拥有的除土地以外的不动产和若干动产（土地适用土地税）。通常以资产负债表日的资产折余账面价值为计税基础，最高税率为 2.2%。对于用于管理、商业和贸易用途的房屋建筑物，外国公司持有且不归属于在俄常设机构的不动产和房屋附属设施，计税基础为该不动产的地契价值，最高税率为 2%。

5. 车船使用税（又译"运输税"）

运输税的纳税人指的是拥有应纳税交通运输工具的法人和个人。

征税对象。应税车辆包括汽车、摩托车、小轮摩托车、公共汽车、飞机、直升机、机动船舶、游艇、帆船、船、雪地车等。纳税基数是车辆的发动机排量、总吨位或单位。

税率根据税法确定为每单位马力 1~200 卢布（0.02~3.26 美元），并且可以增加或降低最多十倍，依地区而定。联邦主体税务当局可以为特定类别的纳税人制定税收优惠政策和津贴。

税收优惠。前苏联英雄、功勋卓著的俄罗斯军人、残疾人、70 马力以下的小汽车等可以享受一定的税收优惠。军队的运输工具可以免税，政府机关的运输工具不能免税。

6. 矿产资源开采税

自 2002 年 1 月 1 日起，俄罗斯开始征收矿产资源开采税。该税种是使用地表资源进行矿产资源勘探、开采并向政府支付的相关税费。开采权使用费率在 6%~16% 之间，取决于开采条件和矿物资源的类型。矿产资源开采税按月计算缴纳。按照《税法典》第 338 条规定，矿产资源开采税的税基为开采出的矿产资源实物数量，由纳税人自行根据各类矿产开采量分别确定。该规定有效期截至 2006 年 12 月 31 日。2006 年 7 月 27 日，俄通过法律，对《税法典》第 338 条进行了修订：从 2007 年 1 月 1 日起，矿产资源开采税的税基为按其种类规定的所开采的矿产价值，而价值取决于该矿产的质量、重量和体积。需经脱水、脱盐、稳定后的原油和伴生气、天然气除外，仍保留从量计征方式。

7. 水资源使用税

水资源使用税的纳税人为在俄罗斯联邦的法律制度下，对水资源以特殊使用为目的的组织机构和自然人。水资源税的纳税范围包括：从水体中开采水；除漂流木筏和牵引袋装置外对水体区域的使用；除水力发电外对水体开采的水资源进行使用的行为；利用水资源进行漂流木筏和牵引袋装置的使用。

税率以河水、湖水、海水和经济区域进行划分，具体如下：当地表水在规定的季度（或是年度）使用限制范围内、地下。水在使用执照许可的限制范围内（最大许可量），进行开采使用水资源的税率，详见表 2-2、表 2-3、表 2-4、表 2-5、表 2-6。

表3-2-2　河水水资源开采使用税率表

经济区域	河水、湖水区	税率（卢布/1000立方米水）	
		水体表层开采	地下水开采
北部	伏尔加河	300	384
	涅瓦河	264	348
	伯朝拉河	246	300
	北德维纳河	258	312
	其他河水与湖水	306	378
西北部	伏尔加河	294	390
	西德维纳河	288	366
	涅瓦河	258	342
	其他河水与湖水	282	372

续表

经济区域	河水、湖水区	税率（卢布/1000立方米水）	
		水体表层开采	地下水开采
中心区域	伏尔加河	288	360
	第聂伯河	294	342
	顿河	294	384
	西德维纳河	306	354
	涅瓦河	252	306
	其他河水与湖水	264	336
伏尔加维亚特卡	伏尔加河	282	336
	北德维纳河	252	312
	其他河水与湖水	270	330
中央黑土	第聂伯河	258	318
	顿河	336	402
	伏尔加河	282	354
	其他河水与湖水	258	318
伏尔加	伏尔加河	294	348
	顿河	360	420
	其他河水与湖水	264	342
高加索北部	顿河	390	486
	库班	480	570
	萨穆尔	480	576
	苏拉克	456	540
	捷列克河	468	558
	其他河流与湖泊	540	654
乌拉尔地区	伏尔加河	294	444
	鄂毕河	282	456
	乌拉尔河	354	534
	其他河流与湖泊	306	390

续表

经济区域	河水、湖水区	税率（卢布/1000立方米水）	
		水体表层开采	地下水开采
西伯利亚西部	鄂毕河	270	330
	其他河流与湖泊	276	342
西伯利亚东部	阿穆尔河	276	330
	叶尼塞河	246	306
	莱娜河	252	306
	鄂毕河	264	348
	贝加尔湖及流域	576	678
	其他河流与湖泊	282	342
远东地区	阿穆尔	264	336
	莱娜河	288	342
	其他河流与湖泊	252	306
加里宁格勒地区	涅曼河	276	324
	其他河流与湖泊	288	336

表3-2-3　海水开采使用水资源税率表

海水	税率（卢布/1000立方米水）
波罗的海	8.28
白海	8.40
巴伦支海	6.36
亚速海	14.88
布莱克	14.88
里海	11.52
卡拉	4.80
捷普捷夫海	4.68
西伯利亚东部	4.44

续表

海水	税率（卢布/1000立方米水）
楚克塔地区	4.32
白令海	5.28
太平洋 （俄罗斯5.46海里领海界限内）	5.64
鄂霍次克海	7.68
日本海	8.04

表3-2-4　利用表层水体税率

经济区	税率（千卢布/年/每平方公里）
北部	32.16
西北	33.96
中部	30.84
伏尔加—维亚特卡	29.04
中央黑土	30.12
伏尔加	30.48
北高加索	34.44
乌拉尔	32.04
西伯利亚西部	30.24
西伯利亚东部	28.20
远东	31.32
加里宁格勒	30.84

表3-2-5　利用领海及内海水体表层税率

海洋	税率（千卢布/年/每平方公里）
波罗的海	33.84
白海	27.72
巴伦支海	30.72

续表

海洋	税率（千卢布/年/每平方公里）
亚速海	44.88
黑海	49.80
里海	42.24
喀拉海	15.72
拉普捷夫海	15.12
东西伯利亚	15.00
楚科奇	14.04
白令	26.16
太平洋（俄罗斯联邦领海界限内）	29.28
鄂霍次克海	35.28
日本海	38.52

表3-2-6　利用水体水资源适用税率

河、湖、海洋区域	税率（卢布/1000千瓦特·小时电量）
涅瓦河	8.76
涅曼河	8.76
拉多加与奥涅加湖、伊尔曼湖湖区河流	9.00
波罗的海区域其他河流	8.88
北德维纳河	8.76
白海区域其他河流	9.00
巴伦支海区域河流	8.76
阿穆尔河	9.24
伏尔加河	9.84
顿河	9.72
叶尼塞河	13.70

续表

河、湖、海洋区域	税率（卢布/1000千瓦特·小时电量）
库班河	8.88
勒拿河	13.50
鄂毕河	12.30
苏拉克河	7.20
捷列克河	8.40
乌拉尔河	8.52
贝加尔湖和安加拉河地区	13.20
东西伯利亚海区域河流	8.52
楚科奇海和白令海区域河流	10.44
其他河湖	4.80

数据来源：《中国居民赴俄罗斯投资税收指南》。

8. 企业财产税

企业财产税纳税人资产负债表中记录为财产的动产及不动产（包括转移临时占有、使用、处置、资产管理，在合资企业取得或获得特许权合同财产）（土地除外）需缴纳企业财产税。

税法规定的企业财产税的税率最高不超过2.2%（莫斯科市规定为2.2%）。具体税率由各联邦主体的权力机关根据企业活动的类型确定。如果没有相关级别的国家权力机关就具体税率做出决定，就适用2.2%的最高税率。税款由纳税人从年初起根据报告期确定的实际年均财产价值，以累计方式按照季度预缴。

（六）社会保障金

在俄罗斯，缴纳社会保险是雇主的责任。员工个人不需要负担。雇主须缴纳与薪资挂钩的养老保险、社保与医疗保险。2017年起，税务机关代替社保基金负责监管大多数社会保险金的缴纳。

2017年各项社会保险金的缴纳比率如下：养老保险为雇员薪酬的22%，上限为876000卢布，凡超过此金额另加超出金额的10%；社会保险为雇员薪酬的 2.9%（外籍雇员临时在俄罗斯工作的比例为 1.8%），上限为 755000 卢布；医疗保险为雇员薪酬的 5.1%。此外，还需要向俄罗斯社保基金缴纳强制意外保险，缴纳比例为雇员全部收入的 0.2%~8.5%，具体比例根据职业风险程度而定。

在高级专家计划下，外籍雇员取得的收入免于缴纳社会保险（仅需缴纳强制意外保险）。通常情况下，大多数来自其他国家（包括欧亚经济联盟所属国家在内）的外籍雇员与俄罗斯的雇员适用同样的缴费比率。雇员个人没有缴纳社会保险的义务。

自 2017 年起，适用于在俄罗斯工作的外籍员工的社保费用计提比率如表 2-7 所示（享受社保优惠制度的除外）：

表3-2-7　社保费

	养老金	医疗保险金	社会保险金	社会保险金（外伤）
持有高级专家工作许可证的外籍员工 持有高级专家工作许可证的外籍员工	无	无	无	有，0.2%~8.5%
	0~711000 卢布（约 12162 美元）：22%；超过 876000 卢布：10%	5.1%	0~670000 卢布（约 11460 美元）: 2.9%；超过 755000 卢布：0%	有，0.2%~8.5%

注：自 2017 年起，在计提 6 个月相关社保费用后，暂时在俄罗斯工作的外籍员工将有资格享受社会保险（如带薪病假）。

第三节　外汇政策

一、基本情况

外汇政策机构——中央银行、财政部、经济部、联邦外汇和经济控制局、国家海关委员会。主要执行机构——中央银行。外汇管制机构——中央银行和政府。工作内容包括：控制遣返和强制出售部分出口货币收入；控制进口的货币交易；违反货币控制规则的责任。

根据俄罗斯货币政策的目标和形式，与世界惯例一样，它的两种主要类型是不同的：战略政策和当前政策。

战略政策：①形成全面的国内外汇市场；②卢布可兑换；③建立与外国货币单位相关的单一经济合理的卢布汇率；④按照世界标准积累足够的国际（黄金和交换）储备，使其具有足够的数量和最佳结构，⑤将国家货币机制纳入世界货币体系；⑥俄罗斯全面参与国际货币和金融组织的活动。随着国民经济和世界经济的变化，俄罗斯国家货币体系的关键要素也在进一步转变。

俄罗斯目前的外汇政策旨在：取消货币限制，提高卢布的可兑换程度；对外汇交易进行常规货币控制；监管卢布的汇率制度及其在市场中的动态；抵制国外资本的"飞行"；吸引外国实际资本进入俄罗斯经济；黄金和外汇储备的日常管理。

通过规范国家货币体系的要素，实现俄罗斯结构性和当前货币政策的任务。最终目标是加强卢布，限制经济美元化的规模，稳定国家的货币和经济形势，确保其偿付能力和信誉。

二、居民及非居民企业经常项目外汇管理规定

自 1996 年 6 月 1 日起，俄罗斯开始承担国际货币基金组织有关义务，实行经常项目的卢布自由兑换政策，但这并不意味着卢布在国际结算中已经成为完全自由兑换货币。俄罗斯政府仍将在资本流动有关的业务方面实行国家外汇调节和监督措施。

1996 年 6 月 1 日，俄罗斯央行取消了活期账户和汇款的外汇业务限制，企业可将 6 月 1 日以后的存款换成外汇，并根据进口合同向国外汇款。在俄罗斯企业售货所得卢布可以兑换成美元，但要交银行手续费 0.5~1%。银行出具携带外币出境证明，凭此证明，可将外汇携带出境。

加强对出口收汇的管理。1999 年 1 月俄罗斯中央银行规定，出口商必须将出口收入的 50% 通过授权银行在外汇市场上出售，此外，还要将 25% 的外汇收入直接交售给中央银行。

加强对进口付汇的管理。1998 年金融危机以后，俄罗斯进一步加强了对进口贸易的管理，禁止以商业信贷和预付款的方式将资金汇出境外。只

有在得到商品已进入海关监管区的通知后或进口商开立信用证的情况下，银行方可进行支付。俄罗斯进口商在向国外预付进口货款时，必须在负责汇付的银行存上一笔与货款相等的卢布款，待其向银行提交到货单证后，上述卢布存款方可退还进口商。

三、居民和非居民企业资本项目外汇管理规定

俄罗斯对企业资本项目实行持续性的加息操作和类似资本管制的措施。2014 年，俄罗斯央行先后 6 次上调基准利率。特别是 12 月 6 日，一次性将基准利率上调 650 个基点，升至 17%。试图通过利率调控抑制资本外流。为避免 1998 年金融危机时出现的高通胀和抗议活动，俄罗斯政府采取了一些非正式的资本管制措施，以形成对卢布币值的支撑，如对国有出口企业美元净资产设限，对几家大型商业银行的外汇交易柜台实施监督等方式，打击市场投机行为，维持外汇市场稳定。

四、个人外汇管理规定

根据俄罗斯外汇管理规定，限制自然人携带外汇现金出境。从 2006 年 7 月 1 日起取消了对外汇资本流动的有关限制，允许居民自然人和法人开立境外账户，并取消了自然人向境外账户汇款不能超过 15 万美金的限制。根据俄罗斯法律规定，旅客携带外币等值 3000 美元（含 3000 美元）以下出入境，无需向海关申报。携带卢布超过俄联邦所规定最低劳动报酬的 500 倍、外币等值 3000 美元以上，10000 美元（含 10000 美元）以下出入境，需要填写海关申报单，选择"红色通道"（报关单通过电子形式向海关申报后，按海关事先设定的标准进行电脑分类，分流到海关人工审单的称作"红色通道"），向海关如实申报。携带汇额超过 10000 美元者，必须经俄罗斯中央银行批准。外国自然人携带出境的外汇现金数额不得超过其入境时申报的数额。

第四节 会计政策

一、会计管理体制

（一）财税监管机构情况

所有在俄罗斯联邦注册的公司均需保存俄罗斯法定要求的会计记录。法定会计受会计法 40–FZ 和其他相关的联邦法律法规所监管。同时，所有俄罗斯联邦境内公司的会计受制于以下文件：标准科目汇总表和有关应用指引；俄罗斯会计准则"RAS"（现有 24 条）；个别行业的准则；建议的会计准则。公司应按照个别行业的要求、架构、业务模式等指定自己的会计制度和内部政策。

（二）事务所审计

在俄罗斯，企业的财务工作一般由公司首席执行官进行安排，可以把部分责任委任给总会计师或其他员工，会计外包公司。

（三）对外报送内容及要求

在俄罗斯企业财务报表一般按年编制。除需要按照俄罗斯会计准则准备单独的财务报表外，在证券交易所进行证券交易的公司、银行、保险公司、非政府性养老基金、投资基金管理公司、投资信托、结算公司、俄罗斯联邦全资或参股公司（经俄罗斯联邦政府批准并公示），以及其他任何依法或按照公司注册文件规定需要准备合并财务报表的公司，需按照国际会计准则（IFRS）准备合并财务报表。按 IFRS 要求准备的年度合并财务报表必须经审计，向股东披露并在中央银行备案。

企业应按照俄罗斯法规，以会计分录上的数据编制成财务报表；财务报表可按照法规规定的财务报表格式补充或删除部分资料；所有财务报表必须以俄语编制，以俄罗斯卢布为本币。

二、财务会计准则基本情况

（一）适用的当地准则名称与财务报告编制基础

俄罗斯财政部曾在 1992 年 10 月推出一项《会计制度改革计划》，该计划提出，力争在 2000 年建立一个现代的、适应市场经济发展需要的新型会计核算体系。此后，俄罗斯联邦政府又于 1998 年 3 月 6 日通过了《根据国际会计准则进行会计核算改革大纲》，要求更多借鉴国际会计准则推进会计核算制度改革。根据上述改革计划，结合俄罗斯经济私有化运动的要求，从 1993 年起，俄罗斯开始制定会计准则。

（二）会计准则使用范围

截至目前，俄罗斯的上市公司、金融机构及政府所有的企业执行国际会计准则。其他大中型企业执行俄财政部已发布包括会计政策、固定资产、存货、或有事项、财务报表列报等在内，并收了国际会计准则的确认原则和计量基础的 24 项会计准则。小企业可自愿决定是否执行 24 项会计准则。

三、会计制度基本规范

（一）会计年度

法定申报（财务报表）：财务状况表，损益表及其他综合收益，现金流量表，权益变动表，财务报表附注，按年度申报，期限：财政年度后 3 个月内。其他法定申报（统计申报）：有关财务投资和负债的资料，有关公司经营活动的资料。按季度申报。前者不迟于下月的 20 号，后者不迟于下月的 30 号。如果公司同时需要进行审计，审计意见需要连同财务报表于出具报告后 10 个工作日内但不迟于下年度的 12 月 31 号前申报。实际需要申报的统计报表按公司的经营状况而定。境外公司的代表处和分支机构无需提交财务报表，但需要另外一份统计报表。簿记还是需要每天及时处理，而结账可选择月度或季度。

（二）记账本位币

俄罗斯法律基本的簿记和财务报表要求语言为：俄语；货币为：俄罗斯卢布；主要会计文件：每一笔会计交易凭证都需要保存原件的文档，以方便审计或查证时使用。会计分录：主要会计文件（如合同、法票、付款单）必须及时记录到会计分录里。

（三）记账基础和计量属性

根据国际财务报告准则，资产和负债应以公允价值计量。而在俄罗斯会计准则 RAS 中没有类似公允价值的要求，资产和负债通常按历史成本计量。

四、主要会计要素核算要求及重点关注的会计核算

（一）现金及现金等价物

现金包括手头现金和活期存款。

现金等价物是指短期高流动性投资，可以很容易地转换为已知金额的现金，并且价值变动的风险很小。短期是指从购买投资之日起至其赎回之日止 3 个月的期限。现金等价物用于短期货币债务，不用于投资或其他目的。现金等价物包括：过境货币；公司常用账户（卢布和外汇）的资金，可供使用；计划赎回或出售的银行汇票和自收购之日起不超过 3 个月的其它本票据；活期 3 个月存款；其他有价值的高流动性证券（具有期限或计划在收购之日起不超过 3 个月内出售）。

（二）应收款项

应收款项泛指企业拥有的将来获取现款、商品或劳动的权利。它是企业在日常生产经营过程中发生的各种债权，是企业重要的流动资产。

对于收入准则规范的交易形成的应收款项而言，若该项目未包含收入准则所定义的重大融资成分，应按照相当于整个存续期内预期信用损失的金额计量损失准备；若该项目包含收入准则所定义的重大融资成分，企业可以做出会计政策选择，按照上述一般模型或相当于整个存续期内预期信用损失的金额计量损失。应收款项减值并没有统一的方法，企业可以根据自身应收账款的特征，设计合适的模型计量预期信用损失。以账龄表为基础的减值矩阵模型是一个比较简单的易于操作的方法。

（三）存货

存货是指企业在日常活动中持有以备出售的产成品或商品、处在生产过程中的在产品、在生产过程或提供劳务过程中耗用的材料或物料等，包括各类材料、在产品、半成品、产成品或库存商品以及包装物、低值易耗

品、委托加工物资等。

存货的购买价格可能包括与收购相关的其他成本：运输和采购费用；向中介机构支付的佣金等。处理存货时可以使用各种方法：平均成本（以本月全部存货入库数量加月初存货数量作为权数，去除本月全部收货成本加月初存货成本，先计算出本月存货的加权平均单位成本，然后再计算本月发出存货成本及月末库存存货成本的一种方法）；移动平均法（在月初存货的基础上，每入库一批存货都要根据新的库存存货数量和总成本重新计算一个新的加权平均单价，并据以计算发出存货及结存存货实际成本的一种计价方法）。

（四）长期股权投资

长期股权投资的会计处理按实际成本计算：一般用于建筑物和包含在其中的个别物体（建筑物，建筑物等）；收购的固定资产，土地，自然利用物和无形资产的单独物品。

（五）固定资产

会计中的固定资产指的是用于生产、提供服务、工作和管理需求的财产。该定义在 PBU 6/01《固定资产会计》中做出解释。资产能否作为会计中的固定资产考虑取决于其初始价值。根据俄罗斯财政部"第 91 号命令"批准的第 10 段指南，固定资产的会计单位是库存对象。固定资产按历史成本入账。实际上是指购买、构建和制造物体的成本，不包括增值税和其他可报销的税款。通常，固定资产的初始成本不仅仅是其价格，还包括其交付、安装等的成本。

纳税人可以通过余额递减法或者直线法进行折旧。但是直线法只能适用于预计使用寿命超过 20 年的固定资产。折旧方法可以在五年后改变一次。企业可以将新购置的固定资产初始成本的 10% 在购置当年一次性计入费用（对于预计使用寿命在 3~20 年的固定资产一次性可计入费用的比例为30%）。

（六）无形资产

根据国际会计准则规定，无形资产是指为用于商品或劳务的生产或供应、出租给其他单位、或管理目的而持有的、没有实物形态的、可辨认非货币资产。

会计中的无形资产指的是知识产权、计算机程序、发明、生产机密、专利、财产和版权、商标和品牌等。这些资产的会计处理方法类似于固定资产的会计处理。无形资产通过贷款结算金额的累积反映出来。

无形资产在会计和财务报表中的反映。无形资产在账户04"无形资产"中入账，摊销并在资产负债表中以余额（账面价值）反映为"无形资产"中非流动资产的一部分。有关无形资产的信息见资产负债表说明和财务结果报告表1.1~1.5（2010年7月2日俄罗斯联邦财政部第66号命令附录3）。

（七）职工薪酬

在俄罗斯，职工每月的薪酬分两次发放：上半月的预付款和下半月的尾款。预付款不迟于当月的最后一天发放，特定日期由组织的内部文件设定，并按工作天数计算。在每个月末，计算整月的工资，它包括工作时间，在表格T–12或T–13中确定。

在会计中，工资的计算通过发布Д20（08，23，26，44）和К70来确定，付款通过Д70和К51（50）来确定。公司累计员工工资后，需要扣缴个人所得税并发布Д70–К68。如果还有其他扣减，那么也必须进行。员工收到的打卡金额是工资减去个人所得税、预收款和其他扣除额（如果有的话，例如，养老保险，等等）。

（八）收入

企业收入是指企业资产（货币资金，其他财产）的增加和（或者）企业所有者权益增加负债减少所导致的经济利益的流入，但股东投入资本除外（所有者投入财产）。

企业从下列法人或自然人取得的收益按本准则规定不确认为收入：增值税、消费税、销售税出口关税和其他类似的强制性税费。购买产品、商品、劳务、服务的预付款；购买产品、商品、劳务、服务的预支款；定金；按合同规定向抵押权人移交的抵押财产；债务人归还贷款、借款。

企业取得的以货币形式计量的收入进行会计核算时等于货币资金和其他财产和（或者）借方债权的流入金额（要考虑本准则第3条的规定）。如果进款金额只能抵补部分收入，则企业纳入会计核算时的收入为进款和借方债权（包括未抵补进款）金额之和。

进款和（或者）借方债权的金额依据企业和买方或者使用资产方之间

的合同规定的价格确定。如果合同未规定价格且不能依据合同条款得出，则为确定进款和（或者）借方债权的金额，企业根据类似产品（商品、工作、劳务）或者提供使用（临时占用和临时使用）相似资产的通常情形可比价格确定收入。

销售产品和商品、完成工作、提供劳务时以延期付款和分期付款的商业贷款形式进的，会计核算时收入为取得的借方债权全部金额。

根据合同规定以非货币形式偿还债务（付款）的进款和（或者）借方债权，其金额根据企业已收取的或者应收取的商品价格（价值）进行会计核算。企业已收取的或者应收取的商品价格（价值）依据通常相似情况下类似商品价格（价值）确定。

2018 年起，国际财务报告准则的新收入准则开始实施。

在履行了合同中的履约义务，即在客户取得相关商品或服务的控制权时，确认收入。对于在某一时段内履行的履约义务，在该段时间内按照履约进度确认收入，并按照一定方法确定履约进度。履约进度不能合理确定时，已经发生的成本预计能够得到补偿的，按照已经发生的成本金额确认收入，直到履约进度能够合理确定为止。

（九）借款费用

借款费用，是指企业因借款而发生的利息及其他相关成本。借款费用包括借款利息、折价或者溢价的摊销、辅助费用以及因外币借款而发生的汇兑差额等。借款利息，包括企业向银行或者其他金融机构等借入资金发生的利息、发行公司债券发生的利息，以及为购建或者生产符合资本化条件的资产而发生的带息债务所承担的利息等。折价或者溢价的摊销，包括发行公司债券等所发生的折价或者溢价在每期的摊销金额。辅助费用，包括企业在借款过程中发生的诸如手续费、佣金、印刷费等交易费用。因外币借款而发生的汇兑差额，是指由于汇率变动导致市场汇率与账面汇率出现差异，从而对外币借款本金及其利息的记账本位币金额所产生的影响金额。

（十）外币业务

外币业务的会计处理按照会计程序 3/2006（财政部令，2006 年 11 月 27 日第 154 号），并按照联邦立法确定的原则进行。外汇交易和过账的会计规则，伴随着该领域的业务。

根据 2018 年的法律文件，在会计中，外币业务仅以卢布形式反映。会计准则不适用于以下外币业务记录：按外国债权人的要求重新计算以卢布为单位的财务报告指标的产品；编制汇总会计报告时，当母公司处理位于国外机构的会计能力时。

（十一）所得税

俄罗斯财政部 2002 年 11 月 19 日第 114 号批准企业所得税核算（会计准则第 18 号，2002 年），2008 年 2 月 11 日第 23 号修订。

根据《会计法规》第 20 条，会计利润（亏损）确定和会计核算反映的与应税利润（亏损）无关的企业所得税，就是企业所得税费用（企业所得税收入）。企业所得税费用（企业所得税收入）等于形成会计利润所在的报告期间的会计利润乘以报告日俄罗斯联邦税费法律和现行法律规定的企业所得税税率。企业所得税费用（企业所得税收入）通过在企业所得税费用（企业所得税收入）账户下设立独立的明细科目进行核算，计入利润亏损账户。

根据《会计法规》第 21 条，当期所得税根据企业所得税费用（企业所得税收入）、并经过永久性负债（资产）的调整、增加或者减少当期的递延所得税资产和递延所得税负债进行确定。当不存在引起产生永久性税务负债（资产）、递延所得税资产和递延所得税负债的永久性差异、可抵扣暂时性差异和应纳税暂时性差异时，企业所得税费用等于当期所得税。

由于以前会计（税务）期间的错误（误差）导致多缴（多支付）的企业所得税金额，不影响当期企业所得税的，在利润表用单独的项目反映（在当期所得税项目之后）。

五、其他

总的来说，俄罗斯会计模式属于统一会计型。该模式要求每个组织应执行一套统一的会计制度，按制度规定的统一方法对会计数据进行确认、计量、记录、披露。1991 年会计制度改革前，俄罗斯在国际上是以计划经济著称的国家，与其经济体制相对应，会计管理体制和会计规范非常明显地体现了计划经济的特色。此后，为迎合国内经济私有化运动及国际资本形象的提升，俄罗斯寻求与国际会计准则协调，虽已颁布 20 个准则并部分吸收了国际会计准则的确认原则和计量基础，但与 1992 年、1998 年的改革计划提出的发展目标相比仍有较大的差距。

俄罗斯法律决定了会计工作对税收具有极强的依附性。会计准则的首要目的是防止税收流失，规定会计工作直接全面地服务于税收工作。在俄会计准则中，十分重视签字的凭据，强调个人应对会计错报负责，重视会计核算的过程，忽视减值准备在报表中的反映。同时，对报表的披露时间宽松，可在会计年度终了后 6 个月报出。对上市公司而言，国际会计准则要求在财务年度终了后 3 个月内披露报表，但基于税收目的局限，只能做部分披露，这一事实已得到业界默许。俄罗斯会计重证据、重基础工作的做法，保证了会计信息的真实可靠，得到了一些专业人士的肯定，但会计的税收目的过强，有待于逐步改进。

本章资料来源：

◎ 外商投资法 http：//base.consultant.ru/cons/cgi/online.cgi？ req=doc&base=LAW&n=121824

◎ 俄联邦产品分成协议法 http：//base.consultant.ru/cons/cgi/online.cgi? req=doc; base=LAW; n=117376

◎ 俄罗斯联邦海关法典 http：//kodeks.systecs.ru/tmk_rf/

◎ 俄罗斯联邦税务法典 http：//www.consultant.ru/popular/nalog1/

◎ 俄罗斯联邦经济特区法 http：//base.consultant.ru/cons/cgi/online.cgi? req=doc; base=LAW; n=149828

◎ 俄罗斯联邦矿产资源法 http：//www.fas.gov.ru/legislative-acts/legislative-acts_50826.html

◎ 俄罗斯联邦对保护国防和国家安全具有战略意义的经济主体进行外国投资的程序法 http：//www.rg.ru/2008/05/07/investicii-fz-dok.html

◎ 俄罗斯联邦劳动法典 http：//vladrieltor.ru/trudovoykodeks

◎ 俄罗斯联邦民事法典 http：//www.consultant.ru/popular/gkrf1/

◎ 俄罗斯联邦建筑法典 http：//kzrf.ru/gskrf.html

◎ 俄罗斯联邦证券市场法 http：//www.consultant.ru/popular/cenbum/

◎ 俄罗斯联邦环境保护法 http：//base.garant.ru/12125350/

◎ 俄联邦土地法典 http：//www.consultant.ru/popular/earth/

◎ 中国居民赴俄罗斯投资纳税指南 http：//www.chinatax.gov.cn/n810219/n810744/n1671176/n1671206/c2069894/content.html

第四章 厄瓜多尔税收外汇会计政策

第一节　投资环境基本情况

一、国家简介

厄瓜多尔共和国（西班牙语：República del Ecuador），简称厄瓜多尔。厄瓜多尔位于南美洲西北部，北与哥伦比亚毗邻，南与秘鲁接壤，西邻太平洋。赤道横贯国境北部，安第斯山脉纵贯南北，国土面积 256370 平方公里。该国地理和气候自然条件得天独厚，自然资源丰富，主要包括油气田资源、黄金、白银、铜、铁、铅、锌、钼、锡、钨、钯等金属资源以及石灰岩、重晶石、大理石、磷等非金属资源。总人口约 1708 万，首都基多市人口约 224 万，最大城市是港口城市瓜亚基尔，人口约 229 万。官方语言西班牙语，当地通用美元，未发行本国货币。和南美其他大多数国家一样，厄瓜多尔也属欧陆法系国家。

二、经济情况

厄瓜多尔经济石油业为其支柱产业，旅游业、农业对经济贡献也较大，香蕉、海产品和鲜花为其主要出口创汇产品。厄瓜多尔 2016 年 GDP 为 978亿美元[①]，2017 年总体 GDP 增长 3.0%[②]，2018 年 GDP 增长预计为 2.5%[③]。2007—2014 年间，得益于高油价和大量外部融资，厄瓜多尔 GDP 年平均增长率达 4.3%[④]，在此期间，政府推动了大型水电站、公路等重大项目设施，

---

① 数据来源：2017 年 3 月 31 日，中国驻厄瓜多尔经商参处发布的新闻 http://www. mofcom.gov.cn/article/i/dxfw/nbgz/201703/20170302543870.shtml。

② 数据来源：世界银行，https://data.worldbank.org.cn/indicator/NY.GDP.MKTP.KD.ZG? locations=EC。

③ 数据来源：2018 年 4 月 19 日，中国驻厄瓜多尔经商参处发布的新闻 http://www. mofcom.gov.cn/article/i/jyjl/l/201804/20180402734024.shtml。

④ 数据来源：《当代世界》2015 年 第 7 期 50–52 页，徐世澄所著"厄瓜多尔科雷亚'公民革命'的成就及其挑战"。

大大地改善了该国的基础设施状况。但自 2014 年开始，随着油价下滑和债务的不断积累，政府开始缩减投资，经济增长开始放缓，2017 年 5 月列宁为首的新政府上台后，对内调整政府机构、缩减公共支出，对内外债进行统计，对外加快修改调整法律以吸引投资，推动以 PPP 模式落实大型项目。

厄瓜多尔是世界银行、世界货币基金组织、世界贸易组织、美洲开发银行、拉丁美洲和加勒比经济委员会、安第斯共同体的成员国，南方共同市场伙伴国，并已经成功申请成为太平洋联盟（拉美）的正式成员国。

三、外国投资相关法律

法律法规较为健全，与投资合作经营有关的法律法规有《生产、贸易、投资基本法》《投资促进与保障法》《公私联营与外国投资激励法》《内部税法》《公共招标法》《商法》《劳动法》。

《劳动法》规定，雇佣 30 名及以上员工的企业即可组建工会，同时罢工权利受宪法保护。2015 年 4 月生效的新法案，强制要求劳资双方在 90 天试用期（家政服务员 15 天）满后，签署无限期合同。此外工程类项目可以签署项目专属合同，劳资关系维持至工程合同终止或者该员工指定的工作已经完成。

厄瓜多尔政府的出入境管理办法规定，外国人入境分为旅游者入境、短期入境和长期居住三种情况。旅游者取得签证即可出入境；但短期入境和长期居住必须经移民局审批同意后方可生效，持中国护照人士可以无需签证在厄瓜多尔境内滞留 90 天，并可以通过简化申请延长至 180 天。厄政府规定，外籍人士需在当地办理工作签证（在当地缴纳社保为签证办理要求之一）方可在厄瓜多尔工作，签证单次最多可批两年期限，最多可以批两次，两次期限结束后，需申请当地居留。

四、其他

根据《生产、贸易、投资基本法》规定，对于 100 万美元以上且第一年投资额超过 25 万美元的投资类项目，政府可与投资商签订投资合同，根据该合同可给予投资者固定税赋待遇保障和司法稳定保障，有效期为 15 年，到期后还可延期 15 年。

对于 PPP 项目，根据《公私联营与外国投资激励法》项目公司自产生收入开始，可享受 10 年所得税减免，同时为项目所进口物资、材料等也可享受关税减免。

第二节　税收政策

一、税法体系

厄瓜多尔政府于 2001 年 5 月对原有税法进行改革后形成了现行的税法体系。采用直接税制，即凡居住在厄瓜多尔的个人和企业，在全球范围经营的收入及利润进行申报并交税，而在外国居住或经营的厄瓜多尔个人和企业，也要进行申报并交税。在厄瓜多尔，负责执行税收政策和征税的部门为国家税务局。与税务相关的法律法规主要有《内部税法》《内部税法实施条例》《生产、贸易和投资法》《销售和扣缴证明规定》、避免双重征税的国际公约、国家税务局对具体问题发布的决议和通知。2014 年 3 月，中厄政府间《避免双重征税协定》生效，此外厄瓜多尔政府还跟其他 18 个亚美欧国家有避免双重征税协定。

厄瓜多尔未签署 BEPS 公约[①]。

二、税收征管

（一）征管情况介绍

厄瓜多尔实行税收中央集权制，税收立法权、征收权、管理权均集中于中央，由税务局主管。税务局、总统府、财政部、国会税务委员等行政部门都可以对税法的制定和修改进行提议，报国会进行审议修改，国会审议修改后再报给总统决定是否接受国会提出的修改，如果总统不接受国会

---

① BEPS 公约：经济合作与发展组织（OECD）官网发布的 2018 年 11 月更新的参加国名单未有厄瓜多尔 http://www.oecd.org/tax/beps/inclusive-framework-on-beps-composition.pdf。

提出的修改，该提议将交给国会进行投票，如果国会投票结果为绝对多数支持国会修改后的版本，则该版本通过，否则在10天后初始版本提议将自动通过，最后均由总统颁布。税法的解释、执行及实施条例授权给税务局，税务局下设税务研究部、战略规划和管理部、税收征管与公民协助部、税控部、内审部、法律部、信息技术部、人事部和财务管理部门。缴税申报主要是在税务局官网在线进行，同时税务局在全国所有的省份和城市都有地区管理机构可以进行实体申报，企业征收类型分为普通纳税人和特殊纳税人，两者主要不同的地方为代扣代缴的比例不同（详见企业所得税和增值税部分），税务局会根据一家企业的收入、行业、风险等决定是否授予一家企业特殊纳税人身份。

（二）税务查账追溯期

如果按时依法进行了申报，从申报日起3年内税务局可以对该公司的税务申报情况进行常规审查。如果未申报或部分申报，从应申报日起6年内税务局可以对该公司的税务申报情况进行常规审查。在上述两种情况下，纳税人可以向税务局解释和申辩相关事宜。因纳税人、扣缴义务人计算错误等失误，未缴或者少缴税款的追溯期为应纳税日起3年，若被税务局认定为恶意隐瞒收入该追溯期则为应纳税日起7年。

对偷税、抗税、骗税的，税务机关追征其未缴或者少缴的税款、滞纳金或者所骗取的税款，不受前款规定期限的限制。

（三）税务争议解决机制

为体现税务局税务征收的合法、公平和公正，厄瓜多尔设有独立的税务法庭来解决争议税务争议，实际操作过程中，企业处于弱势一方，很难在税务诉讼中取得公平待遇。厄瓜多尔税务争议解决机制分为以下几种：

行政机制：税务局会与纳税人通过协商解决问题，根据国家法律局法规部门出具的《税法》(Código Tributario) 115条规定，如果纳税人不同意税务局做出的决定，可以在20天内直接向其进行申诉，该程序最终手续为行政申诉(Recurso de Revisión)。

司法机制：这种解决方式是最具法律效力、最公平的一种，但诉讼成本较高。根据国家法律局法规部门出具的《税法法典》(Código Tributario) 220条规定，与税务局未能达成协议的事项，纳税人可以在收到决议20天内（非居民企业 40 天）向税务诉讼法庭提出上诉。《上诉法》规定，如果纳税人对税务法庭作出的判决不服，可在收到通知 5 天内向最高法院继续上诉；最高法院是终审上诉法院，作出的判决决定是最终判决结果。

特殊保护机制：在极特殊的情况下可以向宪法法院提出特殊保护上诉，前提是判决被认定为违反了厄瓜多尔宪法。

三、主要税种介绍

（一）企业所得税

1. 征税原则

《内部税法》引入居民企业概念。厄瓜多尔居民企业是指所有在厄瓜多尔按当地法律注册成立的企业，此外，外国企业在厄瓜多尔的常设机构将被视为居民企业。居民企业需就全球收入在厄瓜多尔缴纳企业所得税，而非居民企业仅就来源于厄瓜多尔的收入缴纳企业所得税。

2. 税率

厄瓜多尔居民企业一般适用的所得税税率为 25%，企业将当年利润再投资到生产性资产中的部分可享受 10% 的所得税减免，再投资的领域包括：购买新机器或新设备；为农业、水产养殖业、林业、畜牧业和花卉栽培等生产活动购买灌溉用品、植物材料、幼苗及蔬菜种植用品；用于提高生产力、促进生产多样性和创造就业岗位的研究和技术投入。为享受减免，以上企业应当完成相应的增资，并符合本法规定的条件。增资应当在获得用于再投资的利润的次年 12 月 31 前在工商登记局进行注册。在厄提供技术服务的石油公司所得税税率为 44.4%，利润再次投资部分所得税税率为 25%。此外，如果居住地为避税天堂或低税收制度国家的参与方占股小于 50%，将按其占股比例对相关收入按 28% 的税率征收所得税。如果位于避税天堂的参与方占股比例大于 50%，将对公司所有的收入按 28% 的税率征收所得税，且不可享受利润再投资的所得税税收优惠减免政策。

3. 代扣所得税

厄瓜多尔税法规定，除工资外，须根据所涉及交易的类型，根据发票不含增值税的金额代扣代缴 1%～10% 的企业所得税。向国外支付的进口商品和服务款项也需代扣相应比例的企业所得税。具体代扣比例见表 2-1：

表4-2-1　所得税代扣代缴明细表

所得税代扣代缴			
2018年3月起			
根据现行规定，所得税代扣比列	目前的百分比	103表格对应编号	附件编号
专业费用和专业相关服务酬金和津贴	10	303	303
专业无关的智力劳动为主的服务	8	304	304
专业无关的智力劳动为主的服务佣金和其他付款	8	304	304A
向公证人和财产与商业登记处因为其本职工作的付款	8	304	304B
向运动员、教练员、裁判员、教练组成员支付其本职活动的费用	8	304	304C
向艺术家支付其本职活动的费用	8	304	304D
教学服务费用和其他付款	8	304	304E
人工占主导地位的服务	2	307	307
使用或利用图像或声誉	10	308	308
媒体和广告代理商提供的服务	1	309	309
私人客运货运服务或公共货运服务	1	310	310
通过购买清算付款（因为文化水平）	2	311	311
转移物理性质的个人财产	1	312	312
购买农业、家禽、牲畜、养蜂业、生物水产和林业商品	1	312	312A
油棕生产和种植的单一所得税	1	312	312B
根据知识产权法对特许经营权使用费——向自然人支付	8	314	314A
根据知识产权法的特许权使用费、版权、商标、专利等——向自然人付款	8	314	314B
根据知识产权法对特许经营权使用费——向企业支付	8	314	314C
根据知识产权法的特许权使用费、版权、商标、专利等——向企业付款	8	314	314D

续表

所得税代扣代缴			
2018年3月起			
根据现行规定，所得税代扣比列	目前的百分比	103表格对应编号	附件编号
商业租赁费用（由企业提供），包括购买选项	1	319	319
不动产租赁	8	320	320
保险和再保险（保险费和转让）	1	322	322
支付给自然人和公司的财务回报（非支付给国际金融机构）	2	323	323
财务回报：活期帐户存款	2	323	323A
财务回报：公司储蓄账户存款	2	323	323B1
财务回报：应税定期存款	2	323	323E
财务回报：免税定期存款	0	332	323E2
财务回报：回购操作——回购	2	323	323F
投资（筹资）回报（非支付给国际金融机构）	2	323	323G
财务回报：债务	2	323	323H
财务回报：可转换为股票的债券	2	323	323I
财务回报：对需要纳税的固定收入证券的投资	2	323	323 M
财务回报：对需要免税的固定收入证券的投资	0	332	323 N
支付给受银行监管部门控制的银行和其他实体的利息和其他财务回报	0	332	323 O
公共部门给纳税人支付的利息	2	323	323 P
其他应税利息和财务收入	2	323	323Q
其他免税利息和财务收入	0	332	323R
厄瓜多尔央行和集中存款证券作为中间人代表其他个人和公司向金融系统机构进行的付款和信贷	2	323	323S

续表

所得税代扣代缴			
2018年3月起			
根据现行规定，所得税代扣比列	目前的百分比	103表格对应编号	附件编号
起源于厄瓜多尔的国债的财务回报	0	332	323T
360 天或以上，用于公私合作公共项目融资债券证券的财务回报	0	332	323U
金融系统机构与大众和互助经济机构（类似农信社）之间信贷业务的利息和佣金。	1	324	324A
金融系统机构与大众和互助经济机构（类似农信社）之间的投资	1	324	324B
厄瓜多尔央行和集中存款证券作为中间人代表金融机构向其他金融系统机构进行的付款和信贷	1	324	324C
向厄瓜多尔居民支付的分红	22 6 25	325	325
向厄瓜多尔居住或设立的股东，受益人或参与者提供的贷款	22 6 25	325	325A
分配给居民自然人的股息	根据内部税法 36 条 a 点和股息的税收抵免	327	327
分配给居民企业的股息	0	328	328
分配给居民信托的股息	0	329	329
股票分配的应税股息（利润的再投资，没有减免所得税的权利）	根据内部税法 36 条 a 点和股息的税收抵免	330	330
股票分配的免税股息（利润的再投资，有减免所得税的权利）	0	331	331
其他不需要代扣代缴的商品和服务	0	332	332
房地产购买	0	332	332B
公共交通服务	0	332	332C

续表

所得税代扣代缴			
2018年3月起			
根据现行规定，所得税代扣比列	目前的百分比	103表格对应编号	附件编号
国内因客运或国际货物运输对国内或国外航空或海运公司的付款	0	332	332D
运输合作社向合作伙伴提供的金额	0	332	332E
美元以外货币的换汇	0	332	332F
用信用卡付款	0	332	332G
由信用卡发卡机构报告，在境外的信用卡支付，仅限 RECAP	0	332	332H
通过借记协议付款（国际金融机构客户）	0	332	332I
厄瓜多尔股票市场上资本代表权和其他权利的处置	0.2 或根据内部税法 36 条 a 点	333	333
非厄瓜多尔股票市场上资本代表权和其他权利的处置	1	334	334
彩票，抽奖，赌注和类似	15	335	335
向营销商销售燃料（comercializadora）	0.2	336	336
向经销商销售燃料（distribuidores）	0.3	337	337
向当地香蕉生产商买香蕉	1~2	338	338
自产香蕉出口单一税征收——第 1 类	1~2	340	340
自产香蕉出口单一税征收——第 2 类	1.25~2	341	341
第三方产香蕉出口单一税征收	0.5~2	342	342
其他适用 1% 代扣税项	1	343	343
电力	1	343	343A
房地产、城市化、数字化或类似活动的建设活动	1	343	343B
不可回收的塑料瓶可赎回税	1	343	343C
其他适用 2% 代扣税项	2	344	344

续表

所得税代扣代缴			
2018年3月起			
根据现行规定，所得税代扣比列	目前的百分比	103表格 对应编号	附件 编号
由信用卡发卡机构报告，在境内的信用卡支付，仅限 RECAP	2	344	344A
在境内获取矿物质	2	344	344B
其他适用 8% 代扣税项	8	345	345
适用其他代扣税项的	不同的百分比	346	346
除代表资本的权利转让外的其他资本收益	不同的百分比	346	346A
捐款——捐款税	根据内部税法36 条 d 点	346	346B
纳税人因出口浓缩物和 / 或金属元素进行的代扣	0 或 10	346	346C
纳税人因营销森林产品进行的代扣	0 或 10	346	346D
支付给非居民——房地产租金	25 或 35	411、422、432	500
支付给非居民——福利 / 商业服务	25 或 35	411、422、432	501
支付给非居民——技术，行政或咨询服务和特许权使用费	25 或 35	410、421、431	501A
支付给非居民——海上和 / 或空中航行	0 或 25 或 35	411、422、432	503
支付给非居民——分配给自然人（不管是否在）或没有居住在厄瓜多尔自然人受益所有人的公司支付（或避税天堂居民）的股息	0	405、416、426	504
向国外付款——向拥有居住在厄瓜多尔自然人受益所有人的公司支付（非避税天堂或较低税收制度国家居民）的股息	根据内部税法36 条 a 点和股息的税收抵免	406、417	504A
支付给非居民——向拥有居住在厄瓜多尔自然人受益所有人的信托支付（非避税天堂或较低税收制度国家居民）的股息	根据内部税法36 条 a 点和股息的税收抵免	407、418	504B

续表

所得税代扣代缴			
2018年3月起			
根据现行规定，所得税代扣比列	目前的百分比	103表格对应编号	附件编号
支付给非居民——避税天堂或较低税收制度国家的企业（不管是否有居住在厄瓜多尔的自然人受益所有人）	10	427	504C
支付给非居民——避税天堂或较低税收制度国家的信托（不管是否有居住在厄瓜多尔的自然人受益所有人）	10	428	504D
支付给非居民——预付分红（非避税天堂或较低税收制度国家居民）	22 或 25	404、415	504E
支付给非居民——预付分红（避税天堂或较低税收制度国家居民）	28	425	504F
支付给非居民——股东，受益人或参与者提供的贷款（非避税天堂或较低税收制度国家居民）	22 或 25	404、415	504G
支付给非居民——股东，受益人或参与者提供的贷款（避税天堂或较低税收制度国家居民）	28	425	504H
支付给非居民——向关联方提供非商业性贷款（非避税天堂或较低税收制度国家居民）	22 或 25	404、415	504I
支付给非居民——向关联方提供非商业性贷款（避税天堂或较低税收制度国家居民）	28	425	504J
向非居民支付——财务回报	25 或 35	411、422、432	505
向非居民支付——国外金融机构贷款利息	0 或 25	403、414、424	505A
向非居民支付——政府向政府提供的贷款利息	0 或 25	403、414、424	505B
向非居民支付——多边组织的信贷利息	0 或 25	403、414、424	505C
向非居民支付——外部融资提供者融资利息	25	402、413、424	505D
向非居民支付——其他外部信贷的利息	25	411、422、432	505E

续表

所得税代扣代缴			
2018年3月起			
根据现行规定，所得税代扣比列	目前的百分比	103表格 对应编号	附件 编号
向非居民支付——其他利息和财务收入	25 或 35	411、422、432	505F
向非居民支付——费用，特许权使用费、商标、专利等	25 或 35	411、422、432	509
向非居民支付——特许经营权的特许权使用费	25 或 35	411、422、432	509A
向非居民支付——除资本代表权转让以外的其他资本收益	5、25、35	411、422、432	510
向非居民支付——独立专业服务	25 或 35	411、422、432	511
向非居民支付——附属专业服务	25 或 35	411、422、432	512
向非居民支付——艺术家	25 或 35	411、422、432	513
向非居民支付——运动员	25 或 35	411、422、432	513A
向非居民付款——董事分红	25 或 35	411、422、432	514
向非居民付款——公共娱乐	25 或 35	411、422、432	515
支付给非居民——养老金	25 或 35	411、422、432	516
支付给非居民——费用报销	25 或 35	411、422、432	517
支付给非居民——公共职能	25 或 35	411、422、432	518
支付给非居民——学生	25 或 35	411、422、432	519
支付给非居民——向国外酒店和旅游服务供应商付款	25 或 35	411、422、432	520A
支付给非居民——国际商业租赁	0、25、35	411、422、432	520B
支付给非居民——佣金出口和促进入境旅游的	0、25、35	411、422、432	520D
支付给非居民——由海运或空运公司和公海捕鱼公司支付其活动费用。	0	411、422、432	520E
支付给非居民——由国际新闻机构	0、25、35	411、422、432	520F
支付给非居民——国际空运或海运公司租船合同	0、25、35	411、422、432	520G

续表

所得税代扣代缴			
2018年3月起			
根据现行规定，所得税代扣比列	目前的百分比	103表格对应编号	附件编号
支付给非居民——代表资本权利和其他权利的处置	5、25、35	408、419、429	521
支付给非居民——保险和再保险（保险费和转让）	0、22、35	409、420、430	523A
支付给非居民——捐款——捐款税	根据内部税法36条d点	411、422、432	525

如果代扣代缴义务人不履行代扣义务，不提交代扣代缴证明，将被处以如下处罚：

（1）如果没有进行代扣代缴或只进行了部分代扣代缴，代扣代缴义务人应当被处以应该扣缴但没有扣缴的金额的罚款，并加上所欠应缴代扣款的利息（利率及计算方法见 7. 征管与合规要求）。该处罚并不免除在税法中规定的代扣代缴义务的相应责任。

（2）未向被代扣人送达代扣代缴证明的将被处以应扣缴金额 5% 的罚款，在累犯情况下，将被视为纳税欺诈行为。

4. 税收优惠

根据《内部税法》第 37 条规定，企业将其利润投入到新设备的采购等投资领域，用以增加产品的多样性及增加就业，该部分利润再投资可享受 10% 的所得税减免。《内部税法》第 41 条第 9 款规定，在厄瓜多尔新成立的企业免除前五年的预缴所得税。《内部税法》第 10 条第 9 款规定，在指定区域创造新工作岗位的五年内，该部分人工成本在计算所得税时可加计 100% 扣除。内部税收法第 10 条第 7 款规定，用于可再生能源系统、环保产业的机械，其折旧在计算所得税时可加计 100% 扣除。内部税收法第 11 条规定，亏损可结转到今后的 5 个会计年度，但每年只可抵销当年利润的 25%。根据《内部税法》规定以下收入免征所得税：税后收入；退税收入；临时性投资不动产、股票及合伙经营收入；投资基金、商业信托所得收益；保险赔偿；一年期或以上的定期存款和固定收益证券投资的收益；外国石油公司在与厄政府签署石油勘探、开采服务合同后,所进行的非货币性投资收益;PPP项目创收开始后10年内的收入,10年后正常缴纳所得税。

5. 所得额的确定

《内部税法》规定,应纳税所得额是指企业每一纳税年度的不可免除的应税收入总额减去可抵扣的成本和费用与允许弥补的以前年度亏损后的余额。

企业应纳税所得额的计算,以权责发生制为原则,属于当期的收入和费用,不论款项是否收付,均作为当期的收入和费用;不属于当期的收入和费用,即使款项已经在当期收付,均不作为当期的收入和费用。根据《内部税法》规定商业性质的捐赠、馈赠不能税前扣除,但对符合条件的捐赠给厄瓜多尔境内的非营利机构及政府机构的捐赠可以税前扣除;因违法、违规的各种罚款不能税前扣除;超出总成本费用3%差旅费住宿费不能税前扣除;超过厄瓜多尔中央银行规定利率的利息部分不能税前扣除,未在厄瓜多尔中央银行备案的外部信贷的财务费用和利息不能税前扣除;向关联方的借款金额超过借款方净资产300%的利息不能税前扣除;境外母公司向其厄分支机构收取的管理费不得超过该分支机构当年应纳税所得额加上该费用的5%,超出部分不能税前扣除。应收账款坏账准备超出应收账款原值1%以的部分不能税前扣除。对于固定资产,税法规定通常情况下应采用直线法计提折旧,无残值。

亏损弥补年限。纳税人某一纳税年度发生亏损,准予用以后年度的应纳税所得弥补,一年弥补不足的,可以逐年连续弥补,弥补期最长不得超过五年且最多可以抵扣其当年盈利25%的金额,五年内不论盈利或亏损,都作为实际弥补年限计算。

由于国际财务报告准则与当地税法有一定差异,因此,在纳税申报时,对与税法不一致的事项需进行纳税调整,并以调整后的税务报表作为报税依据。年度财务报表需于次年4月30日前完成,经过审计后上报当地公司监管局及税务局。

6. 反避税规则

(1)关联方交易。《内部税法》企业与关联方之间的收入性和资本性交易均需遵守独立交易原则。关联方交易金额300万美元以上的企业需向税务局提交关联方交易的附件,关联方交易金额1500万美元以上的企业需要向税务局提交转让定价报告，最晚提交时限为次年6月底。

（2）转让定价。自2005财年起，转移定价法在厄瓜多尔生效。此法案规定了一系列的规章制度，其中有如下条款：转移定价规定不仅在企业与外国关联方交易时应用，同时也包括当地关联方间的交易；如果与位于避税天堂的非关联方交易，税务局也可以应用转让定价的相关法律条款；关联交易可采用充分竞争原则和市场对比原则进行定价确认，根据《内部税法实施条例》，纳税人可向税务局咨询确定转让定价使用的方法，咨询结果由税务局局长负责，有效期为两年。

（3）资本弱化规则。企业支付给关联方的利息支出可以税前扣除，但是借款金额不能超过公司净资产的300%，超出部分的借款产生的利息不能税前扣除。

7. 征管与合规性要求

《内部税法》第40条规定，企业需要在次年4月进行上年度的所得税汇算清缴，具体支付日期由税号第九位决定，详情见表2-2。按照税务局的要求在税务局网站上进行纳税申报，并且通过直接从指定账户中扣除或者税务局认可的银行窗口进行支付。如果需要缴纳预缴所得税（计算方法见2.税率），需要在每年的7月和9月分两次支付。

表4-2-2　所得税汇算清缴日期表

税号第九位数	截止日期
1	4月10日
2	4月12日
3	4月14日
4	4月16日
5	4月18日
6	4月20日
7	4月22日
8	4月24日
9	4月26日
0	4月28日

企业和必须记账的自然人（年收入 30 万美元以上的自然人需要聘用会计人员记账和报税）还需要在每年的 7 月和 9 月分两次缴纳预缴所得税（总资产的 0.4%、所有者权益的 0.2%、可抵扣支出的 0.2% 和收入的 0.4% 之和），如果预缴金额大于实际应付所得税，预缴金额将变成当年最低的所得税纳税额。自 2018 年起收入小于等于 50 万美元的公司不需要缴纳预缴所得税，收入大于 50 万美元小于等于 100 万美元的公司需缴纳当年应缴预缴所得税额的 40%，收入 100 万美元以上的需缴纳当年应缴预缴所得税额的 60%。

逾期申报、延迟缴纳税款的处罚条款如下：

（1）企业如逾期申报但无未缴税款，主动补缴的将处以销售额或总收入 0.1% 的罚款，税务局通知补缴的将处以销售额或总收入 0.12% 的罚款，罚款按月计算，但不超过销售额或总收入的 5%。

（2）企业如逾期申报且有未缴税款的，主动补缴的将处以应缴税款 3% 的罚款，税务局通知补缴的将处以应缴税款 3.6% 的罚款。罚款按月计算，但不超过应缴税款的 100%。

（3）延迟缴纳税款，主动补缴的需按照厄瓜多尔央行发布的 90 天借款利率支付罚息，税务局通知补缴的需按照厄瓜多尔央行发布的 90 天借款利率的 1.3 倍支付罚息，罚息从应纳税之日起按月（不满一个月的按天计算）计算。

（4）在税务局对企业审计期间，税务局认定该企业需补缴税款的，若在税务审计的最终决议出台之后缴清税款的，需支付应补缴税款 20% 的罚款，在税务审计的最终决议出台之前缴清税款的不需支付该 20% 罚款。

（5）未在规定期限内向税务局提交要求信息的企业，将被处以 30~1500 美元的罚款。

（二）增值税

1. 征税原则

《内部税法》第 34 条规定，增值税是对在厄瓜多尔境内从事经济活动过程中产生增值部分征收的税赋，经济活动包括商品销售、货物进口、版权/工业产权及其相关权利的使用、提供服务。

2. 计税方式

根据内部税收法第 34 条规定，厄瓜多尔增值税采用一般计税，无简易征收情况。

3. 税率

12% 或者 0%。

4. 增值税免税

《内部税法》第 54 条规定下列情况免征增值税：以实物出资的资本；继承和资产清算的公司；作为一个整体（包括总资产和总负债）的转让，合并，兼并，收购，分立；转让股份及证券；销售或进口副食品、奶制品、农产品、医药用品及印刷品等商品；客运及国际空运；供电、供水、排水和垃圾处理等公用事业服务；教育、幼儿园及养老院、教会；印刷业、公益部门；金融业、证券业；道桥费、彩票收入；物业费。

5. 销项税额

税基为所转让的动产或者提供服务的总值，计算是基于该动产的转让或者提供服务的价格，包括了其他税种、服务费和其他合法费用。以下部分不包含在税基内：折扣和回扣部分、对买方返还的货物和包装的价值、分期付款的利息与保险费。

进口商品及服务的税基为：成本 + 保险费 + 运费 + 关税 + 特殊消费税 + 儿童发展基金 + 其他费用。

6. 进项税额抵扣

进口以及本地采购支付 12% 的增值税可以抵扣销项税额。企业购入的原材料，固定资产，用于生产商品或提供服务的组件支付的增值税可抵扣销项税，住宿及餐饮等产生的进项税也可以进行抵扣。若产品用于出口，出口企业购入的原材料、服务、组件、固定资产所支付的增值税，可以退税。虚假发票、虚假海关申报的进项税额不可抵扣增值税。免增值税项目对应的进项税不可抵扣增值税，产生的进项税将作为可抵扣成本的一部分。

7. 代扣增值税

《内部税法》规定企业及个人在厄瓜多尔采购涉及增值税的商品及服务时，有义务代扣代缴对方的增值税，具体代扣对象及代扣比例见表 2–3：

表4-2-3　增值税代扣代缴明细表

卖方 买方(代扣代缴)	政府机构、公共公司(不管是否是特殊纳税人)			航空公司、旅行社出售的机票、石油料的分销商、金融系统机构的金融服务、信用卡发行公司由其附属机构支付的服务费		报纸和杂志销售方、必须记账的常规出口商(不管是否是特殊纳税人)		特殊纳税人			非特殊纳税人企业/必须记账的自然人			不需记账的自然人						应税服务进口
	商品	服务	建筑合同	商品	服务	商品	服务	商品	服务	建筑合同	商品	服务	建筑合同	商品(发票)	服务(发票)	建筑合同	支出证明	专业费用(发票)	房租(发票)	
特殊纳税人(1)	不代扣	不代扣	不代扣	不代扣	不代扣	不代扣	不代扣	10%	20%	30%	30%	70%	30%	30%	70%	30%	100%	100%	100%	100%
政府机构/公共公司(非特殊纳税人)	不代扣	不代扣	不代扣	不代扣	不代扣	不代扣	不代扣	不代扣	不代扣	不代扣	30%	70%	30%	30%	70%	30%	100%	100%	100%	100%
发放信用卡的公司向其附属机构(不管是否是特殊纳税人)	不代扣	不代扣	不代扣	不代扣	不代扣	不代扣	不代扣	10%	20%	30%	30%	70%	30%	30%	70%	30%	100%	100%	100%	100%

续表

买方（代扣代缴）＼卖方	政府机构、公共公司（不管是否是特殊纳税人）商品	服务	建筑合同	航空公司、旅行社出售的机票、石油衍生燃料的分销商和营销商、金融系统机构的金融服务、信用卡发行公司由其附属机构支付的服务费 商品	服务	报纸和杂志销售方，必须记账的常规出口商（不管是否是特殊纳税人）前提是已经被代扣过推定增值税 商品	服务	特殊纳税人 商品	服务	建筑合同	非特殊纳税人企业/必须记账的自然人 商品	服务	建筑合同	不需记账的自然人 商品（发票）	服务（发票）	建筑合同	支出证明	专业费用（发票）	房租（发票）	应税服务进口
保险公司和再保险公司（非特殊纳税人）	不代扣	不代扣	不代扣	不代扣	不代扣	不代扣	不代扣	不代扣	不代扣	不代扣	30%	70%	30%	30%	70%	30%	100%	100%	100%	100%
必须记账的常规出口商，不管是否是特殊纳税人（除了不可再生自然资源的出口商）	不代扣	不代扣	不代扣	不代扣	不代扣	不代扣	不代扣	100%	100%	30%	100%	100%	30%	100%	100%	30%	100%	100%	100%	100%

127

续表

卖方	政府机构、公司、公共机构（不管是否是特殊纳税人）			航空公司、旅行社出售的机票，石油行生和燃料的分销商、金融营销商、金融系统机构的金融服务、信用卡发行公司由其附属机构支付的服务费		必须记账的常规出口商（不管是否是特殊纳税人）		报纸和杂志销售方，前提是已经被代扣过增值税	特殊纳税人			非特殊纳税人企业/必须记账的自然人			不需记账的自然人						应税服务进口
	商品	服务	建筑合同	商品	服务	商品	服务		商品	服务	建筑合同	商品	服务	建筑合同	商品（发票）	服务（发票）	建筑合同	支出证明	专业费用（发票）	房租（发票）	
买方（代扣代缴）接收旅游运营商、购买用于生产和商业化服务的商品和服务，这些服务必须须是开具发票的接收旅游套餐的一部分（特殊纳税人）	不代扣	不代扣	不代扣	不代扣	不代扣	不代扣	不代扣	不代扣	10%	20%	30%	100%	100%	30%	100%	100%	30%	100%	100%	100%	100%

续表

卖方	政府机构，公共公司（不管是否是特殊纳税人）			航空公司，旅行社出售的机票、石油衍生燃料的分销商和营销商、金融系统机构的金融服务、信用卡发行公司由其附属机构支付的服务费（必须记账的常规出口商（不管是否是特殊纳税人））		报纸和杂志销售方，前提是经是已代扣过增值税	特殊纳税人			非特殊纳税人企业/必须记账的自然人			不需记账的自然人						应税服务进口
	建筑服务合同	商品	服务	商品	服务		商品	服务	建筑合同	商品	服务	建筑合同	商品（发票）	服务（发票）	建筑合同	支出证明	专业费用（发票）	房租（发票）	
买方（代扣代缴）接收旅游运营商，购买用于生产和商业化其所提供服务的商品和服务，这些服务必须是开具发票的接收套餐的游客餐的一部分（非特殊纳税人）	不代扣	不代扣	不代扣	不代扣	不代扣	不代扣	不代扣	不代扣	不代扣	100%	100%	30%	100%	100%	30%	100%	100%	100%	100%

续表

卖方　买方（代扣代缴）	政府机构、公共公司（不管是否是特殊纳税人）			航空公司、旅行社出售的机票、石油衍生燃料的分销商、金融销商、金融系统机构的金融服务、信用卡发行公司由其附属机构支付的服务费		报纸和杂志销售方，前提是已经过推定增值税被代扣过推定增值税（不管是否是特殊纳税人）		特殊纳税人			非特殊纳税人企业/必须记账的自然人			不需记账的自然人						应税服务进口
	商品	服务	建筑合同	商品	服务	商品	服务	商品	服务	建筑合同	商品	服务	建筑合同	商品（发票）	服务（发票）	建筑合同（发票）	支出证明	专业费用（发票）	房租（发票）	
不可再生自然资源的出口商（不管是否是特殊纳税人）	不代扣	不代扣	不代扣	不代扣	不代扣	不代扣	不代扣	30%	70%	30%	30%	70%	30%	30%	70%	30%	100%	100%	100%	100%
必须记账的企业或自然人	不代扣	不代扣	不代扣	不代扣	不代扣	不代扣	不代扣	不代扣	不代扣	不代扣	不代扣	不代扣	不代扣	30%	70%	30%	100%	100%	100%	100%
不需记账的自然人	不代扣	不代扣	不代扣	不代扣	不代扣	不代扣	不代扣	不代扣	不代扣	不代扣	不代扣	不代扣	不代扣	不代扣	不代扣	不代扣	100%	不代扣	不代扣	100%

如果代扣代缴义务人不履行代扣义务，不提交代扣代缴证明，将被处以如下处罚：

（1）如果没有进行代扣代缴或只进行了部分代扣代缴，代扣代缴义务人应当被处以应该扣缴但没有扣缴的金额的罚款，并加上所欠应缴代扣款的利息（利率及计算方法见7.征管与合规要求）。该处罚并不免除在税法中规定的代扣代缴义务的相应责任。

（2）未向被代扣人送达代扣代缴证明的将被处以应扣缴金额5%的罚款，在累犯情况下，将被视为纳税欺诈行为。

8. 征收方式

《内部税法》第68条和《内部税法实施条例》第159条规定，纳税人应该在次月进行增值税纳税申报，包括代扣增值税。《内部税法》第67条规定，分期收款的，纳税人需要在确认销售的次月进行申报并在申报的次月缴纳税款。

9. 征管与合规性要求

根据《内部税法》第67、68、69条规定，从事适用12%税率经济活动的纳税人需在次月进行申报，其他0%税率、不计增值税或者代扣100%增值税的情况每季度申报一次。

逾期申报、延迟缴纳税款的处罚条款如下：

（1）企业如逾期申报但无未缴税款，主动补缴的将处以销售额或总收入0.1%的罚款，税务局通知补缴的将处以销售额或总收入0.12%的罚款，罚款按月计算，但不超过销售额或总收入的5%。

（2）企业如逾期申报且有未缴税款的，主动补缴的将处以应缴税款3%的罚款，税务局通知补缴的将处以应缴税款3.6%的罚款。罚款按月计算，但不超过应缴税款的100%。

（3）延迟缴纳税款，主动补缴的需按照厄瓜多尔央行发布的90天借款利率支付罚息，税务局通知补缴的需按照厄瓜多尔央行发布的90天借款利率的1.3倍支付罚息，罚息从应纳税之日起按月（不满一个月的按天计算）计算。

（4）在税务局对企业审计期间，税务局认定该企业需补缴税款的，若在税务审计的最终决议出台之后缴清税款的，需支付应补缴税款20%的罚款，在税务审计的最终决议出台之前缴清税款的不需支付该 20% 罚款。

（5）未在规定期限内向税务局提交要求信息的企业，将被处以 30~1500 美元的罚款。

10. 增值税附加税

无。

（三）个人所得税

1. 征税原则

不需记账的居民个人（年收入 30 万美元以下）就其收入缴纳个人所得税；非居民个人（当年度在厄境内少于 180 天）不用纳税。2018 年个税免征额为 11270 美元，且每年度会有更新。

2. 申报主体

个人所得税以个人为单位进行申报缴纳。工资个税由雇主代扣代缴，并于次年 2 月份由企业统一进行年度纳税申报，如果还有其他收入，该自然人需要在次年 3 月另行单独申报。

3. 应纳税所得额

根据《内部税法》第 8 条对个人在厄瓜多尔发生的下列收入征收个人所得税：财产收入；工业、商业及手工艺收入；工资薪金及各种补贴（除了第十三、十四期工资和补充社保，月工资 3000 美元以上的，第十三期工资不免税）；非商业性收入；动产收入；资本性收入农业收入。

4. 扣除与减免

根据内部税收法第 10 条规定，个人计算缴纳所得税时允许扣除不超过其总收入 50%（包括家庭成员）且不超过个税免征额 1.3 倍（14651 美元）的个人费用。可以扣除的个人费用包括：住房、教育、医疗卫生、食品和衣物等，各类费用的最高可扣除倍数（当年个税起征点的倍数）及金额如下：住房：0.325 倍，3662.75 美元；教育：0.325 倍，3662.75 美元；食物：0.325 倍，3662.75 美元；服装：0.325 倍，3662.75 美元；医疗卫生：1.3 倍，14651 美元。

可扣除的个人开支金额不包括开支中的增值税和特殊消费税（ICE），所有纳税人的费用中扣除部分超过 4860 美元的，必须向税务局网站提供详细的资料附件。年度总收入超过 20 万美元年度总成本费用超过 16 万美元且未在税务局注册的纳税人，必须提交一份关于采购，销售，出口和代扣税等交易的详细报告。

5. 税率实行累进税率

表4-2-4 个人所得税税率表

序号	年收入（单位美元）	税率
1	11270	0%
2	11270~14360	5%
3	14360~17950	10%
4	17950~21550	12%
5	21550~43100	15%
6	43100~64630	20%
7	64630~86180	25%
8	86180~114890	30%
9	114890 以上部分	35%

数据来源：2018 年 1 月 4 日，厄瓜多尔国家税务局在其官网发布的个人所得税税率表 http://www.sri.gob.ec/web/guest/detalle-noticias?idnoticia=520

6. 征管与合规性要求

未在税务局注册的自然人在次年 3 月进行申报缴纳，已在税务局注册的自然人需在次年 4 月份进行申报缴纳。工资个税由雇主每个月进行代扣代缴，并于次年 2 月份由雇主统一进行年度纳税申报。

逾期申报、延迟缴纳税款的处罚条款如下：

（1）个人如逾期申报但无未缴税款，主动补缴的将处以总收入 0.1% 的罚款，税务局通知补缴的将处以总收入 0.12% 的罚款，罚款按月计算，但不超过销售额或总收入的 5%。

（2）个人如逾期申报且有未缴税款的，主动补缴的将处以应缴税款 3% 的罚款，税务局通知补缴的将处以应缴税款 3.6% 的罚款。罚款按月计算，但不超过应缴税款的 100%。

（3）延迟缴纳税款，主动补缴的需按照厄瓜多尔央行发布的 90 天借款利率支付罚息，税务局通知补缴的需按照厄瓜多尔央行发布的 90 天借款利率的 1.3 倍支付罚息，罚息从应纳税之日起按月（不满一个月的按天计算）计算。

（4）未在规定期限内向税务局提交要求信息的个人，将被处以 30~1500 美元的罚款

（四）关税

1. 关税体系和构成：

根据安第斯共同体海关法律规定，安第斯共同体内部贸易往来享受零关税待遇，其他国别进口货物需按照海关征收管理办法缴纳关税。

2. 税率

（1）进口税。厄瓜多尔关税标准主要为从价税，对某些特定的农产品和石油衍生物进口等特殊情况，也采用从价税和从量税混合征收的方式。海关税率与安第斯共同体税率一致，针对安第斯共同体与外部国家之间的商品或服务的进出口，实行落地申报。税率基本在 5%~40% 之间，部分常用关税税率如下：

钢筋、压力管道税率为 25%；控制面板、HDPE 土工布为 15%；玻璃钢管道、PVC 管道、电线为 10%；变压器、泵、发电机为 5%。

根据厄瓜多尔和欧盟签署的贸易协定，在 2016 年该协定生效后的七年内，厄瓜多尔对欧盟汽车进口关税每年降低 5%（降低前税率为 35%），在 2023 年实现零关税。

（2）海关服务税。包括海关监控税、仓储税、海关化验税、海关检测税、海关看管税等，税率根据进口货物重量计算，数额较少。

（3）妇女、儿童发展基金税。适用于除医药以外的任何进口货物，税率以进口到岸价（CIF）完税后的 0.5% 征收。

3. 关税免税

安第斯共同体成员国之间免关税。下面的进口免收关税：旅客私人用品；工作用具；自然灾害救助用品；政府公共部门采购及灾难援助组织进口；国际捐赠；无商业价值的样品；外交使领团、国际组织、技术援助组织及其成员在有关法律或协议规定允许的范围内的进口；与厄政府签署石油工程服务合同的外国企业用于钻探和开采且无法在厄国内生产的机械设备及其他必需材料。

另外根据《APP 法案》，在 PPP 项目执行过程中，私营方进口用于 PPP 项目建设期的设备、材料等可免关税，需要参与 PPP 项目的政府机构为私

营方开具相关证明，说明进口货物的用途、数量及质量。免税期限为合同上规定的建设期期限，如遇延期需要向海关提供由政府机构出具的延期证明并办理延期免税文件。在经济开发特区进口法定可免税项的商品免征关税。

4. 设备出售、报废及再出口的规定

需向海关申请对所需出售设备进行确认残值，按确认后的残值补缴关税，由海关监管机构出具书面文书证明并取得结关单后方可出售。

全额关税进口设备，企业可以自行报废；对海关税收优惠进口设备的报废必须通过海关监督管理机构确认残值，按确认后的残值补缴关税，进行报废，同时申请海关管理机构进行销关。

（五）企业须缴纳的其他税种

1. 特殊消费税

对国产或者进口的奢侈品或者服务进行额外征税。《内部税法》第82条。

详细税率见表2-5：

表4-2-5　特殊消费税税率表

类别	2018年	
第一类	具体资费	从价税率
烟草制品和烟草替代品（用烟叶作为原料全部或部分制备的产品，用于吸烟、咀嚼或用作鼻烟）	无	150%
香水和淡香水	无	20%
电子游戏	无	35%
枪支、猎枪和弹药（警察和军方购入的除外）	无	300%
白炽灯泡（用于汽车的除外）。通过燃气加热家用热水器和水加热系统。	无	100%
第二类	具体资费	从价税率
1.陆运能力不超过3.5吨的机动车辆：		
零售价低于20000美元的机动车	无	5%
零售价低于30000美元的卡车、货车、皮卡车和救援车辆	无	5%
零售价20000~30000之间的除了卡车、货车、皮卡车和救援车辆以外的机动车	无	10%
零售价30000~40000美元的机动车	无	15%

续表

类别		2018年
零售价 40000~50000 美元的机动车	无	20 %
零售价 50000~60000 美元的机动车	无	25 %
零售价 60000~70000 美元的机动车	无	30 %
零售价大于 70000 美元的机动车	无	35 %
2. 陆运能力不超过 3.5 吨的混合动力或电动机动车辆:		
零售价低于 35000 美元的混合动力或电动机动车	无	0 %
零售价 35000~40000 美元的混合动力或电动机动车	无	8 %
零售价 40000~50000 美元的混合动力或电动机动车	无	14 %
零售价 50000~60000 美元的混合动力或电动机动车	无	20 %
零售价 60000~70000 美元的混合动力或电动机动车	无	26 %
零售价大于 70000 美元的混合动力或电动机动车	无	32 %
3. 飞机、轻型飞机和直升机(用于旅客、货物和服务的商业运输的除外);水上摩托、三轮车、四轮摩托车、游艇和游轮:	无	15 %
第三类	**具体资费**	**从价税率**
付费电视服务	无	15 %
固定电话服务和仅向公司提供高级移动服务的语音、数据和短信的服务	无	15 %
第四类	具体资费	从价税率
社会俱乐部为了向其会员和用户提供服务所收取的会员费,资格费,注册费和类似费用,其金额总计超过每年 1500 美元的	无	35 %
第五类	具体资费	从价税率
烟	0.16 美元每支	无
酒精和酒精饮料	7.22 美元每升纯酒精	75 %
精酿啤酒	2.00 美元每升纯酒精	75 %
小规模工业啤酒（参与厄瓜多尔市场的产量低于 730000 百升）	7.22 美元每升纯酒精	75 %

续表

类别	2018年	
中规模工业啤酒（参与厄瓜多尔市场的产量低于1400000百升）	9.62 美元/升纯酒精	75 %
大规模工业啤酒（参与厄瓜多尔市场的产量高于1400000百升）	12 美元/升纯酒精	75 %
含糖量小于或等于25克/升饮料的碳酸饮料。能量饮料	无	10.00 %
除了能量饮料，含糖量小于或等于25克/升饮料的碳酸和非酒精饮料	0.18 美元/100 克糖	无

2. 机动车环境污染税

机动车污染环境税是对在陆地交通中由于机动车对环境造成污染而征收的税种。拥有机动车的自然人，国内公司或国外公司都必须要履行缴纳该税的义务，并根据车牌号的最后一位对应的缴纳时间进行申报支付。

税基：该税的税基与机动车发动机的气缸容量有关，具体见表2-6：

表4-2-6　机动车环境污染税税率表

序号	气缸容量	美元/cc
1	小于1500	0.00
2	1501~2000	0.08
3	2001~2500	0.09
4	2501~3000	0.11
5	3001~3500	0.12
6	3501~4000	0.24
7	大于4000	0.35

根据机动车对于环境的污染的程度、发动机的年份或技术确定车辆污染税的调整系数，具体见表2-7：

表4-2-7　机动车环境污染税调整系数表

序号	年份	系数
1	小于5年	0%
2	5~10年	5%

序号	年份	系数
3	11~15 年	10%
4	16~20 年	15%
5	大于 20 年	20%
6	混合型	（－）20%

若需要对已注册车辆的性能进行改装，且会影响到税基计算的话，那么在改装之前必须向有关部门申请授权，批准之后才能进行。

3. 机动车税

机动车税须由机动车拥有者在每年的 7 月进行支付。机动车采购时需将车辆采购发票在税务局登记注册，注册时的金额即为该机动车采购当年的计税基础，税额为登记注册时的计税基础乘以对应的税率加上对应的基础税额再乘以当年的剩余月份。以后年度的税基为扣除累计折旧（年折旧率 20%）后的余值，折旧计提完以后年度税基为登记注册时计税基础的 10%。

4. 汇出税

向厄境外支付款项时要缴纳 5% 的汇出税。向境外股东分红汇款可免汇出税。在每月的 1—15 日或者 16 日至月底的两个期间内累计汇款转账金额低于 1000 美元可免汇出税。在国家设定的经济特区内的公司进口商品或服务免汇出税。满足条件的境外金融机构贷款还本付息时免汇出税。

5. 不可回收的塑料瓶可赎回税

每进口或装瓶一瓶聚对苯二甲酸乙二酯（涤纶）材料的酒精饮料，不含酒精饮料，碳酸饮料，非碳酸饮料和水（奶制品和药物例外），应支付不超过 2 美分 / 瓶的不可回收的塑料瓶可赎回税，具体金额由税务局定，同时，该部分税额将全部退还给收集和退回瓶子者。

6. 外国资产税

金融企业在厄瓜多尔境外的资产以及银行存款，需缴纳 0.1% 的外国资产税。

7. 15% 员工分红

厄瓜多尔劳动法要求企业将其所得税税前利润的 15% 分配给全体职工，其中 10% 按每年每位职工工作天数平均分摊，剩余 5% 按家庭负担人数进行分配。

8. 公司监管局企业年费

在厄瓜多尔的企业，每年需向厄瓜多尔公司监管局缴纳企业年费，该年费的计算基数为上报税务局的当年年度资产负债表中总资产的金额，缴纳期间为次年的 9 月 1 日—9 月 30 日。根据公司法第 449 条规定，2018年，监管局所监管的企业和其他机构应向监管局按照表 2-8 缴纳年费：

表4-2-8　公司监管局年费费率表

公司实际资产金额（以美元记）	按总资产收取‰
0.00~23500.00	0.00
23500.01~100000.00	0.71
100000.01~1000000.00	0.76
1000000.01~20000000.00	0.82
20000000.01~500000000.00	0.87
500000000.01~ 以上	0.93

9. 地方税

（1）不动产收益税。税基为不动产转让所得的利润，税率为 10%，在不动产转让发生时支付给不动产所在地政府。

（2）城市房地产税。该税需按年缴纳，由不动产的业主交付。根据各个市政局的不同规定，税率为千分之二十五至千分之五之间。其中，包括城市安全税（约 27 美元，每年有细微浮动），消防税（约 8 美元，每年有轻微浮动），管理服务费（1 美元），以上三种税费每年市政府网站上会有具体金额。如果每年 1 月缴纳房产税，将会享受 10% 的优惠。

（3）城市执照税。城市执照税按照企业的所有者权益进行计算。根据最新规定，该税的金额为总股本的千分之一，最小税额是 10 美元，最大税额为 25000 美元，该税需要在每年的 1 月 2 日—2 月 20 日期间内上缴。

（4）总资产千分之 1.5 税。该税税基为税务局认可的上年年报资产负债表列示总资产减去流动负债的金额。须在所得税报税之后的 30 天之内上缴，截止日期为 5 月 30 日。在一些地区，该时间可以延续到 6 月。该税需在公司所在地上缴，但是在报税时需要把公司经济活动开展的全部地区都标注出来，从而使得税金在不同城市间分配。

（5）公共表演活动税。

一般情况座位 200 个以上的公共表演活动需缴纳公共表演活动税，税基为活动门票票价，税率为 10%。

（六）社会保险金

1. 征税原则

应缴纳社保比例为员工收入的 20.60%，其中 9.45% 由员工支付，11.15% 由企业支付。在企业工作满一年的员工，企业需为其支付 8.33% 的补充社保，该补充社保根据个人要求可以直接支付给个人，也可以支付给社保局。

2. 外国人缴纳社保规定

外国人在厄瓜多尔工作需要缴纳社会保险金，目前中国政府和厄瓜多尔政府未签订社保互免协议，中方人员在刚缴纳的社保金在离开厄瓜多尔时无法申请退还。

第三节　外汇政策

一、基本情况

厄瓜多尔中央银行是本国的货币和外汇政策管理机构。厄瓜多尔通用货币为单一货币美元，无当地币，因此基本无汇率波动风险；美元对其他主流币种的兑换无限额。

当地对外汇汇入汇出无限制，汇出时需缴纳 5% 的汇出税，在当地兑换主流货币时汇率按市场即时汇率执行。

二、居民及非居民企业经常项目外汇管理规定

（一）货物贸易外汇管理

厄瓜多尔对于商品贸易没有外汇管制，可自由进出口。资金汇入没有

任何限制，用于进口商品或服务的资金汇出需支付 5% 的汇出税，该金额在每次转账时由银行直接从付款账户里扣除，另外还需依法对收款方进行所得税和增值税的代扣代缴。

（二）服务贸易外汇管理

服务贸易视同商品贸易，可自由向境外企业或个人支付服务费，除支付 5% 的外汇汇出税外，还需依法进行所得税和增值税的代扣代缴，入账时需要服务合同及相关服务报告，否则在所得税清缴汇算该服务费时不能税前扣除。

（三）跨境债权债务外汇规定

厄瓜多尔中央银行要求登记所有私营企业的国外贷款。借贷人需要在收款的 45 个自然日内向中央银行提交指定的表格。此外贷款的还款也需要进行登记，否则利息部分将会被认为是不可抵税。

（四）外币现钞相关管理规定

美元取现自由，大额取现需事先向银行预约并说明支出用途。

三、居民企业和非居民企业资本项目外汇管理

所有外资的投资和再投资皆需要在厄瓜多尔中央银行登记。投资的登记需要投资方的代表或被投资企业的法人代表根据投资方式（货币、非货币、股份转移、信贷补偿、储备或利润资本化、减资、合并、分拆、清算）提供相关文件。投资登记需要在实际发生的 40 天内进行，如果未能按时登记，可以支付 20 美元的逾期注册费来进行登记。以私人投资名义进入厄瓜多尔的资金不缴纳税款。

可自由向非位于避税天堂 / 低税负国家的企业或自然人支付税后利润分红，且免除所得税和汇出税。

（1）在厄企业或自然人均可自由开设美元账户。企业开立美元账户时需填写开户申请表，具体内容为：企业纳税人统一登记号（RUC）、国籍、企业名称、公司经济活动的行业类别、企业性质、通信方式、年营业额信息，企业法人个人信息等资料。

（2）参与符合《APP 法案》的 PPP 项目所成立的企业，进口商品或服务时在满足法定条件下可以减免汇出税。为了吸引投资，2018 年 8 月当地政府颁布了新的《生产投资促进法》，规定签订了投资保护协议的新投资项目在投资合同有效期期间向外支付款项可免除外汇汇出税。

四、个人外汇管理规定

由于厄瓜多尔通用货币为美元，无专门的外汇账户管理规定，所有账户管理适用美元账户管理，美元的现金提取没有额外的手续费。个人出关携带金额不超过1158美元（最低工资3倍）或等值的现钞可免申报，超过该金额必须进行申报，并支付5%的汇出税，若未申报且被查出，将处以超出部分50%的罚款。携带超过1万美元或等值的现钞入境时需进行申报，否则将处以携带金额30%的罚款。非居民入境时如果申报了携带的美元或等值的现钞，并且在境内停留时间低于90天，出境申报携带的美元或等值的现钞不超过入境申报的金额，不需要支付汇出税。

第四节　会计政策

一、会计管理体制

（一）财税监管机构情况

自2012年起要求所有公司使用国际财务报告准则，允许满足总资产不超过400万美元等条件的中小型企业使用国际会计准则中的中小型企业简化版准则。税务局为财政部下设机构，各企业需要按照统一格式在线上报会计和税务资料。同时，在厄瓜多下企业需接受公司监管局的监管，向其提交年度审计报告、股东会声明等报告文件，并向其支付年度企业总资产税，金额为企业年报总资产的0.087%。

（二）事务所审计

根据公司监管局的要求，下述企业必须进行外部审计：

资产超过10万美元的混合所有制、公法法人或具有社会或公共目的的私人企业。

资产超过 10 万美元的外国企业在厄瓜多尔成立的分公司或组成的联营体。

资产超过 50 万美元的国家股份，有限合伙和有限责任公司。

有义务提交合并资产负债表的公司。

不在上述名单里，但是有来自国家检查、控制、审计和干预局，有根据的企业财务现实怀疑报告。

公共利益公司（一般指上市公司）。

（三）对外报送内容及要求

会计报告中主要包含：①企业基本信息：行业分类、经营范围、股东情况、公司地址、银行账户信息、税号等。②企业经营情况表：资产负债表、利润表。③披露信息：费用类、资产类、历年营业额、权益变动。④如果满足要求，关联方申报转让定价报告和关联方交易附件

上报时间要求：会计报告须按公历年度编制，于次年的 4 月 30 日前完成。

二、财务会计准则基本情况

（一）适用的当地准则名称与财务报告编制基础

厄瓜多尔于 2006 年开始全面推广使用国际财务报告准则，2009 年 1 月起强制要求逐步采用国际财务报告准则，自 2012 年起要求所有公司使用国际财务报告准则，允许满足总资产不超过 400 万美元等条件的中小型企业使用国际会计准则中的中小型企业简化版准则。

由于国际财务报告准则与当地税法有一定差异，因此，在纳税申报时，对与税法不一致的事项需进行纳税调整，并以调整后的税务报表作为报税依据。年度财务报表需于次年 4 月 30 日前完成，经过审计后上报当地公司监管局及税务局。

（二）会计准则使用范围

所有在厄瓜多尔注册企业均需要按照会计准则进行会计核算并编制报表。

三、会计制度基本规范

（一）会计年度
当年 1 月 1 日—12 月 31 日。

（二）记账本位币
国家的法定货币，即美元。

（三）记账基础和计量属性
记账基础是根据《国际财务报告准则》概念框架所指明的，以权责发生制为记账基础，复式记账为记账方法，财务报表的会计要素一般按历史成本进行计量。

四、主要会计要素核算要求及重点关注的会计核算

（一）现金及现金等价物
现金：库存现金和活期存款。

现金等价物：期限短（不大于 3 个月）、流动性强、易于转化为已知金额的现金、且价值变动风险较小的投资。

（二）应收款项
应收账款是指企业在正常的经营过程中因销售商品、产品、提供劳务等业务，应向购买单位收取的款项，包括应由购买单位或接受劳务单位负担的税金、代购买方垫付的各种运杂费等。账户可按不同的购货或接受劳务的单位设置明细账户进行核算。应收账款初始采用历史成本计量，按实际发生金额计价入账。计价时还需考虑商业折扣、现金折扣等因素。

期末计量可以采用历史成本及公允价值进行计量。在期末应进行评估，对预计无法收回部分计提坏账准备，对于确实无法收回的应收账款，凡符合坏账条件的，应在取得有关证明并按规定程序报批后，作坏账损失处理。

（三）存货
按照国际会计准则第 2 号——存货相关规定进行确认计量，存货初始计量以历史成本确认计量，该成本由使存货达到目前场所和状态所发生的采购成本、加工成本和其他成本所组成。期末计量以成本与可变现净值孰低法确认，若成本高于可变现净值时，其差额应计提存货跌价准备。存货发

出核算核算方法应按先进先出法或加权平均成本法加以确定。

（1）存货是指在正常经营过程为销售而持有的资产；为这种销售而处在生产过程中的资产；在生产或提供劳务过程中需要消耗的以材料和物料形式存在的资产。

（2）可变现净值是指在正常经营过程中，估计销售价格减去完工和销售估计所需费用后的净额。

存货跌价准备。由于一些不可扭转的原因，导致的存货价值低于账面价值时，期末应根据存货的可变现净值与账面价值的差额计提存货跌价准备。

（四）长期股权投资

长期股权投资为企业持有的对其子公司、合营企业及联营企业的权益性投资以及企业持有的对被投资单位具有控制、共同控制或重大影响，且在活跃市场中没有报价、公允价值不能可靠计量的权益性投资。

在厄瓜多尔，由于其相关市场尚未成熟完善，长期股权投资的初始计量一般采用初始成本计量。

长期股权投资的期末计价为在合并财务报表中，对联营企业的投资，应当根据权益法核算，不过，在购入和拥有投资是为了在近期出售时，则应当按照成本法核算。

（五）固定资产

国际会计准则第 16 号——不动产、厂房和设备，是指符合下列条件的有形资产：

（1）企业为了在生产或供应商品或劳务时使用、出租给其他人，或为了管理的目的而持有。

（2）预期能在不止一个的期间内使用。

当地固定资产入账标准为 1000 美元，以历史成本进行初始计量，原值为该固定资产达到可使用状态前的所有费用，包括产品价款、运费、保险费、其他税费等，不包含增值税。

车辆交通工具折旧年限为五年，电子设备和软件折旧年限为 3 年，机械设备折旧年限为 10 年，办公用品折旧年限为 10 年，房屋建筑物折旧年限为 20 年，土地的摊销年限一般为 20 年。单独的土地不需计提折旧和摊销，与房屋建筑物在一起的土地折旧年限为 20 年。

税法规定通常情况下应采用直线法计提折旧，无残值。但是对于一些车辆交通工具类的固定资产在满足一些条件时可以采用加速折旧。

（六）无形资产

国际会计准则第 38 号——无形资产，指为用于商品或劳务的生产或供应、出租给其他单位、或管理目的而持有的、没有实物形态的、可辨认非货币资产。初始计量按照合同成本或者历史成本进行确认，一般摊销年限为 20 年，如果有合同规定摊销年限的，按照合同规定执行。期末计量按照历史成本进行计量。

（七）职工薪酬

职工薪酬核算所有支付给职工的各类报酬，职工需与公司签订劳务合同，确认和计量方法与中国会计准则的职工薪酬类似。当地社保比例为员工工资的 20.60%，其中，9.45% 由员工支付，11.15% 由企业支付。除了正常的月基本工资外，当地还规定了一些法定补贴，具体包括以下内容：①第 13 个月工资，为全年 12 个月工资总额平均数，12 月份支付。②第 14 月工资，每年 8 月 15 日之前支付，数额等同于每月最低法定工资。③带薪假期。工作满一年可享受 15 天带薪假期，满 5 年增加 1 天，最高 30 天/年。15 天带薪假工资为全年工资总和除以 24 个月。④病假。病假 3 天以内可付全薪，3 天以上病假工资由社保局支付工资 75%，雇主支付 25%（如雇主未向社保局支付养老金，则由雇主支付员工的病假工资）。⑤工伤事故补偿和恢复费用。对因工伤事故或职业病引起劳工丧失劳动能力的应给予赔偿。⑥厄现行法律要求企业将其税前利润的 15% 分配给全体职工，其中，10% 按每年职工工作天数分摊，5% 按家庭负担人数分配。

每年年末都需要聘请第三方预估公司员工辞退费用和退休费用。

（八）收入

1. 一般收入

公司收入为已收账款和待收账款的总额，收入的确认依据为交易双方签署的合同，开具的发票，银行账户的收款证明。通常有合同和发票即可确认收入。收入的申报应当包含：商品销售收入、提供服务收入、利息和股权分红收入等。

收入确认的一般原则：通常情况，以商品所有权的转移来确认商品销售收入，商品所有权的转移不以是否开具发票为标准；提供服务收入在提供服务的期间确认收入，并参考合同、提供服务的性质等。

2018 年当年或之后开始年度，《国际财务报告准则第 15 号——客户合约收益》生效，则遵循新颁布的准则：在履行了合同中的履约义务，即在客户取得相关商品或服务的控制权时，确认收入。对于在某一时段内履行的履约义务，在该段时间内按照履约进度确认收入，并按照一定方法确定履约进度。履约进度不能合理确定时，已经发生的成本预计能够得到补偿的，按照已经发生的成本金额确认收入，直到履约进度能够合理确定为止。

2. 商品销售收入

通常情况下交付商品所有权凭证（如发票）视为销售行为的发生，在会计实务中需要在交付商品实物的同时交付商品所有权凭证，与实际是否收到款项无关（如预收款销售，分期收款销售，先销售后收款等）。

3. 建造合同收入

如果该建造合同的收入和成本无法合理估计的时候，在工程完工并验收之后再确认收入和成本；如果可以合理确认合同收入和成本时必须根据国际会计准则第 15 号按完工百分比法（工程正在进行中）确认当期收入。在当地的做法一般是按照监理签认的计量账单以及向业主开具的发票来确认收入。在工程合同中，其收入应当包括：合同中规定的合同金额；工程变更收入、申诉赔偿收入和其他鼓励性收入：达到作为合同收入的条件；已可计量方式计入收入内。

（九）政府补助

当地政府补助主要包括：对于能源行业、矿业的投资性补助经营性补助。

政府补助的会计处理方法主要有两种：《资本法》，在这种方法下，将补助直接贷记股东权益；《收益法》，在这种方法下，将补助作为某一期或若干期的收益。在当地，主要采用收益法，即将政府补助确认为某一期或若干期的收益。

国际会计准则第 20 号政府补助会计和对政府援助的解释。

（十）借款费用

借款费用，是指企业发生的与借入资金有关的利息和其他费用。借款费用可以包括：银行透支、短期借款和长期借款的利息；与借款有关的折价或溢价的摊销；安排借款所发生的附加费用的摊销；与融资租赁有关的财务费用；作为利息费用调整的外币借款产生的汇兑差额部分。

直接归属于某项资产的购置、建造或生产的借款费用，应包括在该项资产的成本之中，将其作为资产成本的一部分予以资本化。其他借款费用应在其发生的当期确认为费用。

国际会计准则第 23 号借款费用。

（十一）外币业务

外币交易时，应在初始确认时采用交易发生日的即期汇率折算为记账本位币金额，当汇率变化不大时，也可以采用当期平均汇率或者期初汇率核算。

于资产负债表日，外币货币性项目采用资产负债表日的即期汇率折算为外币所产生的折算差额，除了为购建或生产符合资本化条件的资产而借入的外币借款产生的汇兑差额按资本化的原则处理外，其他类折算差额直接计入当期损益。以公允价值计量的外币非货币性项目采用公允价值确定日的即期汇率折算为人民币所产生的折算差额作为公允价值变动直接计入当期损益。

于资产负债表日，以历史成本计量的外币非货币性项目，除涉及计提资产减值外，仍采用交易发生日的即期汇率折算，不改变其记账本位币金额。流动性较强的科目、有合同约定的科目应采用外币核算，包括：买入或者卖出以外币计价的商品或者劳务；借入或者借出外币资金；其他以外币计价或者结算的交易。

（十二）所得税

在当地，公司监管局要求按照国际会计准则第 12 号所得税会计资产负债表债务法核算确认应纳税所得额，通过比较资产负债表上列示的资产、负责按照会计准则规定确定账面价值与按照税法规定确定的计税基础，对于两者之间的差异分别按应纳税暂时性差异与可抵扣暂时性差异分别确认递延所得税负债和递延所得税资产，并在此基础上确定每一会计期间利润表中的所得税费用。除此之外，当地计算应纳税所得额时应先将员工分成进行扣除。

第五章　菲律宾税收外汇会计政策

第一节　投资环境基本情况

一、国家简介

菲律宾共和国（以下简称菲律宾），位于西太平洋，是东南亚一个多民族群岛国家，面积 29.97 万平方公里，首都马尼拉，人口 1.049 亿（2017年）。菲律宾主要分吕宋、米沙鄢和棉兰老岛三大岛群，共有大小岛屿七千多个，种族与文化为数众多。菲律宾是东盟（ASEAN）主要成员国，也是亚太经合组织（APEC）的 24 成员国之一。官方语言为他加禄语、英语，菲律宾货币为菲律宾比索。

二、经济情况

菲律宾 2017 年国内生产总值 3890 亿美元，人均国内生产值 3593 美元。菲律政府增收节支，加大对农业和基础设施建设的投入，扩大内需和出口，国际收支得到改善，经济保持较快增长。菲律宾是新兴工业国家及世界的新兴市场之一，近年来国内居民消费是推动经济快速发展的最重要动力。服务行业占 GDP 的比重已经超过 50%，已经成为菲律宾经济的支柱产业。菲律宾的外国资本主要来源地为日本、美国、英国等，主要投资领域为制造业、服务业、房地产、金融中介、矿业、建筑业。

三、外国投资相关法律

法律法规较为健全，基本沿用美国法律法规体系。

（一）投资法律体系

菲律宾有数个涉及投资的重要法律，目前有关方面正在推动将所有促进投资的法律合并成一部法律，进一步规范各部门出台财政或非财政激励政策。涉及的主要投资法规包括：《1987 年综合投资法典》《1991 年外国投资法》《1995 年经济特区法案》《1992 年基地转型及发展法案》《地区总部、地区生产总部和地区仓储中心相关法案》《投资者租赁法案》《1994 年出口发展法案》和《BOT 法》等。

（二）市场准入管理

贸工部是负责投资政策实施和协调、促进投资便利化的主要职能部门。贸工部下设的投资署（BOI）、经济特区管理委员会（PEZA）负责投资政策包括外资政策的实施和管理。此外，菲律宾在苏比克、克拉克等地设立了自由港区或经济特区，并成立了相应的政府机构进行管理。菲律宾政府将所有投资领域分为三类，即优先投资领域、限制投资领域和禁止投资领域。

（三）投资争议解决

菲律宾是 1958 年 6 月 10 日《承认及执行外国仲裁裁决公约》(《纽约公约》)①缔结时的签字国之一，也于 1978 年 9 月 26 日签署《关于解决国家与他国国民之间投资争议公约》(《华盛顿公约》)②。

菲律宾有比较完整的争议解决制度。民事和行政诉讼方面，菲律宾颁布了《1997 年民事诉讼法》《职业行为规则》(律师法)、《行政法》《07 号政令——巡视官办公室程序法》等规律法规；仲裁法方面，菲律宾颁布了《2004 年非诉讼争议解决法案》《2004 年非诉讼争议解决法案执行办法》《2004 年非诉讼争议解决法案关于法庭的特别规定》等法律法规，并成立了争议解决中心，受理各类仲裁请求。

---

① 《承认及执行外国仲裁裁决公约》(《纽约公约》)：公约认识到国际仲裁作为解决国际商事纠纷的手段日益重要，因此寻求为承认仲裁协议以及法院承认和执行外国和非国内仲裁裁决提供共同的立法标准。公约的主要宗旨是，外国和非国内仲裁裁决不会受到区别对待，并要求各缔约国确保这类裁决在其法域内同国内裁决一样得到承认并普遍能够强制执行。公约的一个附带宗旨是，要求各缔约国法院为充分执行仲裁协定而拒绝当事人在违反其将有关事项提交仲裁庭处理的约定的情况下诉诸法院。

② 《关于解决国家与他国国民之间投资争议公约》(《华盛顿公约》)：公约的宗旨《关于解决投资争端公约》是国际复兴开发银行所创议的，公约草案经过该银行各成员国政府派员组成的咨询委员会多次分地区进行讨论后，于 1965 年 3 月间在华盛顿开放签字，已于 1966 年 10 月 14 日生效。其主要宗旨是为参加该公约的各缔约国和其他缔约国的国民之间的投资争端，提供调停和仲裁的便利，以排除政治干预和外交干涉，从而改善投资气氛，有利于国际私人资本不断流入发展中国家。

四、其他

菲律宾也是"亚太经济合作组织""东盟""联合国""国际货币基金组织"和"24 国集团"的成员国。

第二节　税收政策

一、税法体系

菲律宾税法体系基于 1997 年国内收税法典（经修订及其他规定）[①]、1991 年地方政府法典、关税与海关法典[②]和最高法院裁决。菲律宾的税制主要分为国税和地方税两类，其中国税是由中央政府通过国内税务机关施行和征收的税种，地方税主要是由地方政府基于宪法规定征收的税种。菲律宾税种常见的主要有以下几种：企业所得税、个人所得税、增值税、消费税、比例税、股票交易税、首次公开发行税、印花税、关税、地方税及代扣税。截至 2018 年 12 月，菲律宾已经与包括中国在内的 43 个国家缔结了税收协定。

二、税收征管

（一）征管情况介绍

为促进经济可持续发展，1997 年菲律宾通过《1997 年税收改革法案》（RA No.8424），对包括税收管理在内的国内收入系统进行改革。该法随后经过多次修订，最近一次修订由阿罗约总统 2005 年 5 月 24 日批准，自 2005年 11 月 1 日开始生效执行。菲律宾主管税务当局有：国内税收局（国税）、

[①] 国内收税法典（经修订及其他规定）：具体为《National Internal Revenue Code of 1997》，由 The Bureau of Internal Revenue（简称"BIR"）菲律宾国内税收局颁布。

[②] 地方政府法典、关税与海关法典：具体为《Local Government Code of 1991》该法案源于菲律宾参议院；《Tariff and custom code of the Philippines》（也被称为《共和国法第 137 号》），由费迪南德·马科斯总统颁布。

市财政局（地税）、海关局。

（二）税务查账追溯期

根据菲律宾《税法》第 222 条规定，税务查账追溯期为三年，内部税收应在法律规定的最后一天之后三年内进行评估，该期限届满，可免于追溯。

（三）税务争议解决机制

菲律宾税务纠纷机制有以下四种方式：

协商解决。税务机关与争议当事人通过协商解决问题，不需要通过上级税务行政机关和司法机关。协商解决可以减少争议双方的矛盾，缩短争议解决的时间，减少争议解决的环节。但协商解决争议解决方式法律效力和效率最低，不确定因素较多。

行政复议解决。这种争议解决方式的法律效率略高于协商解决方式。此种方式由行政机关行使内部监督权的一种表现。相对于协商解决和诉讼较低效率，而且它不能涵盖所有的税收争议，管辖范围有限。

诉讼解决。这种解决方式是最具法律效力、最公平的一种，但诉讼成本较高。企业可以聘请专业机构进行税务诉讼事项，同时提供相应的诉讼材料，通过法院进行税务诉讼，但时间周期较长，诉讼费用较高。

其他方式。由于政府层面协调不到位，导致的税务纠纷事项，在处理税务纠纷过程中，可以通过政府部门之间沟通机制来解决。

三、主要税种介绍

（一）企业所得税

1. 征税原则

企业所得税法引入居民企业概念。企业在菲律宾境内成立或组建，或者依据菲律宾的法律成立或组建，即构成菲律宾税法上的居民企业或"居民纳税人"。菲律宾居民企业按全球所得纳税，非居民企业仅按来源于菲律宾的所得纳税。在菲律宾设立了分支机构的外国公司按来源于菲律宾的收入纳税。

2. 税率

企业所得税税率为30%。

最低公司所得税（MCIT）。如果公司在开始经营活动的第四个纳税年，其应纳税收入为零或负数，或公司所得税额低于最低公司所得税，则公司需缴纳最低公司所得税，即年度总收入的 2%。但是最低公司所得税超过普通公司所得税的部分可用于冲减今后三年的盈利。如因发生长期劳动纠纷、不可抗力和正当商业而造成公司巨额亏损，公司可提出申请并提供证据，经国税局局长授权代表批准，财政部长可下令暂停征收最低公司所得税。

附加福利税。公司发放给管理人员的附加福利应征收附加福利总额 32% 的税。离岸银行机构、地区总部、跨国公司地区运营总部、石油承包商和分包商发放给外籍雇员，或在特定情况下发放给菲籍雇员的附加福利，需征收 15% 的税。

非常驻公司税。自 2009 年 1 月 1 日起，非常驻外国公司从菲律宾获得的红利、租金、特许权使用费、补偿费和技术服务费等收入，需征收 30% 的所得税，此税的缴税方式为预扣。部分非常驻外国公司，或菲律宾对外签署的税收条约规定的实体可享受一定优惠税率。

不当累积收益税。菲国内公司的不当累积收益应缴纳 10% 的税。但公开上市的公司、银行、其他非银行金融机构和保险公司除外。如果公司的收益或者利润积累超过合理需求，除非能够提供其必要性，否则将被视为股东的避税行为。

预提所得税。菲律宾对不同的收入类型适用不同的预提所得税制度：最终预提税。在最终预提税制度下，扣缴义务人扣缴的所得税额即为收款人就取得款项应缴纳的所有和最终的所得税。没有特别规定的情况下，最终预提税率为 30%。缴税义务主要由作为扣缴义务人的支付方承担。因此，如果支付方未按规定代扣代缴税款或代扣代缴税额不足，支付方或扣缴义务人应负责补缴所欠税款。收款人无需就特定收入报送所得税申报表。

可抵免预提税（Expanded or Creditable Withholding Tax）。在可抵免预提税制度下，扣缴义务人根据所得额扣缴的税款应大约等于收款人就取得款项应付税款。菲律宾税法中对于不同性质的经营活动规定了不同的可抵免预提税率。与最终预提税不同的是，收款人还应就所得报送所得税申报表，申报所得额和 / 或支付扣缴税款与应缴税款之间的差额。

股息的征税。菲律宾公司和居民外国公司所获得的来源于菲律宾境内企业的股息收入无需纳税。

资本利得。资本利得通常作为收入征税。但是，对于未通过证券交易所的股份所获得的利得，最初 10 万菲律宾比索须缴纳百分之五的预提税，超过部分按百分之十缴纳预提税。出售证券交易所上市交易的股份所得的利得，须按出售总价的百分之一减半征税。来源于出售非商业用途不动产的所得，按照销售价或者公平市价两者中较高者缴纳百分之六的最终预提税。

3. 税收优惠

1987 年《综合投资法》（由投资局管理）和 1995 年经济特区法对优惠待遇做出了规定。优惠待遇通常包括税收（例如，所得税减免期）与非税收优惠（例如，进出口海关程序简化）。从事特定业务的企业可享有其他优惠待遇。特定国内公司和外国常驻公司的特殊所得税率私有教育机构和非营利性医院按应税收入净额的 10% 征收。外币存款单位（FCDU）和离岸银行单位（OBU）与非常住居民、其他外币存款单位和离岸银行单位、本国商业银行、菲律宾央行授权的外国银行分支机构之间的外汇交易收入免于征税。外币存款单位和离岸银行单位发放给常住居民的外汇贷款利息收入，需缴纳 10% 的所得税。国际承运人需按菲律宾收入总额的 2.5% 纳税，但如果承运人所在国对菲律宾承运人免征相似税种，该承运人可享受免税。跨国公司地区总部可享受免征所得税，但跨国公司地区运营总部仍需缴纳 10% 的所得税。在经济区、苏比克湾自由港和经济特区、克拉克经济特区的企业可享受免所得税或优惠税率（总收入的 5%）等税收优惠政策。对于其所有财产和收入实际上直接完全用于教育目的的，予以免税。

4. 所得额的确定（包含亏损弥补规定）

企业所得税是针对企业利润征收，企业利润一般包括营业、贸易利润。正常的营业费用在计算所得税时可扣除。在计算季度 / 年度应税所得时，国内及居民公司可采用选择性标准扣除额（OSD）（不超过总收入的 40%）来代替分项计算的扣除额。一旦采用选择性标准扣除额，则在已提交纳税申报表的纳税年度不可变更扣除法。

以前年度亏损。亏损可向后年度结转三年，除非纳税人正在享受税收优惠或者免税。当公司所有权经历重大变革时，亏损不得向以后年度结转。不允许亏损向以前年度追溯调整。

5. 反避税规则（特别纳税调整）

菲律宾《国家税务法典（1997）》并没有专门规定反避税的章节，但是法院在具体案件中往往基于一些测试原则和方法来应对逃避税行为，譬如"实质重于形式原则""分步交易原则"以及穿透公司面纱方法。

（1）关联交易。《国家税务法典（1997）》第50节是税务机关进行转让定价调整的法律基础。根据该条款规定，在涉及两个或两个以上组织、交易或业务（无论是否在菲律宾注册及组建）是由同一利益共同体直接或间接所有或控制的，国家税务局局长在认为必要的情况下，有权在这些组织、交易或业务之间做出总收入或可扣除额的分配，以避免逃避税，或清晰地反映该组织、交易或业务的所得额。除此之外，菲律宾现行法律规范体系中有关转让定价的法律规范还包括：《转让定价指引》（第2-2013号税务法规，2013）；税收审计备忘录1998年1号命令（Revenue Audit MemorandumOrder 1-98）；税收备忘录1999年63号命令（Revenue Memorandum Order No. 63-99）。同时，OECD《转让定价指南》对于菲律宾税务当局的实践操作具有指导意义，实践中，菲律宾税务机关往往会参照OECD《转让定价指南》的观点。

除了成文法规则之外，受英美法系之影响，法院判例也可以作为菲律宾转让定价法律制度的一部分。

（2）关联关系判定标准。依据《转让定价指引》，"控制"是指"任何类型的控制，包括直接控制与间接控制，无论在法理上是否可被强制执行，或实际上可否行使或已行使"。此外，该指引对"关联企业"和"控制"的定义，也参照OECD《转让定价指南》中的界定。

（3）关联交易基本类型。《转让定价指引》对于关联交易的类型并未做出具体规定。

（4）关联申报管理。《转让定价指引》对于关联申报管理并未做出具体规定。

（5）同期资料。菲律宾政府目前尚未采取 BEPS 第 13 项行动计划。

①分类及准备主体。依据《转让定价指引》第 12 条的规定，纳税人在实施转让定价的年度，应当准备同期资料。该同期资料虽然不必在纳税申报时提交，但应当在《国家税务法典（1997）》规定的保存期内或其他另行规定的保存期内保存，并依照税务机关的要求提交。

②具体要求及内容。依据《转让定价指引》第 12(D) 条的规定，纳税人提交的文档中应当包括但不限于以下材料：组织机构；企业 / 产业性质，以及市场状况；受控交易；假设、策略与政策；成本分摊协议；可比性、功能和风险分析；转让定价方法的选取；转让定价方法的适用；背景文档；文档索引。

③其他要求。依据《转让定价指引》第 13 条规定，对于违反上述义务的纳税人，将依据《国内税务法典（1997）》和该指引进行处罚。

资本弱化：无。

受控外国公司：无。

6. 征管与合规性要求

企业所得税的缴纳。企业需在每季度结束的 60 天之内，按照季度公司税预申报金额预缴企业所得税。年度企业所得税将在财政年度结束后 4 个月的第 15 天之前，按照多退少补的原则进行清算。对于预缴税款超过年度应缴税款之情形，企业可选择退款或抵扣下一年度企业所得税。

国内企业应对其来源于境内和境外的所得负有纳税义务，而外国企业，无论其是否在菲律宾境内从事交易或经营活动，仅就其来源于菲律宾境内的所得负有纳税义务。

纳税年度。以公历年度或财年作为一个纳税年度（财年是指 12 月以外的任何 1 个月底为年终的 12 个月的期间）。

合并纳税。不允许合并申报，每家公司必须提供单独的申报表。

申报要求：不论是否需要交纳税款，纳税人必须在其纳税年度结束后的第 4 个月的第 15 天或之前提交纳税申报表。

罚款：逾期缴纳税款将导致相当于应缴税款金额 25% 的罚款。纳税人于税款到期日起至全额缴清期间，其未缴税款将被处以 20% 的年罚息。除了 25% 的罚款和 20% 的罚息外，可基于应缴税款处以折中罚款。

裁定：税务机关将根据纳税人的要求，对拟定交易的税收影响作出预先裁定。

（二）增值税

1. 征税原则

增值税纳税人为在菲律宾提供服务、进口产品、销售、易货贸易、调换、租赁货物或者资产（有形资产或者无形资产）的公司。大多数商品与服务的销售和提供须缴纳增值税。一般而言，出售货物、出售服务、财产租赁、进口货物均需缴纳增值税。

2. 计税方式

企业采用一般计税，其中大型企业联合会下属的大型企业需出具纳税人识别号（TIN）的发票。菲律宾增值税计算采用购进扣除法，其中销项税额的计税基础是所售货物或者资产的总售价或者提供服务收到的总收入。对于进口货物，其税基为海关部门在确定关税时所使用的价值，加上关税、消费税（如果有的话），以及其他附加。如果海关部门采取按照容积或者数量确定价值，其增值税的税基为到岸成本。可抵扣的进项税额为增值税发票或正式收据所证明的税额。

3. 税率

增值税率一般税率为 12%，2006 年 2 月 1 日起生效。1997 年税收改革法案规定了零增值税率和免征增值税的交易。根据第 9337 号共和国法案[①]，自 2006 年 2 月 1 日，增值税税率由 10% 提高到 12%。对于销售货物或者资产以及提供服务，其税基是所售货物或者资产的总售价或者提供服务收到的总收入。

4. 增值税免税

1997 年《税收改革法案》规定了零增值税率和免征增值税的交易。如由原始生产者或产地所有人以原始状态销售的非食用农产品、渔业及林业产品，以原始状态销售的棉花种子及椰干，以原始状态销售或进口的农业及渔业食用产品，普遍用于、产出或生产用于人类消耗的牲畜及家禽，销

[①] 第 9337 号共和国法案：《REPUBLIC ACT NO. 9337 》，是由参议院和菲律宾众议院于 2004 年 7 月 26 日颁布的。

售或进口肥料、种子、树苗及鱼苗，由教育、文化及体育部和高等教育委员会正式许可的私人教育机构所提供的教育服务以及由政府教育机构所提供的教育服务，由艺术家本人销售的其艺术作品、文学作品、音乐作曲及类似创作或其为上述作品的产生而进行的服务，等等。

5. 销项税额

在菲律宾提供服务、进口产品、销售、易货贸易、调换、租赁货物或者资产（有形资产或者无形资产）等业务，须按照 12% 的税率缴纳增值税销项税额。货物或者产品纳税基于销售发票，服务纳税基于国内税收局提供的官方收据。

6. 进项税额抵扣

这是增值税登记人在进口货物或当地采购货物，财产或服务（包括在其贸易或业务过程中的租赁或使用财产）时支付的增值税，还应包括过渡进项税和根据税法第111条确定的推定投入税。它包括可以直接归因于增值税交易的进项税，以及不能直接归咎于应税或豁免活动的任何进项税的可抵扣部分。

7. 征收方式

按进销项相抵后的余额缴纳，增值税征收后不再退回，如有增值税未抵扣余额只能用于以后年度抵扣应交增值税，且抵扣期不超过两年。

8. 征管与合规性要求

纳税人可在每个纳税月结束后的 20 日前（对于月度申报）或每个纳税季度结束后的 25 日前（对于季度申报），办理手工申报或通过电子申报与缴纳系统提交申报表。

（三）个人所得税

1. 征收原则

居住在菲律宾的公民须按全球所得纳税；菲律宾华侨与非居民只按来源于菲律宾的所得纳税。外籍人士可根据适用的税收协定享受优惠税收或所得税豁免，但必须经过国内税收局（BIR）①的确认。

---

① 国内税收局（BIR）：The Bureau of Internal Revenue，简称"BIR"，菲律宾国内税收局。

2. 申报主体

所有公民通常都视为居民纳税人，除非他／她满足视同非居民纳税人的条件。如果一名外籍员工在任一个公历年度内在菲律宾累计逗留天数超过180天，则该名外籍员工一般被视为居民纳税人。已婚夫妻取得不仅限于薪酬收入的，须提交一份联合所得税申报表。

3. 应纳税所得额

个人的两类收入需纳税：一是雇佣收入，二是商业或职业收入。版权使用费、利息、红利和其他个人被动收入按不同税率纳税。已婚个人须单独计算其所得税。有薪酬以外收入的已婚个人，需夫妻申报双方收入，共同报税，除非因实际情况无法共同申报。在菲律宾从事商业和贸易的非常住外国人只能以互惠条约的方式免税（不享受附加免税）。

居民、非常住居民、常住外国人、在菲律宾从事商业和贸易的非常住外国人，其收入一般按 5%~32% 的累进税率纳税。有资质的非菲籍雇员及特定菲籍雇员从离岸银行单位、跨国公司地区总部或地区营业总部、油田服务商和分包商等获得的薪酬，需缴纳 15% 的所得税。不在菲律宾境内从事商业和贸易的外国人，从菲律宾所得总收入一律按 25% 的税率纳税。

4. 扣除与减免

根据菲律宾政府对外签订的税务条约，特定种类的收入可免缴所得税或享受优惠税率，但需事先向国税局（BIR）提出免税或享受优惠税率的申请。目前与菲律宾政府签订的税收条约已生效的国家包括澳大利亚、中国、奥地利、巴林和孟加拉国等。

免税公民和常住外国人享受 5 万比索的个人免税，还可因每个被抚养人（不超过 4 人）享受 2.5 万比索的额外免税。对每个被抚养人的额外免税需由丈夫申请，除非他将权利让渡给妻子。

在某些限制条件下，健康或医疗保险方面的保险费可扣除。纳税人、其配偶以及其他符合条件的为独立的子女可享有个人减免。

5. 累进税率

居民、非常驻居民、常驻外国人、非常驻外国人在菲律宾从事商业和贸易，从 2017 年 12 月 29 号税率调整为 20%~35%。

表5-2-1 菲律宾个人所得税税率表

	级数	税率
1	不超过 20883 菲律宾比索的部分	0%
2	超过 20883 菲律宾比索至 33333 菲律宾比索	20%
3	超过 33333 菲律宾比索至 66667 菲律宾比索	25%
4	超过 66667 菲律宾比索至 166667 菲律宾比索	30%
5	超过 166667 菲律宾比索至 666667 菲律宾比索	32%
6	超过 666667 菲律宾比索的部分	35%

数据来源：www.birgov.ph（菲律宾国内税收局网站）。

6. 征管与合规性要求

纳税年度：公历年度

纳税申报：纳税申报表须于纳税年度结束后的 4 月 15 日前（含）提交。雇主按月以手工方式或者通过电子申报与缴纳系统（EFPS）代扣代缴薪酬所得税，其中 1~11 月的税款须在次月的第 10 天或之前代扣代缴，而 12 月份的税款必须在次年的 1 月 15 日或之前代扣代缴。在纳税年度期间仅从一个雇主处获取薪酬的个人可能符合替代申报的条件，前提是其应缴税额与雇主至应税公历年末所代扣代缴的税额相等。已婚人士须满足同样的要求才能符合替代申报的条件。

罚款：逾期缴纳税款将导致相当于应缴税款金额 25% 的罚款。纳税人于税款到期日起至全额缴清期间，其未缴税款将被处以 20% 的年罚息。除了 25% 的罚款和 20% 的罚息外，可基于应缴税款处以折中罚款。

（四）关税

1. 关税体系和构成

菲律宾进出口关税的主要法律是《菲律宾关税与海关法》，进口关税税率由菲律宾关税委员会确定公布，出口关税的税率由海关总署确定，并由海关通过有授权的菲律宾中央银行征收。菲律宾对大部分进口产品征收从价关税，但对酒精饮料、烟花爆竹、烟草制品、手表、矿物燃料、卡通、糖精、扑克等产品征收从量关税。

2. 税率

进口关税。菲律宾关税与海关法将应税进口商品分为 21 类，如活动物及其产品、新鲜蔬菜等。进口关税税率一般为 3%~30%。

出口关税。菲律宾对以下出口商品征收关税，且关税税率均为 20%，其他物品不征收出口关税。征收关税的物品有：圆木、木材、饰面用薄板和胶合板、金属矿砂及其精矿、金、矿渣水泥、硅酸盐水泥；船用燃料油、石油沥青、银、未加工的 ABACA（一种产纤维的植物，产于菲律宾）、香蕉、椰子及椰产品、菠萝及其成品、糖及糖制品、烟草、小虾和对虾。

出口退税。《菲律宾关税和海关法》规定，用于从事对外贸易沿海贸易的船舶推进器燃料油，可退还不超过 99% 的已征关税给予税收抵免；用进口原材料生产或制造的产品（包括包装、标签等）出口时，对所用原材料进口时征收的关税将予以退还或给予税收抵免；财政部根据海关总署的建议可发布允许对本法规定的商品实行部分退税的法规规章。退税将由海关总署在收到一套正确、完整的文件后 60 天内支付。

3. 关税免税

为支撑某个行业或者是招商引资的需要，菲律宾财政部会单独针对某个行业或者某个企业出具的免税文件，免税范围和优惠范围根据免税协议确定。根据《中国 – 东盟关税减让框架协议》及《早期收获》的有关规定，最惠国待遇关税税率在 20% 以上的减至 20%，15%~19% 减至 15%，10%~14% 减至 10%，6%~9% 减至 5%，0%~5% 保持不变。农产品关税为零。（菲律宾 485、487 号行政命令）

4. 设备出售、报废或再出口的规定

企业向项目所在地海关监管机构申请鉴定所需出售的车辆、机械和设备，由监管机构鉴定残值后出具书面文件；按残值补缴全额关税并取得结关单后可出售。免税到期后，如果没有后续免税项目，需按鉴定残值补缴关税，企业可自行处理设备；如果转入其他免税项目，需要办理转移登记手续；如果项目结束后设备转场到其他国家，需取得海关监督管理机构的同意，按照核定的残值缴纳 1% 的出口税。

全额关税进口设备，企业可以自行报废；对海关税收优惠进口设备的报废必须通过海关监督管理机构认定残值，补齐相应关税后进行报废，同时申请海关管理机构进行销关。

（五）企业须缴纳的其他税种

不动产税。对房地产征收房地产税，其适用税率取决于房地产所在地。税款不应超过每份纳税申报表中房地产评估价值的 3%。

印花税。印花税征税范围包括文件、文书、贷款协议、租赁协议、股票、债券、抵押、保单、商业票据的接收、签署、销售，以及有关责任、权利或财产转让的证明，征税对象为文件的制作人、签字人、发行人、接收人或转移人。根据规定，自 2010 年 7 月 1 日起，包括银行、部分金融机构、货运和航空公司、预先需求公司和教育机构在内的特定行业须使用电子印花税系统。

根据 RA9648 号法案，通过菲律宾证券交易所上市交易的股票，其任何销售、交易、交换均免缴印花税。RA9243 号法案，即"印花税合理化法案"，增加了免缴印花税的交易，降低了股票交易和印花税，对保单、年金和预先需求合同规定了新的印花税税基，对债权投资工具规定了统一的印花税税率。该法案的实施细则编号为 RR13-2004。

公司特别税。某些类型的企业如银行、金融公司、保险公司和承运人（须缴纳增值税的国内航空客运承运人除外）按 3%~7% 不等的比例税率纳税。

附加福利税。公司发放给管理人员的附加福利应征收附加福利总额 32% 的税。离岸银行机构、地区总部、跨国公司地区运营总部、石油承包商和分包商发放给外籍雇员，或在特定情况下发放给菲籍雇员的附加福利，需征收 15% 的税。

转让税（Transfer Tax）。菲律宾地方政府对销售、捐赠、易货交易或者其他类型的转让不动产权的行为征税，最高税率为总对价金额或市场公允价格 1% 的 50%，如果总对价不能反映经济实质时，则适用市场公允价格。马尼拉市在对不动产转让征税时可能会超过最高税率，但是不超过总价款的 50%（例如总价 1% 的 75%）。通过销售、交易本地上市的股票份额按照总销售金额或者总价值的 1% 的 1/2 计算。通过首次公开发行股票适用税率为 1%~4%（取决于总价款金额），同样也对销售、交易以及换股或者其他转让征税。菲律宾对转让债券不征收转让税。

　　赠与税（Gift Tax）。任何人士，无论是否为菲律宾居民，都应在转让作为赠与物的财产时征收、估税、征缴并缴付赠与税。无论该转让是通过信托或其他方式，也无论该赠与为直接转让或间接转让，且无论该财产为不动产或私人财产、是有形资产或无形资产，都适用该税种。一般情况下，每一纳税年度赠与税应纳税额的计算为该纳税年度纳税人取得赠与物的总净值扣除 25 万比索的免征额后，乘以 6% 的税率。任何候选人，政党或竞选党派联盟以现金或实物作出的任何捐助，均应受修改后的选举法约束。

　　在特定情况下的赠与可免征赠与税：①由居民做出的赠与。向国家政府或其机关所建立的任何非营利实体、或向所述政府的政治机关作出的赠与；以及向教育、慈善、宗教、文化、或社会福利企业、机构、受信非政府组织、基金或菲律宾裔组织或研究机构或组织进行的赠与，但受赠人不得将超过上述赠与物 30% 的部分用于管理目的。当赠与人为菲律宾公民或居民时，菲律宾对赠与人所征收的税款，可与外国当局对其征收的任何性质和描述相似的赠与税进行抵免。②由非菲律宾公民的非居民做出的赠与。例如，向国家政府或其机关所建立的任何非营利实体，或向所述政府的政治机关作出的赠与；对教育及 / 或慈善、宗教、文化，或社会福利企业、机构、受信非政府组织、基金或菲律宾裔组织或研究机构或组织进行的赠与，但受赠人不得将超过上述赠与物 30% 的部分用于管理目的。

　　（六）社会保障金

　　1. 缴纳原则

　　社会保险系统（SSS）是强制性社会保险，所有年龄在 60 岁以下的私营部门的正式雇员（雇用时间在 6 个月以上的）和自由职业者都要求参加。SSS 为其成员因伤残、生病、怀孕、年老、死亡和其他意外情况失去收入提供保护。保险费用为雇员月收入基数的 11%，由雇员和雇主分别按一定比例按月缴纳，雇主还应同时缴纳每月 10 比索的雇员补偿险。

　　公职保险系统（GSIS）是为在政府部门或政府拥有的公司工作的雇员提供的强制性社会保险。保险费用按月缴纳，其中，雇主承担部分为雇员月收入基数的 12%，雇员承担部分为月收入基数在 1.6 万比索以下的 9%，月收入基数超过 1.6 万比索的，超过部分再增加 2%。

　　菲律宾健康保险公司（Phil Health）是强制性医疗保险，为公营和私营部门的雇员提供医疗保险。保险费用为雇员月收入基数的 2.5%，由雇员和雇主各承担一半，按月缴纳。

2. 外国人缴纳社保规定

根据菲律宾劳工部法令，外国人在菲律宾无强制性缴纳社保的要求。

第三节　外汇政策

一、基本情况

菲中央银行是国家货币管理部门，负责制定和实施国家外汇管理政策。1992 年开始，菲律宾进行外汇管理制度改革。主要内容是：解除外汇管制，实行浮动汇率；在银行体系之外，可以自由买卖外汇；外汇收入和所得可以出售给授权代理行，也允许在银行体系之外进行交易，还允许在菲国境内外自由存储外币，并且可以自由用于任何目的。菲政府就有关经常项目、资本项目、海外金融单位、外国银行代表处及外汇存款体制等制定了综合外汇管理制度。菲律宾金融环境性对稳定，目前美金对比索的汇率基本稳定在一美元兑换 52.35 比索左右。

二、居民及非居民企业经常项目外汇管理规定

（一）货物贸易外汇管理

1. 进口贸易外汇管理

所有进出口商品的支付方式均无需中央银行批准，商业银行可以下列方式出售外汇用于支付进口：信用证、付款交单、承兑交单、贸易账户、直接汇款。

2. 出口贸易外汇管理

在所有出口商品中，出口商均需向商业银行申领"出口报关单"。对出口可采取如下方式支付：许可的方式，其他许可方式，可兑换的外币。

（二）服务贸易外汇管理和跨境债权债务外汇规定

对非货物贸易的外汇管理规定：对本国货币和黄金的非贸易外汇收入、

支付和过户，授权代理银行的外汇业务，非居民购汇，菲币进出口和黄金买卖作了规定。外汇可在银行系统之外自由买卖，无需中央银行的批准，黄金和含金金属可自由买卖，另有规定的情况除外。

（三）外币现钞相关管理规定

菲律宾外币现钞管理较为宽松，一般由银行内部管理需要自主出具相关管理办法。

三、居民及非居民企业资本项下外汇管理规定

菲中央银行对外国贷款进行较严格的控制和管理，但对外国投资则采取宽松的管理办法。符合下列条件的外资可批准在菲中央银行注册：符合菲现行法律；资产以下列形式转移到菲：现金、授权银行证明外汇已汇入并兑换成菲币存入接受投资方的账户、其他形式的资产（包括：机器和设备、原材料、供应品、零配件，以及投资企业运营所需的材料）。这些实物经中央银行评估。

四、个人外汇管理规定

居民（包括在菲律宾境内经营的外国公司）可自由购买或者出售外币，携带外币出境限额为5万披索，但实际中仅有极少限制。非居民也可持有和兑换外币。

第四节　会计政策

一、会计管理制度

（一）财税监管机构情况

在菲律宾注册的企业如果有经济业务发生，均需按照菲律宾证券交易委员会新的《菲律宾财务报表标准》（PFRS）体系要求建立会计制度进行会计核算。税务局为财政部下设机构，税务局根据企业规模大小进行分

类，包括公司（股份制和非股份制）、合伙企业、个人独资企业、地区总部（RHQ）、地区经营总部（ROHQ）、外国公司代表机构和分支机构，各商业实体需要按照统一格式上报会计和税务资料。

（二）事务所审计

菲律宾税收法律要求缴纳内部税收的所有公司、合伙企业或个人应保留总账和分类账或其等同物，但是，季度销售额、收入、或产出不超过五万比索（P50000）的经济实体，应保留并使用由财政部长正式授权的简化记账簿记录，其中显示所有交易和业务结果，在一年中的任何时候，政府可以随时准确地确定所有应缴税款；公司、企业、合伙企业或季度销售额或产出超过 15 万比索（P150000）的经济实体，应每年由独立的注册会计师审计和审查其账簿，并附带所得税申报表 使用正式完成的账户信息表（AIF），其中应包含认证的资产负债表、损益表、列出创收财产的时间表及其相应的收入和其他相关报表。

（三）对外报送内容及要求

会计报告中主要包含：①企业基本信息：行业分类、经营范围、股东情况、公司地址、银行账户信息、税务登记号等；②企业经营情况表：资产负债表、利润表。③披露信息：费用类、资产类、历年营业额（五年内）、权益变动。④关联交易中，采购定价相关的证明材料及交易申明。

上报时间要求：会计报告须按公历年度编制，于次年的 4 月 15 日前完成。

二、财务会计准则基本情况

（一）适用的当地准则名称与财务报告编制基础。

菲律宾菲律宾采用 Philippine Accounting Standards（PAS）财务准则[①]，会计核算以历史成本为基础，计账本位货币必须为菲律宾比索。会计信息

---

① Philippine Accounting Standards（PAS）财务准则：菲律宾的会计准则由菲律宾财务报告准则委员会（PFRSC）采用并经证券交易委员会（SEC）批准。PFRSC 成立了菲律宾解释委员会（PIC），该委员会就 PFRS 发布实施指南（PFRSC 采用了大多数国际财务报告准则，在某些情况下进行了修改；在某些情况下，最新的国际财务报告准则尚未通过修订），这些标准被称为菲律宾财务报告准则（PFRS）和菲律宾会计准则（PAS）

一般原则为：可理解性、相关性、重要性、真实性、实质重于形式、谨慎性、完整性、可比性、及时性。菲律宾证券交易委员会宣布，根据新的菲律宾财务报表标准（PFRS）[①]，对中小企业财务报表的要求将进一步简化，中小企业须提交的报表包括：资产负债表、收入表、资本变动表、现金流量表和财务报表注释。新报表是基于国际会计标准委员会制订的"国际财务报表标准"，取代了此前已使用五年的"通用会计准则"。

（二）会计准则使用范围

所有在菲律宾注册企业均需要按照会计准则进行会计核算并编制报表。

三、会计制度基本规范

（一）会计年度

根据菲律宾财务标准 Philippine Accounting Standards（PAS），菲律宾会计年度与历法年度一致，即公历年度 1 月 1 日—12 月 31 日为会计年度。

（二）记账本位币

菲律宾的记账本位币为比索（PHP）

（三）记账基础和计量属性

财务报表编制坚持一贯性原则，以历史成本为基础编制记账，财务报表以菲律宾比索（即本公司的功能货币）呈列，除另有说明外，所有数值均代表绝对数额。

四、主要会计要素核算要求及重点关注的会计核算

（一）现金及现金等价物

根据菲律宾财务标准 Philippine Accounting Standards（PAS），现金包括手头现金和银行现金。现金等价物是短期、高流动性的投资，随时可转换为已发行的现金金额，从配售日起，原始期限为 3 个月或以下，价值变动风险较小的资产。

[①]　菲律宾财务报表标准（PFRS）：自 2010 年 1 月 1 日起，菲律宾采用了中小企业国际财务报告准则。它被称为菲律宾中小企业财务报告准则（中小企业的 PFRS）。菲律宾证券交易委员会在 2009 年 8 月 13 日的 En Banc 决议中采用了"中小型实体"的定义，其中包括规模标准。

（二）应收款项

基于（PAS）168，应收账款和其他应收款。

根据不同业务分为：客户（贸易）；关联方；除贸易应收款以外的其他应收款，如贷款或对职工的垫款；

披露期内余额，期间数量及各关联方应收款项的具体条款，并于合并期间抵销。

金额重大的，其他应收款按种类分类处理，否则分组为其他应收账款或其他等额凭证。

公司一般会使用直接核销法和预提坏账准备法两种方法调整无法收回的应收款项。

（三）存货

菲律宾 PAS 的条款 2 规定了库存的会计处理。存货核算的主要问题是确认为资产的成本金额，并在相关收入确认后结转。本标准为成本确定及其后续确认作为费用，包括任何减值至可变现净值的指导。它还为用于将成本分配给库存的成本公式提供指导。在估值降低和售出价格评估低于成本的时候，公司存货清单需要按照 FIFO 法则[①]进行补充和售卖。在日常经营能力的基础上，制成品和工作流程成本包括了包装成本、原材料、直接劳动力、其他直接成本和相关生产的经常费用。

—原材料——按成本，基于 FIFO 原则。

—在产品——按成本，基于加权平均数。

—制成品——按成本，基于加权平均数。

在每个报告日期，对存货可变现净值进行评估，假如在评估中，账面价值因为售出价格低于成本而导致存货价值损失，就要进行存货跌价损失的确认。

（四）长期股权投资

基于菲律宾财务准则（PAS）39，对于在有组织的金融市场上进行交易的投资，公允价值参照资产负债表日在交易完成时报价的市场交易价格确定。对于没有市场报价的投资，公允价值参照实质上相同的其他金融工

① FIFO 法则：先进先出法则。

具的当前市场价格确定，或以投资相关资产净值的预计现金流量为基础
确定。

（五）固定资产

不动产、工厂、设备等非流动资产的净值以历史成本扣除累计折旧、
摊销及跌价准备来计量。不动产、工厂、设备等非流动资产的初始成本由
采购价格包括进口税、不可返还税及一切直接发生的使此项资产达到可使
用状态及使用地点的成本。

后续成本包含在资产的账面价值中，在某种程度上，它也被认为是满足
资产认定的一个独立资产范围。之前被替代的检验成本会被撤销。主要的新
增成本是依据相关资产剩余生命周期或是下一轮新增成本产生时间期间的折
旧产生的。其他的修理和维护费用在实际发生的会计期间内记入损益。

折旧及摊销在此非流动资产预估使用寿命期内采用直线法。土地在建
过程中不计提折旧。预估使用寿命如表 5-4-1 所示：

表5-4-1　固定资产预估使用寿命

序号	固定资产名称	折旧年限
1	Building and building improvement/ 房屋及建筑物	30
2	Machineries and equipment/ 机械设备	10
3	Transportation equipment/ 运输设备	5
4	Tools and equipment/ 工具及设备	5
5	Office equipment/ 办公设备	5

数据来源：由菲律宾审计委员会发布。

如果报告日期在原有的基础上有明显变化迹象时，资产残值、有效期
和折旧方法都是需要被重新评估和调整的。如果资产账面价值大大超出了
它估算回收金额的时候，这一数量会被降低。每个报告日期需要评估亏损
指标。资产处置计划是引发资产回收金额估算的亏损迹象，其目的在于确
定资产是否真的贬值。收益和亏损的确认，决定于资产账面价值的实际价
值对比，并且在损益表中以其他营业收入或支出来列示。

（六）无形资产

基于菲律宾财务准则（PAS38），无形资产包括采购的许可证，特许经

营权以及用于生产和管理的内部开发的软件，这些软件按成本模式进行核算。资产成本为已付现金或现金等价物的金额或于收购或生产时收购资产的其他因素的公允价值。资本化成本按估计可使用年期（3~10年）以直线法摊销，原因为该等无形资产被视为有限。

直接相关成本包括软件开发产生的雇员成本以及适当部分的相关管理费用。内部产生的软件开发成本被确认为无形资产；他们受到与外部购买的软件许可证相同的后续测量方法的约束。但是在开发项目完成之前，资产只能进行减值测试，资产完成后开始摊销。

（七）职工薪酬

基于菲律宾财务准则（PAS1），固定福利计划是一种员工薪酬计划，它定义了员工在工作和退休时获得的福利金额，通常取决于一个或多个因素，如年龄，服务年限和薪水。即使获得用于设定福利计划的资金的计划资产，对于这种退休金计划的任何利益的法定义务仍在公司中。计划资产可以包括专门指定给长期福利基金的资产，以及合格的保险单。公司的固定福利养老金计划涵盖所有正式的全职员工。养老金计划是税务合格的，非分摊的，由受托人管理。

（八）收入

基于菲律宾财务准则（PAS18）规定了日常经营活动中取得收入确认标准：当期经营活动中形成的、能基本确定金额且很可能有流入企业的经济利益，企业必须确认为当期收入。在公司正常贸易中已经收到或有可能收到商品售出的公允价值，包含在收入中。收入可以呈现为销售/增值税净利、收益净利、折扣净利和贴现率净利。公司确认收益的时间点：收益带来的经济效益可以被计量；未来经济利益可能流向实体；公司活动的特殊标准被满足。对于房建和工程建筑企业，企业收入可以采用工程账单法或者建造合同法确认收入。

利息收益：当利息产生时，收益即可被确认（运用实际利率来计算精确贴现率，通过金融资产账面价值净利的预期金融手段估计未来现金收入）。银行账户的利息收入在最终可应用的扣缴税款收益达到一定比例基础时，即可被认定。

股息收入：在损益报表上，金融资产有效售出，收益即可被确认。

（九）政府补助

政府补助只有在满足以下条款是才是不被认可的：该实体将遵守赠款所附的任何条件，以及该赠款将被收到。该赠款在系统的基础上被确认为必要的收入，以使其与其打算补偿的相关成本相匹配。非货币补助（如土地或其他资源）通常以公允价值入账，但也允许以名义金额记录资产和补助金。即使没有专门的援助条件附属于实体的经营活动，如赠款。应收赠款作为已经发生的成本的补偿或直接财务支持，不计入未来的相关成本，应当在应收的期间确认为收入。与资产有关的赠款可以用以下两种方式之一来表示：递延收入；从资产账面金额中扣除赠款。

（十）借款费用

基于菲律宾财务准则（PAS1），金融负债包括银行贷款，贸易及其他应付款项及融资租赁负债。

金融负债于本公司借款合约协议订约时确认。所有与利息有关的费用在标题"财务费用"下的收入报表中确认为费用。筹集银行贷款是为了支持长期的运营资金。按收到的收益确认，扣除直接发行成本。融资费用（包括结算或赎回时应付的保费以及直接发行成本）均以权责发生制为基础以实际利率法计入损益，并计入该金融工具的账面金额。借贷成本在其发生期间确认为损益。借贷成本资本化是不允许的。

一般而言，归属于固定资产的借款成本是指未能获得资产时本来可以避免的借贷成本。有两种方法可以确定要包含在资产中的借贷成本：

一是直接归属于借款成本。如果借款是专门为获得资产而发生的，那么资本化的借款成本是实际发生的借款成本减去这些借款的中期投资所赚取的任何投资收益。

二是借入普通基金的费用。借款可以集中处理，以满足一般公司的需求，并可通过各种债务工具获得。在这种情况下，从适用于资产的期间内实体借款成本的加权平均得出利率。使用此方法的允许借款成本金额以实体在适用期间的借贷总成本为上限。

（十一）外币业务

菲律宾税法规定记账本位币为菲律宾比索，当发生外币交易时，应在初始确认时采用交易发生日的即期汇率折算为记账本位币金额，当汇率变化不大时，也可以采用当期平均汇率或者期初汇率核算。

企业税务申报人选择用作财务报告目的的功能货币菲律宾比索以外的货币必须提交给税务局（RDO）或大型纳税人地区办事处（LTDO）或大型纳税人服务（LTS）（无论哪个是对纳税人具有管辖权的 BIR 办公室），在提交后 30 天内，向 SEC 提交的正式收到的通知副本（如 2006 年证券交易委员会备忘录通函 1 系列中所规定）用于使用此类功能货币。如向美国证券交易委员会发出通知，可能会因有依据而延长。BIR 收到的正式盖章的 SEC 通知副本也必须在提交申报表时附在所得税申报表上。如果个人选择在财务报告中采用功能货币，则必须在纳税人申请后 30 天内向 RDO / LTDO / LTS（以对纳税人有管辖权的 BIR 办事处）提交宣誓申请 / 通知。使用功能货币生效的年份。

如果公司的功能货币从一种货币变为另一种货币，则纳税人必须在 30 日内向 BIR 提交一份此类证券交易委员会正式收到的通知，以更改功能货币（如 2006 年证券交易委员会备忘录通函 1 系列中所规定）。一般情况下，纳税人不得在年中改变其功能货币，或者在不满一年的期限内采用另外一种。但是，在某些特殊情况下，例如合并等业务的情况下，可允许更改功能货币以涵盖不到一整年的时间。

（十二）所得税

所得税的会计核算采用资产负债表债务法。所得税费用包括当期所得税费用和递延所得税费用。

1. 当期所得税

本期及以往期间的即期税项资产及负债按预期从税务机关收回或向税务机关支付的金额计量。用于计算金额的税率和税法是在报告日已颁布或实质颁布的税率和税法。按照税法规定，结合当期发生的交易和事项，计算确定应向税务机关缴纳的金额，即应交所得税。

2. 递延所得税

递延所得税资产的账面值于各报告日期进行检讨，并在不大可能有足够应课税溢利可用以拨备全部或部分递延所得税资产的情况下摊销。未确认的递延所得税资产于各报告日期重新评估，并在未来应课税溢利可能有助收回递延所得税资产的情况下予以确认。按照资产负债表债务法应予以确认的递延所得税资产和递延所得税负债在期末应有的金额相对于原已确认的金额之间的差额，即为递延所得税费用。

本章资料来源：

◎《中国居民赴菲律宾共和国投资税收政策指南》

◎《菲律宾投资法律指南》

◎ 菲律宾国内税收总局网站：http：//www.bir.gov.ph

第六章　刚果（布）税收外汇会计政策

第一节　投资环境基本情况

一、国家简介

刚果共和国（英语：The Republic of Congo；法语：République du Congo）简称刚果（布）。位于非洲中西部，赤道横贯其中部，东、南两面邻刚果（金）、安哥拉，北接中非、喀麦隆，西连加蓬，西南临大西洋。刚果（布）总面积为34.2万平方公里，海岸线长150多公里，人口526万（2017年），约有一半人员居住在首都布拉柴维尔（Brazzaville）和第二大城市黑角（Pointe-Noire）。官方语言为法语。货币为非洲法郎（XAF）。

二、经济情况

刚果（布）的经济严重依赖于石油、天然气以及矿业。2016年，GDP约为78亿美元，世界排名第139位。2017年总体GDP下降4.6%，其中，非石油行业GDP下降9.2%，主要原因是政府欠款迫使企业缩减员工和开支。刚果（布）基础设施落后，但是近年来，政府不断增加公共投资，道路、机场、供水、供电等基础设施状况大为改观，外资吸引力进一步提高。

三、外国投资相关法律

刚果（布）的法律法规较为健全，基本沿用法国的法律法规体系。与投资合作经营相关的法律法规有《非洲统一商法》《非洲知识产权保护协定》、刚果（布）《投资法》《劳动法》《社保安全条例》《税法》《对外贸易法规》《地产法》《环境保护法》等。

同时，刚果（布）为中非经济货币共同体成员，在一些领域中，两套法律体系并存，如《海关法》《海关税则》《投资法》《劳动法》《银行法》等都是两套体系。

根据"统一法案"的规定，任何要通过公司在统一法案条约成员国内从事商业活动的人员，不管其国籍如何，必须选择统一法案规定的、适合其业务的公司形式，包括有限责任公司、股份有限公司、一般和有限合伙企业以及分公司。除了合营企业外，其他形式的公司须经商业和信用登记处登记注册。

《劳动法》规定，只要雇佣时间超过两个星期的，都要签订劳动合同。政府为了解决国内失业问题，明令禁止公司企业雇佣邻国劳工。

刚果（布）政府的出入境管理办法规定，外国人入境分为旅游者入境、短期入境和长期居住三种情况。旅游者取得签证即可出入境；但短期入境和长期居住必须经移民局审批同意后方可生效。刚果（布）政府规定，外国企业员工必须办理劳动许可方可在刚果（布）工作，劳动许可一年一办，企业要在劳动许可时效过期前的 3 个月内办理；不能按期办理完有关手续的，也要按照有关规定办理临时许可或持有正在办理许可手续的证据。对管理人员、企业领导和高级工程技术人员等，刚果（布）政府给予 3 年工作期限的优惠待遇。

四、其他

非洲商法协调组织（简称 OHADA）。1993 年 10 月 17 日，14 个非洲国家在毛里求斯的路易斯港签订了《非洲商法协调条约》，该组织随之产生。成立该组织的目的是对成员国的商法进行统一，推动仲裁成为解决商事争议的手段，为成员国的商业发展提供良好的法律环境。该组织自成立以来已通过大量的统一法，对于确保该地区商法的确定性、可预见性，实现该地区贸易和投资的发展，推动该地区的经济一体化发挥了举足轻重的作用。该组织目前有 17 个成员国：贝宁、布基纳法索、喀麦隆、中非共和国、乍得、科摩罗、刚果（布）、科特迪瓦、赤道几内亚、加蓬、几内亚、几内亚比绍、马里、尼日尔、塞内加尔、多哥和刚果（金）。非洲商法协调组织自成立以来，已批准并实施了 8 部统一法：《一般商法统一法》《商业公司及经济利益集团统一法》《担保法统一法》《会计统一法》《清偿债务的集体程序（破产程序）统一法》《仲裁统一法》《债务追偿简易程序及执行措施统一法》《公路货物运输合同统一法》。统一法在所有成员国内直接适用，对所有成员国有约束力。在这 17 个成员国内进行投资，均受这 8 部统一法的管辖。

该组织下设司法与仲裁共同法院（简称 CCJA），明确外国公司和当地公司签署合同时，争议解决由 CCJA 最终裁决。

另外，刚果（布）政府为促进经济多元化，鼓励外来投资，于 2015 年底发布了经济特区招商引资优惠政策，给予开发及人员、企业、土地、税收、关税等方面超国民待遇。

第二节　税收政策

一、税法体系

刚果税收体系以 1962 年刚果（布）发布的《税法通则》和《年度财政法案》为主，期间对《税法通则》进行过修订。现行的《2016 年度财政法案》，由现任总统萨苏于 2015 年 12 月 31 日签署第 33 号法令进行修订公布，此次主要修订了个人所得税、增值税等。《税法通则》共 2 卷，以及其他未汇编的单行法律。

单行法律主要有中部非洲国家经济与货币共同体税务协议、与法国的税务协议、增值税法案（1997 年 5 月 12 日第 12 号法案）、其他多样税法案（1995 年财政法案）、占用税法案（2014 财政法案）、工资统一税法案（2012 年财政法案）、烟酒特别税法案（2013 年财政法案）等。刚果（布）税法基本沿袭法国税法，主要税种有公司税、个人所得税和增值税。刚果（布）和法国、美国签订有双边税收协定，目前和中国没有签订相关的税务协定。

二、税收征管

（一）征管情况介绍

刚果（布）实行税收中央集权制，税收立法权、征收权、管理权均集中于中央，由财政预算经济部主管。主要的税法由财政预算经济部制定，报国会审议通过，由总统颁布。财政预算经济部，下设税务总局和国家司库,其中,税务总局被授权解释并执行税法及实施条例,同时税务总局下设征收部、稽查部、产业经济部(税法制定和税收信息收集)、税务纠纷部(税务内部监督机构及税务纠纷),所征收税款统一缴纳国家司库。缴税申报地点按照南北之分,分别是黑角和布拉柴维尔,企业征收类型分大型企业和中小型企业,分别进行管理。

(二)税务查账追溯期

因税务机关的责任,致使纳税人、扣缴义务人未缴或者少缴税款的,税务机关在三年内可以要求纳税人、扣缴义务人补缴税款,但是不得加收滞纳金。

因纳税人、扣缴义务人计算错误等失误,未缴或者少缴税款的,税务机关在三年内可以追征税款、滞纳金;有特殊情况的,追征期可以延长到五年。

对于偷税、抗税、骗税,税务机关追征其未缴或者少缴的税款、滞纳金或者所骗取的税款,不受前款规定期限的限制。

(三)税务争议解决机制

财政经济计划部下专门成立税务纠纷部来解决税务争议,体现税务征收的合法性、公正性原则。在实际操作过程中,企业处于弱势一方,很难在税务诉讼中取得公平待遇。

刚果布税务纠纷机制有以下四种方式。

协商解决。

税务机关与争议当事人通过协商解决问题,不需要通过上级税务行政机关和司法机关。协商解决可以减少争议双方的矛盾,缩短争议解决的时间,减少争议解决的环节。但协商解决争议是解决方式中法律效力最低的,不确定因素角多,同时会涉及咨询费用。这种解决方式是目前使用最多一种解决方式,也是成本耗费最低的一种解决方式。

行政复议解决。

这种争议解决方式的法律效率略高于协商解决方式。此种方式是行政机关行使内部监督权的一种表现。相对于协商解决和诉讼解决,它不能涵盖所有的税收争议,管辖范围有限。

诉讼解决。

这种解决方式是最具法律效力、最公平的一种,但诉讼成本较高。企业可以聘请专业机构进行税务诉讼事项，同时提供相应的诉讼材料，通过法院进行税务诉讼，但时间周期较长，诉讼费用较高。

其他方式。

由于政府层面协调不到位，导致的税务纠纷事项，在处理税务纠纷过程中，可以通过政府部门之间的沟通机制来解决。比如政府出资建设大型工程中增值税缴纳环节出现的增值税进项申报税务机关不认可问题；刚果（布）政府利用外部资金签订的合同条款中免除的税费范围，税务机构不认可问题，企业可以通过政府部门之间沟通机制来推动解决税务纠纷问题。

三、主要税种介绍

（一）企业所得税

1. 征税原则

企业所得税法引入居民企业概念。居民企业是指依照刚果（布）法律成立的或依照外国法律成立但实际管理机构设在刚果（布）的企业。国际协议条款的实施不在此限；非居民企业仅就来源于刚果（布）的收入缴纳企业所得税。刚果（布）注册的企业必然是居民企业，而实际管理机构设在刚果（布）的外国公司也可能被认定为刚果（布）居民企业。

2. 税率

居民企业适用的企业所得税的法定税率是30%。符合条件的企业按较低的税率征收。股息、利息、租金、特许权使用费和其他非积极性的收入，如销售或转让房屋、建筑物、土地使用权和转让公司股权的所得无特殊优惠政策。若无特别规定，外国公司的分公司和代表处的所得税比照刚果（布）居民企业计算和缴纳企业所得税，但若是临时性业务（未在刚果（布）境内注册分支机构或代表处的非居民企业），按不含税的营业收入为税基，税率为20%计算包干税，由接受服务企业代扣代缴。

3. 税收优惠

企业所得税法的优惠政策以产业政策导向为主，区域发展导向为辅。产业政策导向的优惠政策，旨在将投资引入到国家鼓励和扶持的产业部门和项目中去。税务优惠政策主要包括：根据《税法通则》卷一第107条有15种情况免征企业所得税，主要是针对特定形式的农牧业公司公共服务机构免税。另外根据第 124 条的特别条款，对新成立的从事农业、牧业和渔业的公司免除 5 年企业所得税。

刚果（布）政府给予经济开发区不同的税收优惠政策，根据区域不同，税收优惠的内容也不相同。特殊行业可单独申请免征企业所得税，由经济总局、税务总局等联合审批同意后出具免税文件。

4. 所得额的确定

《税法通则》规定，应纳税所得额是指企业每一纳税年度的收入总额，减除不征税收入、免税收入、各项扣除及允许弥补的以前年度亏损后的余额。企业应纳税所得额的计算，以权责发生制为原则，属于当期的收入和费用，不论款项是否收付，均作为当期的收入和费用；不属于当期的收入和费用，限使款项已经在当期收付，均不作为当期的收入和费用。根据《税法通则》卷一第 113 条，对企业发生的商业性质的捐赠、馈赠不能税前扣除，但对符合条件的捐赠给刚果（布）境内的社会福利及政府机构的不超过营业额 0.5%（不含 0.5%）以内部分可以税前扣除；娱乐、猎、运动、观光等支出不能税前扣除；因违法、违规的各种罚款不能税前扣除；对企业管理层支付明显不合理的薪酬视为不予税前扣除。

亏损弥补年限。纳税人某一纳税年度发生亏损，准予用以后年度的应纳税所得弥补，一年弥补不足的，可以逐年连续弥补，弥补期最长不得超过两年，两年内不论是盈利或亏损，都作为实际弥补年限计算。

5. 反避税规则

（1）关联交易。企业与关联方之间的收入性和资本性交易均需遵守独立交易原则。目前，刚果（布）在当地形成产业链企业并不多，税务机关对关联企业的关注度并不高。

（2）转让定价。2016 年，税务部门出台了关于价格转让的相关条款，企业应在年度报表申报后的 6 个月内提交转让价格证明材料，介绍转让定价方式和市场比价情况。2017 年，税务部门对价格转让更新认定标准和方法，主要为了确保转让价格公正性，企业应该可以选择以下 5 种比价法进行定价确认：市场比价法 PCML、成本比价法 PRM、购销比价法 PRM、最大边际效应比价法 MTMN、利润分享法。

（3）资本弱化。企业支付给关联方的利息支出可以税前扣除，但需要提供相关的关联企业之间的资金贷款协议和外汇收款证明。

6. 征管与合规性要求

（1）各分公司均须独立纳税，当母公司为居民企业且持有子公司的股权不少于 95% 时可以合并纳税。企业所得税的缴纳实行"分次预缴、年度清算"的方式。每年分四次预缴企业所得税，分别在 2 月 15 日、5 月 15 日、8 月 15 日、11 月 15 日以前，按照上一年度的税务利润和适用的税率预缴，每次预缴的金额为上年所得税的 4/5，企业所得税汇算清缴截止时间为次年的 5 月 20 日。

（2）企业如逾期申报、未申报以及逃税将被处以的罚款及罚息。根据《税法通则》卷一的罚则第 522 条对未按期申报、未申报及逃税，将按照缴纳税款的处罚 100% 的罚息，还将处以 25 万 ~500 万非郎的罚款，触犯刑法 367 条的视情节将对相关人员处以 2~5 年有期徒刑。

（二）增值税

1. 征税原则

《增值税》[①] 第 1 条规定，增值税是对在刚果（布）境内从事经济活动过程中产生增值部分征收的税赋。征税对象为自然人和法人，在刚果（布）的经济活动包括进口、销售货物给第三方或自用、提供服务。条例中特别明确，以下活动视为提供服务：出租动产及不动产；转让无形资产；运输；供水供电供气及电信；研究咨询；现场消费的销售；修理及合约性工作；建筑安装。

2. 计税方式

根据《增值税》第 6 条（2012 年财政法案）。采用包税制的个人或机构采用简易征收管理，其他企业采用一般计税，其中大型企业联合会下属的大型企业需开具有纳税人识别号的增值税发票。

3. 税率

分为 18%、5% 和 0% 三种税率。

4. 增值税免税

《增值税》第 7 条规定，以下 14 种情况属于免税范围，主要有：自产

---

① 《增值税》：1997 年 3 月 12 日，颁布 NB–Loi n° 12–97，CGI。

农、渔、猎、牧产品；出售开采的产品；个人出售房产；外部利息；博彩娱乐；银行、保险及再保险；社会、教育、文化、慈善、宗教服务；中非税经联盟（UDEAC）①关税协定规定免税的进口；医疗产品及服务；学校收取的学费；邮资；作曲、印刷、报刊杂志（广告除外）；农机；出租房屋用于居住等。

5. 销项税额

《增值税》第12~15条规定，增值税税基为销售货物或提供的服务全部价款。符合下列条件的内容不包括在税基内：发票上的现金折扣；与原销售金额一致的销货退回；可回收的包装物（若包装物不退回则需缴纳增值税）。

6. 进项税额抵扣

《增值税》第18、19条规定，下列增税进项税可以抵扣：具有纳税人识别号（NIU）②的增值税发票；进口单据；用于自用的申报表；租赁公司的租赁发票。第20条规定以下情况不允许抵扣：住宿、餐饮、观看演出；进口后再出口的商品；石油产品（购买用于销售或用于生产电出售的除外）；虚假发票、虚假海关的申报；取得附属于不允许抵扣资产的服务。

7. 征收方式

增值税按进销项相抵后的余额缴纳，留抵余额不能申请退税，只能用于以后抵扣销项税额，且留抵期限不能超过两年。

8. 征管与合规性要求

增值税按月申报，截止日期为每月20日之前。逾期申报、未申报以及逃税将被处以的50%的罚息。

9. 增值税附加税

按增值税税额的5%征收。

（三）个人所得税

1. 征税原则

居民个人就全球收入纳税；非居民个人（180天）只就其源于刚果（布）的所得纳税。个税起征点为：年度总收入不超过40万非洲法郎，免

---

① 中非税经联盟（UDEAC）：Union Douanière et Economique de l'Afrique Central.

② 纳税人识别号（NIU）：Numéro D'Identification Unique.

除征收个税。

2. 申报主体

以个人为单位进行申报，申报的时候参照家庭情况，及婚姻状况和子女数量，由所在企业或者政府机构代扣代缴，并于每月 20 日前申报缴纳；每年 1 月 31 日前，由企业统一进行年度纳税申报。

3. 应纳税所得额

根据《税法通则》卷一第 1 条，对下列个人收入征收个人所得税：财产收入；工业、商业及手工艺收入；工资薪金及各种补贴；非商业性收入；动产收入；资本性收入；农业收入。

4. 扣除与减免

未达到个人所得税起征点和外交人员免征个人所得税。个人收入分项计算确定，工资总额 6% 以内的社会保险金，薪酬项目中符合免征条件的特殊补助，企业发放每个小孩每月不超过 5000 非洲法郎的家庭补贴，战争和工伤的伤残补贴，学生的假期补贴等可以在税前进行扣除。。

5. 税率实行累进税率

表6-2-1　个人所得税税率表

序号	年收入（单位：非洲法郎）	税率
1	464000 以下	1%
2	464001-1000000	10%
3	1000001-3000000	25%
4	3000001 以上部分	40%

数据来源：Art.95（L.F2014，2016），CGI。

6. 征管与合规性要求

个人所得税按月申报，截止日期为每月 20 日之前。惩罚逾期申报、未申报以及逃税将被处以 50% 的罚息和根据《税法通则》卷一的罚则处罚。

（四）关税

1. 关税体系和构成

中非共同体海关法律规定，中非共同体内部贸易往来享受零关税待遇，但需征收 3.45% 的共同体税；其他国别进口货物需按照海关征收管理办法缴纳关税，具体细项见表 6-2-2：

表6-2-2　中非共同体税

编号	简写	关税法语全称	关税中文翻译	税率	计算方式
1	TEC	Tarif Extérieure Commun	进口关税	X	VI × X
2	TCI	Taxe Communautaire D'Intégration	共同体统一税	1%	VI × 1%
3	CCI	Contribution Communautaire D'Intégration	共同体统一捐税	0.40%	VI × 0.4%
4	RDI	Redevance Informatique	信息税	2%	VI × 2%
5	OHADA	Organisation Pour l'Harmonisation en Afrique du Droit des Affaires	非洲商法协调机构税	0.05%	VI × 0.05%
6	TVA	Taxe Sur La Valeur Adjoutée	增值税	18%	VI × (1+X) × 18%

数据来源：1992 年 4 月 30 日，ACTE N° 2/92-UDEAC-556-CD-SE1，CEMAC。

2. 税率

海关关税针对共同体与外部国家之间的商品或服务的进出口，实行落地申报。关税税率见表 6-2-3：

表6-2-3　关税税率

货物种类	类别	税率
生活基本必需品	Ⅰ类	5%
生产原料和设备	Ⅱ类	10%
中间投入品及其他	Ⅲ类	20%
消费品	Ⅳ类	30%

数据来源：1992 年 4 月 30 日，ACTE N° 2/92-UDEAC-556-CD-SE1，CEMAC。

3. 关税免税

为支撑某个行业或者是招商引资的需要，财政部会单独针对某个行业或者某个企业出具免税文件，免税范围和优惠范围根据免税协议确定。免税的项目但仍需缴纳中非共同体税 3.45%。工程类项目免税范围一般为建设该项目所进口物资、机械设备，主要包括钢筋、水泥、沥青、车辆、机械设备等大宗材料。免税期限为项目合同上规定的施工期限，如遇工程延期，需要向海关提供由业主出具的延期证明并办理延期免税文件。但生活物资、豪华车辆不在免税范畴内。

4. 设备出售、报废及再出口的规定

企业向项目所在地海关监管机构申请鉴定所需出售的车辆、机械和设备，由监管机构鉴定残值后出具书面文件；按残值补缴全额关税并取得结关单后可出售。免税到期后，如果没有后续免税项目，需按鉴定残值补缴关税，企业可自行处理设备；如果转入其他免税项目，需要办理转移登记手续；如果项目结束后设备转场到其他国家，需取得海关监督管理机构的同意，按照核定的残值缴纳 1% 的出口税。

全额关税进口设备，企业可以自行报废；对海关税收优惠进口设备的报废必须通过海关监督管理机构认定残值，补齐相应关税后进行报废，同时申请海关管理机构进行销关。

（五）企业须缴纳的其他税种

不动产收益税。税基为房租收益。税率为收入的 1/12。如果出租人是个人，可在个人所得税税前扣除。由出租人代扣代缴。对于旧合约的不动产收益税在每年 2 月 28 日前申报，对于新签合约在合同生效 3 个月内申报本年度的不动产收益税。

地产物产税。税基为房地产的出租收入总额减去 25% 免征额，税率：15%~20%。每年 3 月 15 日之前申报。

印花税。在刚果（布）境内书立、领受本条例所列举凭证的单位和个人都是印花税的纳税义务人应当按规定缴纳印花税，见表 6-2-4。

表6-2-4　印花税目

序号	纸张大小	税率
1	B5	1000 非洲法郎
2	A4	1300 非洲法郎
3	A3	1500 非洲法郎

数据来源：ART.31.Timbre de dimension，CGI。

公司特别税。税基为公司的营业额的 1%。该税种每年缴纳一次，每年 3 月 20 日之前根据上年营业额申报缴纳，但年度缴纳金额最少不低于 100 万非洲法郎。如果企业营业额低于 1000 万非洲法郎，则年度缴纳金额最少不低于 50 万非洲法郎。新成立的公司第一个自然年度内不用缴纳该税。对于连续两年经营亏损的企业，该税率提升至 2%，企业恢复盈利后，税率恢复至 1%。公司特别税属于预交所得税性质，在刚果（布）年度所得税汇算清缴时可以抵扣所得税，但不办理退税。

工资统一税。税基为公司正式员工工资总额，税率为 7.5%。每月 15 日之前申报。

营业许可税。于每年 3 月 31 日之前申报缴纳，税率为累进税率，见表 6-2-5。

表6-2-5　营业许可税税率

序号	分段计算不含税营业额（单位：非洲法郎）	税率
1	200 亿以上	0.00045
2	30~200 亿	0.00125
3	10~30 亿	0.00135
4	5~10 亿	0.00140
5	3~5 亿	0.00150
6	1~3 亿	0.00200
7	4000 万 ~1 亿	0.00450
8	2000 万 ~4000 万	0.00650
9	100 万 ~2000 万	0.00750
10	100 万以下	10000 非洲法郎

数据来源：Art.170（L.F2014，2016），DGI。

其他多样税。在商品流动环节由销售方代扣代缴。税率为不含税销售额的 3%。

特别消费税。主要针对奢侈品如烟、酒、首饰、旅行车辆等征收 24% 的消费税。

保险合同税。根据保险性质和金额不同征收 10% 的税，由保险公司代扣代缴。

占地税。在刚果（布）进行经营活动的企业、机构等需缴纳该税种，按照年度进行缴纳，每年 2 月 20 日前申报。

（六）社会保险金

1. 征税原则

应缴纳的社会保险金的计算基础为月度员工薪酬的 24.28%，其中员工承担 4%，企业承担缴纳 20.28%（社保基金 18%，家庭补贴基金 0.03% 和劳保、医疗基金 2.25%），每月 20 日之前申报。

2. 外国人缴纳社保规定

外国人在刚果工作需要缴纳社会保险金，目前，中国政府和刚果（布）政府未签订社保互免协议，中方人员在刚果（布）缴纳的社保金在离开刚果（布）时无法申请退还。

第三节　外汇政策

一、基本情况

刚果（布）的外汇管理部门为对外财政关系和外币管理局，隶属于财政预案经济计划部。刚果布官方货币为非洲法郎，与欧元挂钩，实行固定汇率，1 欧元兑换 655.957 非洲法郎，货币发行受外汇保证金制约，货币相对稳定。

刚果（布）实行贸易项下外汇登记制度，进口用汇还是比较容易获得的。但监管较为严格，进口用汇额度以进口货物报关的额度冲抵，不足部分须退还外汇额度。在资本项下和个人用汇方面则实行外汇管理制度，管理比较严格，每笔外汇支付须经外汇管理部门层层审查。对外国投资的本金和利润汇出方面相对比较放松，最初投资总额和申报的利润总额均可以汇出国外。

刚果（布）财政部下设外汇管理局，专门负责外汇的登记和审批事宜，银行凭该局许可执行汇入或汇出的业务操作。个人侨汇汇入后必须兑换成非洲法郎。

刚果（布）作为中非经济和货币共同体的成员国，金融环境相对稳定。

非洲法郎与欧元挂钩，实行固定汇率，1欧元等于655.957非洲法郎；美元购汇汇率由各银行根据自己汇率机制定价。

刚果（布）外汇管理制度相对比较严格，允许用美元、欧元等国际通用货币兑换当地币；非洲法郎在中非共同体所有国家可以自由流通，由中非经济共同体国家银行进行监管。

二、居民及非居民企业经常项目外汇管理规定

（一）货物贸易外汇管理

刚果（布）外汇业务需刚果（布）外汇管理局许可，材料采购款汇出需要提供采购材料合同、海关资料等凭证；外币资金汇入目前无政策方面的限制。通过银行账户支付外汇工资，需要提供缴纳个人所得税凭单和工资申请单，申请支付上限为工资总额的2/3。

（二）服务贸易外汇管理

服务贸易视同资本利得（主要指未在刚果（布）注册的经营机构），盈利汇出需要提供财务报表、利润分配决议等支持性文件，报外汇管理局审批同意后方可汇出。

（三）跨境债权债务外汇规定

在购汇时需要提供：双方签署的借款协议，还款时间表，收款证明材料；如提前还款，需借款人书面同意。如总计金额超过等值1亿非洲法郎，必需获得货币及信贷管理局的批文。

（四）外币现钞相关管理规定

由银行内部管理需要自主出具相关管理办法。比如银行在取款额度超过1000万非洲法郎等，需要提前预约等。

三、居民企业和非居民企业资本项目外汇管理

目前，涉及资本项下的外汇在投资条款中明确可以自由汇出，汇款时，银行根据外汇管理局要求提供投资合同和相关证明文件办理支付。2017年7月，在中非经济共同体的高层会议上有提到，今后对向境外投资汇款严格把控并修订相关政策，以保证中非共同体外汇资金存量。

刚果（布）大型企业主要为外资控股企业，刚果布跨境对外投资比例

较少。涉及在刚企业对外投资，需要签订投资协议，明确被投资企业的股权比率、公司成立决议或增资决议，公司业务性质等解释文件。对于1亿非洲法郎以上的投资，需报刚果（布）财政部审批同意后，方可购汇对外投资。

外汇账户开立需由企业向外汇管理局申请批复同意后，银行予以开立，一般申请周期为1个月。

四、个人外汇管理规定

为应对美元汇率波动的影响，个别银行规定外汇账户最高库存限额。外币现金提取需收取1.5%的手续费以及18%的增值税和增值税附加税。个人出关最多可携2000美元或等值的现钞。

第四节 会计政策

一、会计管理体制

（一）财税监管机构情况

在刚果（布）注册的企业如果有经济业务发生，均需按照非洲统一商法（SYSCOHADA）中的《会计统一法》体系要求建立会计制度进行会计核算。税务局为财政部下设机构，税务局根据企业规模大小进行分类，由下属部门大型企业联合会（UGI）、中小型企业联合会（UMI）、微型企业联合会（UTPI）对企业进行监管，各企业需要按照统一格式上报会计和税务资料。

（二）事务所审计

每年营业额超过5亿非洲法郎的企业需要由审计机构进行审定，税务局在稽查时会对企业是否进行外部审计予以关注。

（三）对外报送内容及要求

会计报告中主要包含：①企业基本信息，行业分类、经营范围、股东情况、公司地址、银行账户信息、税务登记号等；②企业经营情况表，资产负债表、利润表。③披露信息，费用类、资产类、历年营业额（五年内）、权益变动。④关联交易中，采购定价相关的证明材料及交易申明。

上报时间要求：会计报告须按公历年度编制，于次年的 5 月 20 日前完成。

二、财务会计准则基本情况

（一）适用的当地准则名称与财务报告编制基础

刚果（布）采用 SYSCOHADA 的会计准则[①]。自 2018 年开始所有企业需按新修订后的 SYSCOHADA 准则执行，该体系和 IFRS 逐渐趋同；在刚果（布）的上市公司（以集团公司层面定义），2019 年开始也可以选择采用 IFRS 进行财务报告。

SYSCOHADA《会计统一法》[②]中规定了会计处理的具体核算方法，包括会计科目分类规则（共 9 类）及其核算具体内容，同时也规定了借贷记账规则。刚果（布）于 2001 年 1 月 1 日开始实施，规范企业会计处理的原则。

刚果（布）的会计核算制度与税法联系紧密，在会计核算中会充分考虑税法规定，所以纳税申报时对会计报表纳税调整项较少，与税务政策趋于一致。会计核算按照 SYSCOHADA 中《会计统一法》处理，实务处理时可以参照一些财税部门公布的以前会计处理惯例。在纳税申报时，对与税法不一致的事项进行必要的纳税调整，并以调整后的税务报表作为报税依据。

（二）会计准则使用范围

所有在刚果（布）注册企业均需要按照会计准则进行会计核算并编制报表。在实际操作中，划归中型、大型企业管理局所涉及到的企业会计工作更加规范。

---

① SYSCOHADA 的会计准则：Systeme Comptable de Organisation Pour L'Harmonisation En Afrique Du Droit Des Affaires。

② 《会计统一法》：Lire la version complète de L'Ohada Revise。

三、会计制度基本规范

（一）会计年度

《会计统一法》第 7 条规定，公司会计年度与历法年度一致，即公历年度 1 月 1 日—12 月 31 日为会计年度。对于上半年新成立的公司，当年会计年度可以小于 12 个月；下半年成立的公司，当年会计年度可以大于 12 个月。

（二）记账本位币

《会计统一法》第 17 条规定，企业会计系统必须采用所在国的官方语言和法定货币单位进行会计核算。刚果（布）采用非洲法郎作为记账本位币，货币简称 FCFA。

（三）记账基础和计量属性

《会计统一法》第 17 条规定，企业以权责发生制为记账基础，以复式记账为记账方法。

《会计统一法》第 35 条规定，企业以历史成本基础计量属性，在某些情况下允许重估价值计量（第 62~65 条）。

《会计统一法》规定，会计计量假设条件，其一般原则有：谨慎、公允、透明（第 6 条）、会计分期（第 7 条）、持续经营（第 39 条）、真实性、一贯性、可比性（第 8 条）、清晰性（第 9 条）。

四、主要会计要素核算要求及重点关注的会计核算

（一）现金及现金等价物

会计科目第 5 类记录现金、银行存款及现金等价物。会计科目（51）核算现金，会计科目（52）核算银行存款。

资产负债表（BILAN）中列示的现金是指库存现金及可随时用于支付的银行存款，现金等价物是指持有的期限短（从购买日 3 个月以内到期）、流动性强、易于转换为已知金额现金及价值变动风险很小的投资。主要涉及资产由现金、银行存款。

现金流量表（TAFIRE）[1] 中列示的现金及现金等价物和 IFRS 准则 [2] 中概

---

① 现金流量表（TAFIRE）：Tableau Financier Des Ressources Et Emplois。

② IFRS 准则：International Financial Reporting Standards。

念一致。

（二）应收款项

会计科目第 4 类记录应收、预付款项。《会计统一法》规定，应收款项科目记录应收账款的初始计量按初始价值计量确认，同时规定了坏账准备、折扣、可回收包装物的会计处理。

《会计统一法》第 42 条规定，年末应收款项需要按公允价值计量确认；《税法通则》第一卷第 115 条 C（企业所得税法），明确企业资产的坏账准备可以从税前扣除；但 115 条 F 规定，对国家及地方政府债权的坏账准备不能税前扣除。

（三）存货

《会计统一法》第 39 条规定，存货初始计量以历史成本计量确认，包括买价以及必要合理的支出。存货的初始核算：存货的采购成本不包含采购过程中发生的可收回的税金。不同存货的成本构成内容不同，通过采购而取得的存货，其初始成本由使该存货达到可使用状态之前所发生的所有成本构成（采购价格和相关采购费用）；通过进一步加工而取得的存货，其初始成本由采购成本、加工成本、以及使存货达到目前场所和状态所发生的其他成本构成。《会计统一法》存货由全部商品、原材料和有关的供应品、半成品、产成品以及在盘点日企业拥有所有权的物资组成。具体分类如下：31 商品，32 原材料，33 其他储备品，34 在产品，35 在建工程，36 产成品，37 半产品，38 在途物资，39 存货减值。

《会计统一法》第 44 条规定，存货出库可以采用先进先出法和平均法（移动平均或加权平均）。企业应根据存货的性质和使用特点选择适合的方法进行存货的出库核算。确定存货的期末库存可以通过永续盘点和实地盘点两种方式进行。

《会计统一法》第 43 条规定，存货期末计量以初始成本与可变现净值孰低法，若成本高于可变现净值时，应根据存货的可变现净值与账面价值的差额计提存货跌价准备并计入会计科目（39 存货减值）作为存货的备抵项。

施工企业存货分两种情况：第一，在工程账单确认收入方法下，期末采用永续盘点法确认未出库（32 原材料）和已领用未办理结算（35 在建工程）金额；第二，在建造合同法确认收入情况下，期末采用永续盘点法确认未出库原材料，并用"工程结算和工程施工"差额确认在建工程。

（四）长期股权投资

《会计统一法》中定义了长期股权投资是投资企业为了与被投资企业建立长期关系或为了自身的经营和发展而持有的被投资企业权益 10% 以上的投资。

会计科目（26）长期股权投资下设四个明细科目，分别核算控制、共同控制、重大影响、其他四种情况的投资。按会计法规的解释：控制是直接或直接持有被投资单位 40% 以上的表决权，且没有其他持有者通过直接或间接持有被投资单位超过 40%；共同控制是由有限的股东共同持有被投资单位的股权，共同决定被投资企业的决策；当直接或间接持有被投资单位有表决权股权的 20% 以上时，视为有重大影响。初始计量按投资成本计量确认，期末计量按会计法第 43 条以成本与可变现净值孰低法确认期末价值；处置长期股权投资时，其成本通过账户 81—处置非流动资产的账面价值结转。不属于长期股权投资的其他投资通过账户 50—短期投资核算。

（五）固定资产

《会计统一法》第 45 条规定，固定资产初始计量以历史成本计量确认，企业应在其预计使用期限内对固定资产计提折旧。

《会计统一法》第 42 条规定，固定资产期末计量按可回收价值计量，如果发生减值，计入减值准备。

《税法通则》卷一第 114 条 B（所得税法）规定，企业计提的折旧金额不可低于正常使用期内直线法下计算的折旧总额。若企业不能遵循此项义务，少计提部分不能递延至后期。折旧计算应该以表格形式申报，否则无法税前扣除。《税法通则》卷一第 114 条 A 对固定资产的折旧年限做出了规定：

（1）建筑物：按建筑物种类折旧年限为 5~20 年；

（2）固定成套工具和器材：4~20 年；

（3）移动设备：1~10 年；

（4）交通设备：3~20 年；

（5）动产、装配、装置：3~10 年；

（6）特殊设备折旧：2~10年。

《税法通则》卷一第114条G对，重型设备和工具允许选择加速折旧法，折旧率为40%，须同时满足以下条件：购买时为全新转台，价值高于4000万中非法郎；三年以上仍然可以使用；用于制造、加工、运输和装卸业经营；集中使用。同时需在购置后3个月之内申请税务部门的许可同意。

（六）无形资产

《会计统一法》中没有单独对无形资产的确认和计量规范，但与固定资产一样适用确认计量的一般规范。具体是：无形资产初始计量以历史成本，企业应在其预计使用期限内对资产计提摊销（第45条）。无形资产期末计量按可回收价值计量，如果发生减值，计入减值准备（第42条）。

（七）职工薪酬

《会计统一法》中会计科目（42）核算职工薪酬，核算所有支付给职工的各类报酬。包括以下人员的薪酬费用：行政管理人员，普通员工，临时性雇佣员工（代扣5%来源扣缴税），职工代表，提供服务的企业合伙人。确认和计量方法与中国会计准则的职工薪酬类似。对于建筑工程行业采用BTP惯例（类似于劳动法，规定企业必须给工人年假、年终奖、医疗报销等规定）。

（八）收入

《会计统一法》中会计科目（70）核算企业日常经营活动中取得的收入，核算企业对第三方销售货物、提供服务或劳务取得的经济权利。收入计量按净价计量确认（不包括销售代收的税金和在发票上注明的折扣，但现金折扣例外。）《税法通则》卷一116条规定了日常经营活动中取得收入确认标准：当期经营活动中形成的、能基本确定金额且很可能有流入企业的经济利益，企业必须确认为当期收入。

对于房建和工程建筑企业，企业收入可以采用工程帐单法或者建造合同法确认。

（九）政府补助

政府补助包括三类（前两类也包括第三方补助）：投资性补助、经营性补助和平衡性补贴。

《会计统一法》中会计科目（71），用于核算经营性补助收入，核算方法类似中国会计准则《政府补助》中与收益相关的政府补助。经营性补助是由政府、公共机构或第三方为了弥补企业产品的售价或其经营费用而给予的补助，既不是捐赠也不是投资性补助。经营性补助分为进口产品补助、出口产品补助。债权人放弃债务权利也视同经营性补助计入本科目，年末本科目结转至本年利润。

投资性补助类似于中国会计准则，《政府补助》中与资产相关的政府补助，是企业取得的为了购置、建造长期资产或为了提供长期服务而取得的补助。会计科目（14）用于核算投资性补助收入，取得时计入会计科目（14）和相关资产；年末结转会计科目（14）中当年分配的收益部分至会计科目（865），计入本年收益；处置相关资产时将会计科目（14）尚未分配的余额计入会计科目（865）。

平衡性补贴是政府对企业特别事项的补贴，相当于营业外收入，直接通过会计科目（88）"营业外收入"，并在期末结转到本年利润。

（十）借款费用

借款费用是指企业因借款而发生的利息及其相关成本。借款费用包括借款利息、折价或者溢价的摊销、辅助费用以及因外币借款而发生的汇兑差额等。

（十一）外币业务

外币交易时，应在初始确认时采用交易发生日的即期汇率折算为记账本位币金额，当汇率变化不大时，也可以采用当期平均汇率或者期初汇率核算。

于资产负债表日，外币货币性项目采用资产负债表日的即期汇率折算为外币所产生的折算差额，除了为购建或生产符合资本化条件的资产而借入的外币借款产生的汇兑差额按资本化的原则处理外，其他类折算差额直接计入当期损益。以公允价值计量的外币非货币性项目采用公允价值确定日的即期汇率折算为人民币所产生的折算差额作为公允价值变动直接计入当期损益。

于资产负债表日，以历史成本计量的外币非货币性项目，除涉及计提资产减值外，仍采用交易发生日的即期汇率折算，不改变其记账本位币金额。流动性较强的科目、有合同约定的科目应采用外币核算，包括：买入或者卖出以外币计价的商品或者劳务；借入或者借出外币资金；其他以外币计价或者结算的交易。

（十二）所得税

所得税采用应付税款法，不区分时间性差异和永久性差异，不确认递延所得税资产和负债，当期所得税费用等于当期应交所得税。本期税前会计利润按照税法的规定调整为应纳税所得额（或由税务局核定的应纳税所得额），与现行税率的乘积就是当期在利润表中列示的所得税费用。会计科目（89）核算所得税，分为当期所得税费用和以前年度所得税费用调整，年末余额结转至本年利润。

五、其他

《会计统一法》中没有单独企业合并准则，但《会计统一法》第5章《合并财务报表》明确该体系接受以下两种国际标准。

第一，国际会计准则理事会批准的标准，即 IASC 发布的 IAS，其中 IAS22 企业合并已经被后来 IASB 发布的 IFRS3 取代，但由于会计法并没有修订，没有明确是否自动适用 IFRS3。

第二，欧洲标准（欧洲共同体理事会第7号指令），然而后来的欧盟也于 2005 年起上市公司执行 IFRS3。

因此该会计系统的企业合并处理，与中国企业会计准则企业合并中，非同一控制下企业合并类似。

第七章 刚果（金）税收外汇会计政策

第一节　投资基本情况

一、国家简介

刚果民主共和国（英语：The Democratic Republic of Congo ；法语：La République Dé mocratique du Congo ），简称刚果（金），其首都为金沙萨。刚果（金）位于非洲中部，有"非洲心脏"之称。边界总长 9165 公里，与九个国家接壤：东临乌干达、卢旺达、布隆迪、坦桑尼亚，南接赞比亚、安哥拉，北连南苏丹和中非共和国，西与刚果（布）隔河相望。国土东西长 2193 公里，南北长 2194 公里，面积 2344885 平方公里，在非洲仅次于阿尔及利亚，居第二位。西部有狭长走廊通向大西洋，海岸线长 37 公里，人口数量 8130 万（2017 年）。官方语言为法语。货币为刚果法郎（CDF）。

二、经济情况

刚果（金）的经济严重依赖于矿业。2016 年 GDP 约 349.91 亿美元，2017 年 GDP 约 372.41 亿美元，总体上升 6.43%[1]，主要原因是全球经济不景气以及即将进行的总统大选导致的政局不稳定。基础设施落后，但是近年来，刚果（金）政府将战后重建和恢复经济列为国家发展的重点，不断增加公共投资，逐步恢复道路、机场、供水、供电等基础设施，开展国际合作，加快机构改革，支持经济增长，外资吸引力进一步提高。

三、外国投资相关法律

刚果（金）的法律法规较为健全，基本沿用法国法律法规体系。与投资合作经营有关的法律法规有《投资法》《劳动法》《矿产法》《森林法》和《公司法》等。

---

[1] 数据来源：https://www.kuaiyilicai.com/stats/global/yearly_per_country/g_gdp/cod.html。

在刚果（金）投资设立企业的形式主要包括股份有限公司（SA）、简易股份有限公司（SAS）、有限责任公司（SARL）以及一人有限责任公司（SARLU）等。根据总理马塔塔 2012 年签署的总理令，刚果（金）政府已在司法部设立"刚果民主共和国企业注册一站式服务窗口"，专门负责受理本国及外国企业在刚果（金）注册企业的审批事宜。

劳动用工方面，刚果（金）《劳动法》（LE CODE DU TRAVAIL）是管理刚果（金）国内劳动者雇佣的主要法规。雇佣合同分为定期和不定期两种。定期合同适用于阶段性用工，最长期限不能超过 2 年；不定期合同适用于长久性用工，根据岗位需要，合同可包含 1~6 个月的试用期。所有双方签署的用工合同均需呈送劳工部国家用工办公室批准及备案。

刚果（金）法律规定，外国人在当地就业，首先需要与刚果（金）境内的一家企业签署劳动用工合同，然后由该企业为其申请劳动许可证，获得工作许可证以后，该劳工可以申请劳工签证入境并居留。刚果（金）的签证有三种：旅游签（3 个月内有效），特殊工作签（1 年内有效）和工作签（2 年内有效）。如办理的是特殊工作签和工作签，还需办理往返签（分为 7 个月内单次往返和 7 个月内多次往返两种）。

四、其他

非洲商法协调组织（Organization for Harmenization of Business Law in Africa，简称 OHADA）介绍。1993 年 10 月 17 日，14 个非洲国家在毛里求斯的路易斯港签订了《非洲商法协调条约》，该组织随之产生。成立该组织的目的是对成员国的商法进行统一，推动仲裁成为解决商事争议的手段，为成员国的商业发展提供良好的法律环境。该组织自成立以来已通过大量的统一法，对于确保该地区商法的确定性、可预见性，实现该地区贸易和投资的发展，推动该地区的经济一体化发挥了举足轻重的作用。该组织目前有 17个成员国：贝宁、布基纳法索、喀麦隆、中非共和国、乍得、科摩罗、刚果（布）、科特迪瓦、赤道几内亚、加蓬、几内亚、几内亚比绍、马里、尼日尔、塞内加尔、多哥和刚果（金）。非洲商法协调组织自成立以来，已批准并实施了八部统一法：《一般商法统一法》《商业公司及经济利益集团统一法》《担保法统一法》《会计统一法》《清偿债务的集体程序（破产程序）

统一法》《仲裁统一法》《债务追偿简易程序及执行措施统一法》《公路货物运输合同统一法》。统一法在所有成员国内直接适用，对所有成员国有约束力。在这 17 个成员国内进行投资，均受这八部统一法的管辖。该组织下设司法与仲裁共同法院（简称 CCJA），明确外国公司和当地公司签署合同时，争议解决由 CCJA 最终裁决。

第二节　税收政策

一、税法体系

刚果（金）税收体系以《税法通则》和《年度财政法案》为主，期间对《税法通则》进行过修订。自 2012 年 1 月 1 日起，刚果（金）推行新的税制——增值税，单一税率为 16%，以取消原来的营业税。

刚果（金）税法基本沿袭法国税法，主要税种有企业所得税、个人所得税和增值税。刚果（金）和南非签订有双边税收协定，目前和中国没有签订相关的税务协定。

二、税收征管

刚果（金）实行税收中央集权制，税收立法权、征收权、管理权均集中于中央，由财政部主管。主要的税法由财政部制定。财政预算经济部下设税务总局（DGRAD），税务总局被授权解释并执行税法及实施条例，同时税务总局下设各省市 DGRAD 分局，企业征收类型分大企业和中小企业分别管理，大企业缴税在大税务中心（DGE），中小企业缴税一般在中小税务局（CDI、CIS）。

三、主要税种介绍

（一）企业所得税

1. 征收原则

企业所得税法引进居民企业概念。居民企业是指依照刚果（金）法律成立的或依照外国法律成立但实际管理机构设在刚果（金）的企业。居民企业就全球收入在刚果（金）缴纳企业所得税，而非居民企业仅就来源于刚果（金）的收入缴纳企业所得税。刚果（金）注册的企业必然是居民企业，实际管理机构设在刚果（金）的外国公司也认定为刚果（金）的居民企业。

2. 税率

刚果（金）的企业所得税税率分两种情况：一是矿业企业，适用的企业所得税法定税率是30%；二是其他企业，适用的企业所得税法定税率是35%。

小微企业有1%和2%的优惠税率，微型企业有FC50000定额税；特许权使用费、股息适用20%，分支机构利润须按净利润的50%为税基，适用20%的税率。

3. 所得额的确定

《税法通则》规定，应纳税所得额是指企业每一纳税年度的收入总额，减除不征税收入、免税收入、各项扣除及允许弥补的以前年度亏损后的余额。企业应纳税所得额的计算，以权责发生制为原则，属于当期的收入和费用，不论款项是否收付，均作为当期的收入和费用；不属于当期的收入和费用，限使款项已经在当期收付，均不作为当期的收入和费用。根据《税法通则》卷一第113条对企业发生的商业性质的捐赠、馈赠不能税前扣除，但对符合条件的捐赠给刚果境内的社会福利及政府机构的不超过营业额0.5%（不含0.5%）以内部分可以税前扣除；娱乐、猎、运动、观光等支出不能税前扣除；因违法、违规的各种罚款不能税前扣除；对企业管理层支付明显不合理的薪酬视为不予税前扣除。

亏损弥补年限。纳税人某一纳税年度发生亏损，准予用以后年度的应纳税所得弥补，一年弥补不足的，可以逐年连续弥补，弥补期最长不得超过两年，两年内不论是盈利或亏损，都作为实际弥补年限计算。

4. 反避税规则

企业与关联方之间的收入性和资本性交易均需遵守独立交易原则。目前，刚果（金）在当地行成产业链的企业并不多，税务局对关联企业的关注度不高。税法上没有明确的规定，但在OHADA会计核算体系上有相关的定价确认原则。

2015 年开始，《金融法》要求当地成立的公司及其海外附属机构提交转让定价文档，关联借款费用税前扣除有严格限制，关联服务费税前扣除有严格限制，采矿证持有者的债资比不得高于 3 : 1（资本弱化）；对受控外国公司无相关规定。

5. 征管与合规性要求

企业所得税的缴纳实行"分次预缴、年度清算"的方式。每年分二次预缴企业所得税，分别在 8 月 1 日、12 月 1 日以前按照上一年度的税务利润和适用的税率预缴，每次预缴的金额为上年所得税的 40%，企业所得税汇算清缴截止时间为次年的 4 月 30 日。如企业当年出现亏损，则按照营业额的 1% 或者公司利润税的 30% 与公司营业额的 1% 对比，取其大者缴纳。每年的 5~6 月，税务局对企业利润税缴纳情况进行审查。

企业如逾期申报、未申报以及逃税将被处以的罚款及罚息。根据《税法通则》，对未按期申报、未申报及逃税，将按照缴纳税款的处罚 100% 的罚息，还将处罚款。

（二）增值税

1. 征税原则

对在刚果（金）境内从事经营活动过程中产生增值部分征收的税赋。征税对象为自然人或法人，在刚果（金）的经济活动包括销售货物给第三方或自用、提供服务。

2. 计税方式

用包税制的个人或机构采用简易征收管理，其他企业采用一般计税，其中大中型企业需出具纳税人识别号（税号）的发票。

3. 税率

标准税率为 16%，另有出口适用零税率。

4. 销项税额

增值税销项税税基为销售货物或提供的服务全部价款。符合下列条件的内容不包括在税基内：发票上的现金折扣，与原销售金额一致的销货退回，可回收的包装物（若包装物不退回则需缴纳增值税）。

5. 进项税抵扣

向税务局申报并通过审核的进项税可以用于抵扣销项税，但与企业生产经营无关的进项税不得抵扣。

不能进行增值税进项抵扣的事项：①住宿消费、餐馆消费、接待消费、剧院消费、乘用车出租、人员运输。那些被旅游业、餐饮业、剧院和汽车分销商的从业人员在纳税前提下承担的除外；②属于企业但却被第三方或者企业主、企业雇员使用的资产和服务，工作服、防护服、用于满足集体需求的场所和物品（例如工作区的免费住房）除外；③所有的石油产品，批发商批发的石油产品、发电用油、工业企业的生产用油除外；④所有形式的服务，特别是出租、维护、修理、不享受减税的产品或者商品；⑤所有动产，纳税人用于经营的除外；⑥所有不动产，私人用房屋和场所除外。

6. 征收方式

按进销相抵后的余额缴纳，增值税征收后不再退回（实际操作过程中基本不能退回），如有增值税未抵扣余额只能用于以后年度抵扣应交增值税或所得税。

7. 征管与合规性要求

销项税应在开出发票并收到款项后的下月 15 日之前进行申报，进项税申报期限为开票日起一年以内；逾期申报、未申报以及逃税将被处以罚息并补缴税款。

（三）个人所得税

1. 征税原则

居民个人就全球收入纳税，非居民个人仅就其源于刚果（金）的所得纳税。个税起征点为：当地居民 208000 刚果法郎，日本、美国人最低申报1500 美元，欧洲人最低申报 1000 美元，亚洲人最低申报 500 美元。

2. 申报主体

以个人为单位进行申报，申报的时候参照家庭情况，及婚姻状况和子女数量，由所在企业或者政府机构代扣代缴，并于每月 15 日前申报缴纳。

3. 应纳税所得额

针对个人从第三方获取的工资、补助或其他利益等。对于雇佣所得的个人所得税实行代扣代缴原则，由雇用企业发放工资时代扣代缴。

4. 扣除与减免

未达到个人所得税起征点和外交人员免征个人所得税。个人收入分项计算确定，工资总额扣除社会保险金，薪酬项目中符合免征条件的特殊项目可以在税前进行扣除。如果在一个家庭中，有一个成员没有工作，则每人可以减免 2%，最多可以减免 9 人。

5. 税率实行超额累进税率

表7-2-1 个人所得税税率

税种	项目	描述
与人员工资相关的税收	个人所得税（IPR）	• 税率 税率 / 收入级距（单位：刚果法郎） • 计税基础。个人工资收入总额扣除个人缴纳的社保和以下项目： – 住房补贴，不得超过工资收入总额的 30%； – 效通费用，不超过每天 4 次公交费用或者 4 次出租车费用（对于管理人员）； – 实际发生并且未由底主报销的医疗费用； 根据刚果金法律，计算个税及社保的工资水平不得低于刚果金规定的最低工资水平。同时，对于外籍个人不得低于其祖国所规定的最低工资水平。在税务实践中，税务局通常还会参照其他类似企业类似职位的外籍人员工资水平。 • 虽然个税按照上述累进税率计算，但应缴纳的个税上限为计税基础的 30%，对于工资薪金个人所得税，由底主进行扣缴。

税率	收入级距（单位：刚果法郎）
0%	0~524160
15%	524161~1428000
20%	1428001~270000
22.5%	2700001~4620000
25%	4620001~7260000
30%	7260001~10260000
32.5%	10260001~13908000
35%	13908001~16824000
37.5%	16824001~22956600
40%	22956000 以上

数据来源：德勤刚果（金）税务咨询报告。

6. 征管与合规性要求

个人所得税按月申报，截止日期为每月 15 日之前。逾期申报、未申报以及逃税将被处以罚息和罚款。

7. 外国人特别税（IERE）

外国居民（办理工作签的外国人）就其源于刚果（金）的所得纳税。起征点为 500 美元。矿建企业所属外国居民税率为 10%，其他企业所属外国居民税率为 20%。

（四）关税

1. 关税体系和构成

关税的管理部门为刚果（金）海关总署（DGDA）。中非共同体海关法律规定，中非共同体内部贸易往来享受零关税待遇，但需征收 3.45% 的共同体税；其他国别进口货物需按照海关征收管理办法缴纳关税，具体细项见表 7-2-2：

表7-2-2　其他国别进口货物海关征税税率

编号	简写	关税法语全称	关税中文翻译	税率	计算方式
1	TEC	Tarif Extérieure Commun	进口关税	X	VI × X
2	TCI	Taxe Communautaire D'Intégration	共同体统一税	1%	VI × 1%
3	CCI	Contribution Communautaire D'Intégration	共同体统一捐税	0.40%	VI × 0.4%
4	RDI	Redevance Informatique	信息税	2%	VI × 2%
5	OHADA	Organisation Pour l'Harmonisation en Afrique du Droit des Affaires	非洲商法协调机构税	0.05%	VI × 0.05%
6	TVA	Taxe Sur La Valeur Adjout É E	增值税	16%	VI × （1+X） × 16%

数据来源：对外投资合作国别（地区）指南 刚果（金）民主共和国（2015 年版）

2. 税率

根据最新颁布的《进出口商品海关税则》，主要商品的进出口关税税率见表 7-2-3、表 7-2-4。

表7-2-3　进口商品税率

商品分类	数量单位	关税	到岸价发票金额
咖啡	公斤	10%~20%	13%
茶叶	公斤	20%	13%

续表

商品分类	数量单位	关税	到岸价发票金额
大米	公斤	5%~10%	13%
面粉	公斤	10%	0%~10%
水凝水泥	公斤	10%	13%
气体	公斤	20%	13%
服装	件	20%	13%
钢材	公斤	10%	13%
车辆	辆	5%~20%	3%~13%
电器	件	5%~20%	3%~13%

资料来源：刚果（金）海关。

表7-2-4 出口商品税率

商品税则号	商品名称	数量单位	关税
	咖啡	公斤	1%
矿产品	铜、钴、铅、铝等	公斤	1%
钻石	工业钻石	公斤/克拉	1.5%
	非工业钻石	公斤/克拉	3%
木材	原木	公斤/立方米	6%

资料来源：刚果（金）海关。

3. 关税免税

为支撑某个行业或者是招商引资的需要，财政部会单独针对某个行业或者某个企业出具的免税文件，免税范围和优惠范围根据免税协议确定。免税的项目（免税清单中的项目）但仍需缴纳2%。工程类项目免税范围一般为建设该项目所进口物资、机械设备，主要包括钢筋、水泥、沥青、车辆、机械设备等大宗材料。免税期限为项目合同上规定的施工期限，如遇工程延期需要向海关提供由业主出具的延期证明并办理延期免税文件。但生活物资、豪华车辆不在免税范畴内。

4. 设备出售、报废及再出口的规定

企业向项目所在地海关监管机构申请鉴定所需出售的车辆、机械和设备，由监管机构鉴定残值后出具书面文件；按残值补缴全额关税并取得结关单后可出售。免税到期后，如果没有后续免税项目，需按鉴定残值补缴关税，企业可自行处理设备；如果转入其他免税项目，需要办理转移登记手续；如果项目结束后设备转场到其他国家，需取得海关监督管理机构的同意，按照核定的残值缴纳规定的出口税。

全额关税进口设备，企业可以自行报废；对海关税收优惠进口设备的报废必须通过海关监督管理机构认定残值，补齐相应关税后进行报废，同时申请海关管理机构进行销关。

设备再出口，需要支付关税和增值税。

（五）企业须缴纳的其他税种

预扣税/预提所得税。东道国对外国投资者所获得的股利、利息和无形资产特许使用费等所计征的税费，包括股息、利息、劳务费、设计费、咨询费、管理费、服务费、运费等。

向非居民企业支付股息：一般税率20%，矿业公司税率10%；向非居民企业支付利息：税率20%；向非居民企业支付特许权使用费：14%（名义税率为20%，可按照支付金额的20%计算）；其他如服务、咨询等税率为14%[①]。

动产税（IM）。针对外国公司在刚果（金）的资本或贷款所得征税。纳税人必须在实现收入当月之后的10天内进行动产税申报。应交动产税的外国企业必须在实现收入的次年3月31日前进行申报。矿业企业的动产税税率为10%，其他企业为20%。

车船/不动产税（IF/ISV）。税率根据财产类别和不同区域来划分。针对建筑物是根据每层来收款，对于第一区域内按照每层750美元/年收费。

社会培训金（INPP）。应缴纳的社会保障金计算基础为月度员工薪酬的1%~3%（视员工规模而定，员工规模小于等于50人为员工薪酬的3%，51~200人为员工薪酬的2%，200人以上为员工薪酬的1%），每月15日之

---

① 数据来源：德勤刚果（金）税务咨询报告。

前申报。外国人在刚果（金）工作也需要缴纳社会培训金。

（六）社会保障金

缴纳原则。应缴纳的社会保障金计算基础为月度员工薪酬的 12.5%（员工承担 3.5%，企业承担 9%），每月 15 日之前申报。

外国人缴纳社保规定，外国人在刚果（金）工作也需要缴纳社会保障金。目前，中方人员在刚果（金）缴纳的社会保障金无法退还。

四、税收优惠

2014 年 2 月 11 日，刚果（金）总统卡比拉颁布了《关于大型合作协议和合作项目税务、海关、附加税、非税收入和外汇制度优惠政策法案》。该法案规定，在刚果（金）投资额达 10 亿美元以上，承担社会和环保责任的合作企业和合作项目可免除应缴纳的关税和进出口税等各类税费，但增值税、外国人特别税等税费仍需缴纳[①]。

此外，刚果（金）总统卡比拉于 2011 年 12 月 24 日颁布了《刚果民主共和国农业基本法》，对从事农业领域投资合作的企业给予相应的优惠鼓励政策。

第三节　外汇政策

一、基本情况

刚果（金）的外汇管理机构隶属于刚果中央银行（Banque Centrale du Congo）。刚果（金）官方货币为刚果法郎（CDF），简称刚郎。刚果中央银行是货币的唯一发行机构。在当地市场和各银行，刚郎可以与美元自由兑换。刚果中央银行主要职能为起草和执行货币政策；管理外汇储备和制定汇率；发行货币等。

---

① 数据来源：对外投资合作国别（地区）指南 刚果（金）民主共和国（2015 年版）。

2017 年年末汇率为 1 美元兑换约 1560 刚郎。

表7-3-3　刚果（金）2009—2015年按外汇牌价统计的年平均汇率

年份	美元兑换刚果法郎汇率
2009	806.45
2010	915.13
2011	910.64
2012	915.14
2013	919.67
2014	924.51
2015	929.54

注：以上为按银行牌价统计的平均汇率。
数据来源：对外投资合作国别（地区）指南 刚果（金）民主共和国（2015 年版）。

刚果（金）外汇管理制度总体较为宽松。美元可以随意兑换当地币且在当地市场可自由流通。外汇汇出超过 10000 美元以上要经过刚果中央银行批准，一般开户银行会帮助客户办理所有审批手续，只要有正当理由并附上相关商业合同即可。外汇流入也需经过刚果中央银行，且需向刚果中央银行缴纳汇入金额约 0.2% 的手续费；利润汇出需缴纳 20%（矿业企业 10%）的动产税。

二、居民及非居民企业经常项目外汇管理规定

货物贸易外汇管理。合同或发票、进口许可。外币资金汇入目前无政策方面的限制，但刚果（金）中央银行会对每笔汇入的资金收取约 0.2% 的手续费。

服务贸易外汇管理。刚果（金）服务贸易需申请进口服务许可，服务许可可在银行申请，申请时需提供合同或者发票，款项汇出时向银行提供服务许可即可。

跨境债权债务外汇规定，借款还款业务，在购汇时需提供双方签署的借款协议、还款时间表以及收款证明材料。

外币现钞管理相关规定，由银行内部管理需要自主出具相关管理办法。

需要注意的是，出口型企业，尤其是矿业出口型企业，按照《矿业法》

的规定，40% 的款项必须回到刚果（金）且不能汇出（未来可能会提升到 60%）。

三、居民及非居民企业资本项目外汇管理规定

目前，涉及资本项下的外汇在投资条款中明确可以自由汇出。汇款时，银行根据央行要求提供投资合同和相关证明文件办理支付。

刚果（金）大型企业主要为外资控股企业，刚果（金）跨境对外投资比例较少。涉及在刚企业对外投资，需签订投资协议，明确被投资企业的股权比例，公司成立决议或增资决议等，公司业务性质等解释性文件。

四、个人外汇管理规定

刚果（金）外币现金的银行存取，均会收取手续费（包含 16% 的增值税），手续费因银行而异。银行储蓄无利息。个人携带现金出境限额为 1 万美元，原则上不得超出（实际操作时，一般不超过 5000 美元）。

第四节　会计政策

一、财务管理制度

（一）财税监管机构情况

根据刚果（金）法律，纳税人和企业自由申报、缴税，政府次年对纳税人和企业的纳税情况进行检查，以判定是否正确。最高财税监管机构是财政部，下属税务局、财政局和海关，其中税务局又划分为大企业税务局、税务中心，综合税务中心。

（二）事务所审计

按照 OHADA 统一法案规定，所有企业均需要进行审计。

（三）对外报送内容及要求

会计报告中主要包含：①企业基本信息，行业分类、经营范围、股东

情况、公司地址、银行账户信息、税务登记号等；②企业经营情况表，资产负债表、利润表；③披露信息，费用类、资产类、历年营业额、权益变动等。

上报时间要求：会计报告须按公历年度编制，于次年的 5 月 20 日前完成。

二、财务会计准则基本情况

（一）适用的当地准则名称和财务报告编制基础

公司按照《商业公司与经济利益团体统一法案》（OHADA 下称《统一法案》）体系下的会计系统（Systeme comptable OHADA，简称 SYSCOHADA，下称会计系统）进行经济业务的会计处理和财务会计报告编制。财务报表需每年编制于次年的 5 月 10 日前完成。会计系统规定了会计处理的具体核算方法，包括账户分类（共八类，各账户以数字编号）及其核算内容，同时也规定了借贷记账规则。《统一会计法案》（下称《会计法》）是会计处理的法定要求，规范企业会计处理的原则。

总体来说，刚果（金）的会计与税法联系紧密，财务报表与纳税申报只有很少的内容需要纳税调整，其会计系统以规则导向为主，无完整的会计准则体系，实务处理时可以援引一些会计惯例，但纳税申报是以税务局核准的会计报表为依据，财务会计更多的是考虑税法的规定，与税法会计一致。

（二）会计准则使用范围

所有在刚果（金）注册的企业，均需要按照会计准则进行会计核算并编制报表。实际操作中，划归大企业税务局、税务中心涉及到的企业会计工作更加规范。

三、会计制度基本规范

（一）会计年度

《会计法》规定，公司会计年度与公历年度一致，即公历年度 1 月 1 日—12 月 31 日为会计年度。

（二）记账本位币

《会计法》规定，企业会计系统必须采用所在国的官方语言和法定货币单位，刚果（金）采用刚果法郎作为记账本位币，货币简称 CDF。

（三）记账基础和计量属性

《会计法》规定，以权责发生制作为会计基础（实际操作在计算营业收入时，税务局一般以银行流水作为收入的依据，这是与权责发生制不一致的地方），复式记账为记账方法，以历史成本作为基础计量属性，在某些情况下允许重估价值计量。

《会计法》规定的其他的确认计量假设与一般原则有：谨慎、公允、透明、会计分期、持续经营、真实、一惯性、可比、清晰。

四、主要会计要素核算要求及重点关注的会计核算

（一）现金及现金等价物

列示于现金流量表中的现金，是指库存现金及可随时用于支付的存款现金等价物是指持有的期限短、流动性强、易于转换为已知金额现金及价值变动风险很小的投资。

（二）应收账款

应收账款类似中国会计准则《金融工具确认和计量》的会计处理，初始计量按成本计量，会计系统规定了应收款项的具体规则，也规定了坏账准备、折扣、可回收包装物的会计处理。根据《会计法》，年末对应收款项按公允价值计量，《税法通则》对企业资产的坏账准备可以从税前扣除。但是又规定对国家及地方政府债权的坏账准备不能税前扣除。

（三）存货

存货初始计量以历史成本为计量属性，包括买价以及必要合理的支出。存货发出核算方法可以采用先进先出法或者平均成本法。期末计量以成本与可变现净值孰低法，若成本高于可变现净值时，其差额计提减值准备。

存货由全部商品，原材料和有关的供应品、半成品、成品及在盘点日企业拥有所有权在的物资。具体分类如下：商品、原材料、其他储备品、在产品、产成品、半成品、在途物资、存货跌价准备。

确定存货的期末库存可以通过永续盘点和实地盘点两种方式进行。

存货的初始核算。存货的采购成本应不包含采购过程中发生的可回收的税金。不同存货的成本构成内容不同，通过采购而取得的存货，其初始成本由使该存货达到可使用状态之前所发生的所有成本构成（采购价格和相关采购费用）；通过进一步加工而取得的存货其初始成本由采购成本，加工成本，以及使存货达到目前场所和状态所发生的其他成本构成。

存货出库的核算方法。在 OHADA 下，存货出库有两种核算方法：先进先出法和平均法（移动平均或加权平均）。企业应根据存货的性质和使用特点选择适合的方法进行存货的出库核算。

存货跌价准备。在期末，由于一些不可扭转的原因，导致存货价值低于账面价值时，应根据存货的可变现净值与账面价值的差额计提存货跌价准备。

（四）长期股权投资

长期股权投资是投资企业为了与被投资企业建立长期关系或为了自身的经营和发展而持有的被投资企业权益 10% 以上的投资。长期股权投资分为四个明细科目，分别核算控制、共同控制、重大影响和其他四种情况的投资。按会计系统的解释：控制是直接或间接持有被投资单位超过 40%；共同控制是由有限的股东共同持有被投资单位的股权，共同决定被投资企业的决策；当直接或间接持有被投资单位有表决权股权的 20% 以上时，视为有重大影响。初始计量按投资成本，期末计量处置长期股权投资时，其成本通过"处置非流动资产"的账面价值结转。不属于长期股权投资的其他投资通过账户"短期投资"核算。

（五）固定资产

固定资产初始计量以历史成本，企业应在其预计使用期限内对固定资产计提折旧。固定资产期末计量按可回收价值计量，如发生减值，计入减值准备。

同时，《税法通则》规定，企业如果在会计期末（年度末）按实际使用和直线折旧法计量本期实际折旧，未确认和计量的折旧不能递延到下一期；折旧应当以表格形式申报，否则可能不能税前扣除。《税法通则》对固定资产的折旧年限做出了以下规定：

机器：20~30 年；

设备：10~20 年；

工程器械类：10~20 年；

交通类：3 年（正常是 5 年）；

信息技术类：3 年。

《税法通则》对通讯设备和工具允许选择加速折旧法，折旧率为 40%，需同时满足以下条件：购买时为全新，三年以上仍然可以使用；用于制造、加工、运输和装卸业经营；集中使用的。

（六）无形资产

《会计法》中没有单独对无形资产的确认和计量规范。具体是：无形资产初始计量以历史成本，企业应在其预计使用期限内对无形资产摊销。无形资产期末计量按可回收价值计量，如发生减值、计入减值准备。

（七）职工薪酬

职工薪酬核算所有支付给职工的各类报酬，无论职工的职位与岗位如何，包括行政管理人员、普通员工、临时性雇佣员工、职工代表、提供服务的企业合伙人。确认和计量方法与中国会计准则的职工薪酬类似，但薪酬的构成当地社保和劳工有法规规范，还有一些行业惯例。

（八）收入

收入核算企业日常经营活动中取得的收入，核算企业对第三方销售货物、提供服务或者劳务取得的经济权利。收入计量按净价，不包含销售代收的税金和在发票上注明的折扣，但现金折扣例外。《税法通则》规定了日常经营活动中取得收入标准：当期经营活动中形成的、能基本确定金额且很可能流入企业的经济利益，企业必须确认为当期收入。房屋和工程建筑企业，企业收入可以根据公司的实际情况确定收入原则。但是在实际操作中，税务局通常按照银行流水作为收入的依据。

会计确认收入的原则与税法确认收入的原则基本一致。

（九）政府补助

政府补助包含三类（前两类也包括第三方补助）：投资性补助、经营性补助和平衡性补助。

经营性补助收入核算方法类似中国会计准则《政府补助》中的与收益

相关的政府补助。经营性补助是由政府、公共机构或第三方为了弥补企业产品的售价或其经营费用而给与的补助，既不是捐赠也不是投资性补助。债权人放弃债权权利也视同经营性补助计入本科目，年末本科目结转至本年利润。

投资性补助类似中国会计准则《政府补助》中的与资产相关的政府补助，是企业取得的为了购置、建造长期资产或为了提供长期服务而取得的补助。核算方法类似中国会计准则《政府补助》中的与资产相关的政府补助。取得时计入递延收益，年末结转计账户"当年分配的收益部分"至本年收益，处置相关资产是将尚未分配的余额计入本年收益。

平衡性补贴是政府对企业特别事项的补贴，相当于营业外收入。

（十）借款费用

借款费用是指企业因借款而发生的利息及其相关成本，借款费用包括借款利息、折价或者溢价的摊销、辅助费用以及因外币借款而发生的汇兑差额等。借款费用视借款时间长短计入短期借款或长期借款。

借款费用符合资本化条件的应予以资本化，计入该项资产的成本，不符合资本化条件的，应当于发生当期确认为费用。

（十一）外币业务

外币交易时，应在初始确认时采用交易发生日的即期汇率折算为记账本位币金额，当汇率变化不大时，也可以采用当期平均汇率或者期初汇率核算。

于资产负债表日，外币货币性项目采用资产负债表日的即期汇率折算为外币所产生的折算差额，除了为构建或生产符合资本化条件的资产而借入的外币借款产生的汇兑差额按资本化的原则处理外，直接计入当期损益。以公允价值计量的外币非货币性项目采用公允价值确定日的即期汇率折算为人民币所产生的折算差额作为公允价值变动直接计入当期损益。

于资产负债表日，以历史成本计量的外币非货币性项目，除涉及计提资产减值外，仍采用交易发生日的即期汇率折算，不改变其记账本位币金额。流动性较强的科目、有合同约定的科目仍采用外币核算，包括买入或者卖出以外币计价的商品或者劳务；借入或者借出外币资金；其他以外币计价或者结算的交易。

（十二）所得税

所得税采用应付税款法，采用收付实现制，不区分时间性差异和永久性差异，不确认递延所得税资产和负债，当期所得税费用等于当期应交所得税。本期税前会计利润按照税法的规定调整为应纳税所得额（或由税务局核定的应纳税所得额），与现行税率的乘积就是当期在利润表中列示的所得税费用。所得税分为当期所得税费用和以前年度所得税费用调整，年末余额结转至本年利润。

五、其他

会计系统中没有单独企业合并，但有明确该体系接受两种国际标准：

国际会计准则理事会批准的标准，即 IAASC 发布的 IAS，其中 IAS22 企业合并已经被后来的 IASB 发布的 IFRS3 取代，但由于会计法并没有修订，没有明确是否自动适用 IFRS3。

欧洲标准（欧洲共同体理事会第 7 号指令），然而后来的欧盟也于 2005 年起上市公司执行 IFRS3。

因此该会计系统的企业合并处理与中国会计准则企业合并中非同一控制下企业合并类似。

本章资料来源：

◎ 张向晨 . 对外投资合作国别（地区）指南 刚果（金）民主共和国（2015 年版）[M]. 商务部国际贸易经济合作研究院、商务部投资促进事务局、中国驻刚果民主共和国大使馆经济商务参赞处 .2015.

◎ 税收外汇会计政策汇编（2017 年版）[M]. 中国路桥工程有限责任公司 .2017.

◎ https：//www.kuaiyilicai.com/stats/global/yearly_per_country/g_gdp/cod.html[OL]. 快易理财网 .2018.

第八章　格鲁吉亚税收外汇会计政策

第一节　投资基本情况

一、国家简介

格鲁吉亚（英语：Georgia，以下简称"格鲁吉亚"或"格"），位于西亚高加索山脉以南，西邻黑海，与俄罗斯、亚美尼亚、阿塞拜疆等国接壤。全国划分为 9 个大区（相当于省）、7 个单列市、2 个自治共和国和 1 个自治州，首都为第比利斯。格鲁吉亚国土面积 6.97 万平方公里，截至 2019 年 1 月 1 日，格鲁吉亚人口统计为 372 万人。格鲁吉亚官方语言为格鲁吉亚语，为高加索语的一种。

官方货币为格鲁吉亚拉里。法律体系为格鲁吉亚法律，在宪法体系下设立各种专门法律。

二、经济情况

2016 年，格鲁吉亚 GDP 为 143 亿美元，同比增长 2.7%，人均 GDP 为 3853 美元。进出口总额 120 亿美元，同比增长 21.0%，其中，格鲁吉亚出口总额 21 亿美元，进口总额 99 亿美元。2017 年，格鲁吉亚 GDP 为 151.6 亿美元，同比增长 5%。进出口总额 107 亿美元，同比增长 13.8%，其中格鲁吉亚出口总额 27.3 亿美元，同比增长 29.1%，进口总额 79.8 亿美元，同比增长 9.4%。2018 年 1—4 月，格鲁吉亚 GDP 增长 5.5%。①

格鲁吉亚的矿产资源比较贫乏。主要矿产有锰矿石、煤、铜矿石、多金属矿石和重晶石，其中锰矿石储量丰富，质地优良，品位较高，格鲁吉亚西部地区临近库塔伊西市的恰图拉是锰矿的主要产地，估计储量为 2.2 亿吨，可开采量为 1.6 吨 ~1.7 亿吨。由于格鲁吉亚地处外高加索中西部，北部为大高加索山脉，南部为小高加索山脉，两者间为山间低地、平原和高

---

① 数据来源：世界银行。

原，此种地形特征极具石油储藏的可能。据专家测定，在格鲁吉亚西部、东部和黑海地区发现了储量可观的石油和天然气资源，石油资源储量为 5.8 亿吨，其中，3.8 亿吨在陆上，2 亿吨在黑海，天然气 1520 亿立方米。但开采难度较大。其他矿藏还有石油、漂白土、玉髓、硅藻土、玛瑙、耐火材料和制作混凝土所用的粘土、水泥原料、铅、锌、建筑石材。

格鲁吉亚致力于建立自由市场经济，接受国际货币基金组织、世界银行和欧美国家指导和援助，大力推进经济改革，进一步降低各种税率及关税，加快结构调整和私有化步伐，改善基础设施和投资环境，增加吸引外资的能力。近年来，格经济保持良好发展态势，格政府继续以发展经济为首任，紧缩公共财政预算，通过提高部分税种的税率及加快私有化等方式增加财政收入，增加退休金补贴，调低基准利率鼓励中小企业发展；大力吸引外资，推进与欧盟 FTA 和美国超普惠制待遇的谈判，利用国际援款和贷款加快基础设施建设，以拉动经济发展、打造欧亚运输走廊。投资吸引力从投资环境吸引力角度考虑，格鲁吉亚主要竞争优势有：格鲁吉亚地处欧亚之间，战略地理位置优越，拥有黑海波季、巴统两个港口；宏观经济环境相对稳定；贸易制度具备竞争性；税赋低；自由劳动就业制度世界领先；执照和许可程序有所简化；私有化政策积极可行；金融体制自由度高，政府采取措施坚决打击腐败等。格鲁吉亚还建立政府以及私人投资基金，鼓励外商企业投资农业、旅游业和水力能源行业。

格鲁吉亚于 2014 年加入欧盟。2015 年格鲁吉亚被世界评级机构标准普尔及惠誉评为 BB－级别。2016 年 8 月 15 日，全球创新指数由世界知识产权组织（WIPO）和康奈尔大学、英士国际商学院联合发布，格鲁吉亚全球创新指数排名第 64 位。2016 年世界银行将格鲁吉亚在 189 个国家（地区）中经商环境列为排名第 24 位。

三、外国投资相关法律

格鲁吉亚有较强的投资环境吸引力，被世界银行连续评为经济改革先锋，在最新发布的《2015 营商环境报告》中，格鲁吉亚营商环境在 189 个国家、地区中排名第 15 位。格鲁吉亚对外国投资限制较少，除军事领域外，不存在对外国投资的行业性限制，无对外商的歧视性法律。外国投资相关的主要法律有：

对外贸易方面，格鲁吉亚在 2003 年后着力实施经济改革，推行自由贸易，主要法律有《海关法》《税法》《海关税则法》《执照和许可证法》《工业保税区法》等。

市场准入方面，格鲁吉亚对外商投资实行国民待遇政策，对外商投资和本国投资一视同仁，外国投资者可享受本国投资者享有的税收优惠，对任何外商投资均没有特殊优惠政策。相关法律主要有《国有资产私有化法》《国家投资促进法》《反垄断法》等。

企业税收方面，外国企业和外国人与格鲁吉亚的法人和自然人一样同等纳税，根据《税法》，目前有个人所得税、企业利润税、消费税、增值税和海关税五种国家税，以及财产税、博彩业税两种地方税。

中国和格鲁吉亚有一定的投资合作。1993 年，中国和格鲁吉亚签订了《关于鼓励和相互保护投资的协定》《两国经济贸易协定》《海运合作协定》；2005 年，中国与格鲁吉亚签订了《关于避免双重征税和防止偷漏税的协定》。

外籍人员在格鲁吉亚工作需首先办理居住签证，然后与格鲁吉亚境内机构签订劳动协议、办理工作许可。

第二节　税收政策

一、税法体系

《格鲁吉亚的税收法典》（The Tax Code）是格鲁吉亚国内税法法规的主要依据，是一套规范性的成文法典。从 2004 年 12 月 22 日该法典正式公布后，历经了多次修订。直到格鲁吉亚议会宣布从 2011 年 1 月 1 日起正式实施新的格鲁吉亚税收法典。

除了税务行政处罚由行政处罚法典（The Administrative Offense）规定、税务犯罪由刑法典（The Criminal Code）规定、优先级税收义务由破产法

（The Bankruptcy Law）规定等专项规定，在格鲁吉亚所有涉税的法律法规都是由税收法典规定的。

格鲁吉亚是税基侵蚀与利润转移公约成员国。2017年，与中国签订避免双重征税协定。

二、税收征管

（一）税收征管情况

目前格鲁吉亚的税法体系主要包括五项国家税和一项地方税。国家税包括企业所得税、个人所得税、消费税、进口税和增值税；地方税为财产税。2016年5月，格鲁吉亚议会正式通过，总统签署了格鲁吉亚修正案和税法附录，新法案将从根本上改革格鲁吉亚企业和非居民企业常设机构的企业所得税收制度。新法案将从2017年1月1日起实行，采用与爱沙尼亚相似的税法制度，企业仅在利润分配时计算缴纳税款。

除海关负责对关税的征收外，其他税种均由格鲁吉亚税务局及其分支机构统一收取和管理。

（二）税务查账追溯期

税务查账追溯期原则上为6年。自2010年起，企业可向税务机关提交申请，延长亏损结转年限，最长可向后结转10年。根据格鲁吉亚法规规定，申请延长亏损结转年限会导致诉讼时效从6年延长至11年。但这6年的诉讼时效也会逐年递减，具体规定为：

2015年1月1日—2016年1月1日期间，诉讼时效期为5年；

2016年1月1日—2017年1月1日期间，诉讼时效期为4年；

2017年1月1日以后，诉讼时效期为3年。

一般情况下，当向后结转亏损已经弥补完毕，申请变更为10年，亏损结转的企业也可以再更换为按5年结转亏损。

（三）税务争议解决机制

格鲁吉亚税务政策部（Tax Policy Department）隶属于财政部，其下辖争议解决部门（Department of Dispute Resolution）。格鲁吉亚税务政策部主要负责以下工作：

（1）促进形成外国和私人投资的友好环境，创造稳定、可持续及有吸引力的税收环境。加强并简化税收立法制度。

（2）制定海关政策的主导方向，细化相关建议以保证现有法规与欧盟立法、世界贸易组织（WTO）要求之间的协调。

（3）起草避免双重征税和防止税基侵蚀的协议，根据国家法律进行谈判协商；起草及总结其他国际协议在税收领域的应用，及其他国家法律规定的相关活动。

（4）与国际组织在海关和税收领域深入合作。

如无法通过税务政策部解决税务争端，则纳税人可将税务局行政决定诉诸司法系统。

三、主要税种介绍

（一）企业所得税

1. 征税原则

居民企业指依法在格鲁吉亚境内注册成立，或者依照外国（地区）法律成立但实际管理机构在格鲁吉亚境内的企业。居民企业应当就其来源于格鲁吉亚境内、境外的全球所得缴纳企业所得税。对非居民企业，仅对其来源于格鲁吉亚的所得征税。

非居民企业通过在格鲁吉亚的常设机构进行经营活动，取得的来源于格鲁吉亚境内的所得需在格鲁吉亚境内缴纳企业所得税。如果通过非居民企业或非居民自然人及其代理人在格鲁吉亚境内履行企业管理职能超过3个月，根据格鲁吉亚税法的规定存在被认定为格鲁吉亚构成常设机构的风险。

应纳税所得额是应税收入与税法允许扣除的费用之间的差额。增值税纳税人必须采用权责发生制计算其应纳税所得额，非增值税纳税人可选择收付实现制或权责发生制。

2. 税率

企业所得税的标准税率为15%。

3. 税收优惠

根据格鲁吉亚税收法典规定，主要的免税收入包括：

（1）从居民企业和非居民企业取得的股息、红利收入；

（2）提供医疗及农业服务的企业，利润用于再投资相关产业的，在相应纳税年度终了后三年内取得的利润；

（3）政府债券的利息收入；

（4）从有经营牌照的金融机构取得的利息收入；

（5）从以下国际金融机构取得的利息收入：欧洲复兴开发银行（EBRD），亚洲开发银行（ADB），世界银行集团（WBG），欧洲投资银行（EIB），欧洲开发银行委员会（CEB），国际货币基金组织（IMF），北欧环境金融公司（NEFCO），黑海贸易和开发银行（BSTDB），海外私人投资公司（OPIC）；

（6）符合免税规定的资本利得；

（7）特殊贸易公司从事许可经营活动产生的利润（不包括经营活动中，处置使用超过 2 年的固定资产取得的收入）；

（8）自由工业区（Free Industrial Zones）内企业取得的营业收入；

（9）农业合作社收到的补助及会员费所得。

2014 年 1 月 1 日前，满足下列条件的利息收入适用预提税零税率优惠：

（1）应收利息的一方以债转股的方式对应付利息的一方进行增资；

（2）利息支付企业在该利息应计缴 5% 预提税期间，未发生减资。

4. 所得额的确定

原则上，与纳税人经营相关的所有费用，准予在计算应纳税所得额时扣除。税法同时也规定了不能税前扣除的项目，包括与取得应税收入无关的费用，以及取得免税收入发生的费用支出。

企业支付的股息、红利不得在计算应纳税所得额前扣除。根据税法规定"股息、红利"包括企业按股东持股比例分配的所有形式的税后利润。

下列费用只能按照限额在规定范围内税前扣除：

（1）代表费用（Representation Expenses），在不超过收入总额 1% 以内的部分，准予在计算应纳税所得额时扣除；

（2）向有资质的慈善组织捐赠支出，在不超过应税所得 10% 以内的部分，准予在计算应纳税所得额时扣除；

（3）本期发生的维修费用，在不超过上期期末资产共享净值（Pooling Value）5% 以内的部分，准予在计算本期的应纳税所得额时扣除（超限额部分可通过折旧在税前扣除）。

纳税年度内，在会计上单独核算且已资本化的租赁资产改良支出，准予按照支出费用的 15% 在计算应纳税所得额时扣除。如租赁合同提前终止，资本化改良支出的计税基础余额为零，剩余未扣除的不得再抵扣。

通常而言，在不违反资本弱化相关规定的前提下，企业生产经营过程中产生的利息支出均可在税前扣除，但企业对外支付和计提的利息支出的扣除限额不得超过企业年贷款金额的 24%。资本弱化规则详见第六章反避税规则。另外，财政部下发的规范文件还规定了出差费用可税前扣除的限额。

税法规定了固定资产折旧费用的计算及税前扣除规则。税法允许纳税人选择折旧计提方法，将固定资产通过折旧在一定年限内或按照固定资产购买（制造）费用的全额一次性在计算应纳税所得额时扣除。如果纳税人选择一次性全额扣除的方法，则未来五年内纳税人生产经营使用的全部固定资产必须采用同一处理方法，不得随意变更，且一次性全额扣除方法不适用无需计提折旧的资产。

根据税法规定价值超过 1000 拉里，且使用年限超过一个纳税期间的固定资产需计提折旧。土地、艺术品、博物馆展品、历史文物（不包括建筑物）、生物资产无需计提折旧。价值低于 1000 拉里的固定资产可在投入使用的当年全额扣除。生物资产发生的费用可以在支出发生的当年扣除。

税法规定将固定资产分为五类资产组，固定资产折旧按资产组计提，而非按单项资产计算。资产组年折旧率从 5%~20% 不等。当资产组的剩余价值低于 1000 拉里时，可直接从税前扣除。建筑物和构筑物应作为单独的资产组计提折旧。

某些特定资产可适用加速折旧的政策，如计算机、电子设备、卡车和管道，但同时也规定加速折旧率不得高于资产正常折旧率的两倍。

融资租赁固定资产适用特定的税务处理。出租人应将每个出租的固定资产划分为单独的资产组进行计量，并根据该出租固定资产所预计收取租金的贴现价值进行摊销。

固定资产组分为 1~5 档，每一档内的资产项目及折旧率详见表 8-2-1：

表8-2-1　固定资产种类的项目及折旧率

资产组	固定资产种类	折旧率
1	汽车、陆用机动和拖拉设备、办公家具、运输设备的可移动部分；卡车、公共汽车、专用汽车和拖车；工业及铸造行业用的器械设备；铸铁及压制设备；建筑施工设备；农业用车辆及设备	20%
2	专业工具、设备；计算机、外围设备和数据处理设备；电子设备	20%
3	铁路、海运和河流运输设备；动力交通工具和设备；热技术设备、涡轮设备；电子引擎和柴油发动机；电力传输和通讯设施；管道	8%
4	建筑物和构筑物	5%
5	未包含在以上资产组类别的其他可折旧资产	15%

无形资产应在使用年限内按照一定的比例进行摊销。如果无法确认无形资产的使用年限，则按 15% 年折旧率进行摊销。无形资产应作为单独的资产组计量。无形资产制造或购买的相关费用如果已从纳税人的应税所得中扣除，则不能并入无形资产计税基础中重复计算摊销扣除。

格鲁吉亚税法对固定资产维修费用扣除方式作出规定。如果维修结果既不会大幅增加资产的价值，也不会显著延长其使用寿命，仅用于使固定资产保持有效运行，可视为税法中的一般费用，并可从当年应税所得中扣除。与之不同的是，如果维修结果是对资产进行更换或替换，从而缓解固定资产损坏进度并显著延长其使用寿命，此类大修理费用必须按税法规定，进行资本化处理，并通过固定资产折旧方式在税前扣除。

一般修理费用的扣除限额不得超过该项固定资产组期末余额的 5%，同时须提供相关修理费用的支出凭证。超过资产组余额 5% 的修理费用支出部分应计入该项固定资产组价值，通过计提折旧方式扣除。但是，如果企业采用固定资产一次性全额扣除法，修理费用应从当年的应税所得中全额扣除。

根据相关规定，只有银行、信用合作社、保险和租赁公司产生的储备金支出，准予计算应纳税所得额时扣除。

境内亏损可向后结转弥补应税所得，但最长不能超过 5 年。同时税法规定，亏损结转的规定不适用于国际金融公司、特殊贸易公司及位于自由工业区的企业。

5. 预提所得税

向格鲁吉亚非居民企业支付款项，适用的预提所得税税率如下所示：

（1）向在格鲁吉亚境内无常设机构的非居民企业支付股息、红利，需就支付总额按照 5% 税率缴纳预提所得税。

（2）向非居民企业支付的利息，无论是否与其常设机构相关，需就支付总额按照 5% 税率缴纳预提所得税。

（3）向在格鲁吉亚境内无常设机构的非居民企业支付特许权使用费，需就支付总额按照 5% 税率（2015 年 7 月 1 日前为 10%）缴纳预提税，格鲁吉亚税法关于"特许权使用费"一语的定义大体上遵从联合国示范公约（UN Model Convention）规定。

（4）向在格鲁吉亚境内无常设机构的非居民企业支付的国际运输服务费和国际通信服务费，需就支付总额按照 10% 税率缴纳预提税，对于参与油气资源勘探、开采的非居民分包商取得的收入，适用 4% 税率。

（5）在避税港或离岸管辖区设立的实体，取得来源于格鲁吉亚境内的利息收入、特许权使用费收入和其他未在上述涉及的收入，需按照 15% 税率缴纳预提税，避税港或离岸管辖区的名单，由格鲁吉亚政府确定。

（6）有税收协议情况下，按照税收协定约定。

6. 反避税规则

（1）关联交易。企业与关联方之间的收入性和资本性交易均需遵守独立交易原则。

（2）转让定价。为了确保转让价格公正性，企业应该可以选择以下 5 种比价法进行定价确认：市场比价法 PCML、成本比价法 PRM、购销比价法 PRM、最大边际效应比价法 MTMN、利润分享法 PSM。

（3）资本弱化。企业支付给关联方的利息支出可以税前扣除，但需要提供相关的关联企业之间的资金贷款协议和外汇收款证明。目前，格鲁吉亚要求提供相关证明的实际操作不多。

7. 征管与合规性要求

新的企业所得税税制已从年度申报转变为月度申报。企业应当在发生应税交易次月的 15 日前递交企业所得税纳税申报表，并完成税款缴纳。因此，旧的企业所得税制度下的季度预缴税款已不再适用。

（二）增值税

1. 征税原则

增值税在提供货物及劳务的所有环节征收。购买货物或劳务支付的增值税进项税可抵减销售货物或劳务时的应征增值税，即增值税只对增值额征收。

增值税的纳税人包括提供增值税应税货物和服务，及进口货物的法人实体和个体工商户。如果法人实体或个体工商户在任意连续的 12 个月内应税货物的销售额超过 100000 拉里，或在经营范围内生产或进口应税货物，则应登记为增值税纳税人。仅在特殊贸易区（Special Trade Zone）内供应货物的个体工商户无需进行增值税纳税人登记。不满足以上要求的法人实体和个体工商户可自愿登记为增值税纳税人。对于未登记为增值税纳税人的非居民企业，适用增值税反向征收机制（Reverse Charge Mechanism），即在增值税反向征收方式下，服务的接受方（扣缴义务人）必须从向非居民企业的应付的金额中代扣代缴增值税。

2. 计税方式

增值税是对在格鲁吉亚境内开展经营活动过程中，提供货物或劳务及进口货物的行为征税。某些由格鲁吉亚境外实体向境内法人实体或常设机构提供的特定服务，视为在格鲁吉亚境内提供服务，应按增值税反向征收方式（Reverse Charge）征税。上述规定涉及的服务包括咨询、法律、会计、工程和数据处理服务。特许权使用费、商标权费、版权费、动产租赁费和人员派遣费同样应征收增值税。

增值税应税销售额为纳税人销售货物或者提供应税劳务向购买方收取的全部价款和价外费用，包括消费税、关税和其他税费（如适用），但是不包括收取的增值税。如果纳税人既有应税收入，又有免税收入，应分别核算。

根据格鲁吉亚税法，增值税纳税义务发生时间为货物（服务）的提供时；若存在货物运输，则为装载货物时。若货物或服务为常规性或持续性供应，则交易期间的开发票时间或支付日期将被认定为纳税义务发生时，且不得晚于报告月份的最后一个工作日。

发生在格鲁吉亚境内的销售货物或提供劳务为增值税应税行为。根据格鲁吉亚税法，若劳务提供方和接受方不在同一国，则增值税义务发生地为：劳务接收方注册地、管理机构所在地、常设机构所在地（若服务与该常设机构直接相关）。该条款适用于无形资产的供应、咨询、法律、会计、工程、广告和人员服务、电信、无线广播、电视、数据处理、电子提供的服务和其他类似的服务。

3. 税率

增值税标准税率为 18%。以下情况下适用零税率：①出口货物；②国际航空和水路运输服务；③格鲁吉亚境内的旅游服务；④向热电站供应天然气。

4. 增值税免税

格鲁吉亚的税法规定了以下类型的收入免征增值税。具体包括：金融服务；国有资产私有化过程中国有资产转让；进口用于勘探或开采石油和天然气的设备；公共运输服务；医疗服务；图书、报纸、期刊的进口和销售；初级农产品销售，以及土地买卖。此外，位于自由工业区内的企业之间提供货物和劳务，免征增值税。

5. 进项税额抵扣

纳税人采购国内商品和进口商品产生的增值税进项税，均可从其增值税应纳税额中抵扣，其中取得增值税进项税对应的货物和服务必须是用于纳税人的经营活动中发生的应税交易或进口应税货物或服务，即使该货物和服务的采购不计入生产成本中。如果增值税纳税人兼有应税销售和增值税免税销售，则其增值税可抵扣额依据应税的货物或服务销售额而定。如上述两类交易难以区分，可按当月允许抵扣进项税的销售额占总销售额比例计算可抵扣的增值税进项税额。该抵扣比例应可在当年 12 月的纳税申报表进行调整，最终抵扣比例应根据年度总应纳税销售额与年度免税销售额确定。如果固定资产既用于免税项目，又用于应税项目，在这种情况下，如果免税销售额占上一财年年度总销售额比例小于 20%，则该固定资产进项税可在第一个纳税申报期内全额抵扣。并在每个纳税年度的年末，根据本年免税销售总额占该年度总销售额比例，对可抵扣进项税额进行调整。

如果免税销售额占上一财年年度总销售额比例超过20%，则该固定资产进项税只能在纳税年度最后一个申报期内，按照免税销售额占总销售额比例申报抵扣。需要注意的是，用于下列项目支付的增值税进项税额不得从销项税额中扣除：慈善；交际应酬活动；用于增值税免税项目的货物或劳务；取得未向税务机关申报的电子发票上注明的增值税税额。

6. 增值税退税

出口商品的增值税享受零税率的优惠，所以不可申请抵扣增值税进项税，但纳税人可就生产销往格鲁吉亚境外的货物对应的进项税申请退税。但是，一般情况在格鲁吉亚办理退税非常困难。剩余的留抵税款可在以后进行抵扣或者在1个月内申请退税。外籍人员可就在格鲁吉亚境内采购并出口至格鲁吉亚境外的货物申请退税，条件是该商品出口时间距离采购时短于3个月，且每张票据金额大于200拉里（不含增值税）。办理退税时，外籍人员需向税务机关提交经格鲁吉亚财政部认可的正式发票。退税程序、适用于增值税退税的货物清单，以及有权开具上述正式发票的销售方由格鲁吉亚财政部确定。

7. 征管与合规性要求

增值税按月申报，截止日期为每月15日之前。提供增值税服务的纳税人，有义务在不晚于客户发出通知的30天内开出增值税发票。增值税发票为格鲁吉亚财政部为证明应税交易的正式凭证。增值税发票以电子形式出具。

（三）个人所得税

根据格鲁吉亚个人所得税法的规定，个人应按规定缴纳个人所得税。对于外派至境外的个人，无特殊规定。

1. 征税原则

格鲁吉亚居民纳税人就全球所得纳税；非居民纳税人仅就来源于格鲁吉亚的所得纳税。但格鲁吉亚居民纳税人的境外收入（非来源于格鲁吉亚的收入）免征个人所得税。居民纳税人是指，在一个纳税年度内任意连续12个月中，在格鲁吉亚境内停留的天数超过183天的个人，其中包括在境外就医、度假、因公出差或者学习深造的时间。在境外为格鲁吉亚从事公务服务的个人也被认定为格鲁吉亚的居民纳税人。此外，根据格鲁吉亚证券市场法（Law on Securities Market）的规定，高净值人士是指在格鲁吉亚拥有的资产超过 300 万拉里，或近三年从格鲁吉亚境内取得的所得高于每年 20 万拉里的个人，根据财政司法部的规定也可被认定为格鲁吉亚居民纳税人。根据格鲁吉亚个人所得税税法的规定，配偶应就各自收入分别纳税。非居民纳税的相关规定，详见"非居民纳税人"小节中的非居民纳税人，非居民个人就其取得的来源于格鲁吉亚境内所得负有纳税义务。

2. 申报主体

以个人为单位进行申报，由所在企业或者政府机构代扣代缴。

3. 应纳税所得额

以下列举了部分属于来源于格鲁吉亚境内的收入：①工作报酬或服务费收入（包括董事费）；②股息、红利，利息和特许权使用费收入；③出租在格鲁吉亚境内财产取得的租金收入；④取得与位于格鲁吉亚境内的不动产相关的收入。

非居民个人取得的工资薪金按个人所得税标准税率征税，其在取得时由扣缴义务人扣缴税款。非居民个人取得来源于格鲁吉亚的其他类型收入（不包括按照 5% 预提的股息、红利、利息和特许权使用费）适用10% 的预提税税率。来自避税港或离岸管辖区的非居民，取得来源于格鲁吉亚境内的利息、特许权使用费和其他无特殊规定的服务收入，应按照 15% 的税率扣缴预提税。避税港或离岸管辖区的名单，由格鲁吉亚政府确定。非居民个人出租位于格鲁吉亚境内的财产取得的租金收入，按20% 的税率缴纳预提税；取得住宅用房屋的租金收入可按 5% 税率缴纳预提税。

税法列举了以下类型的应税收入：①股息、红利和利息收入；②养老金和保险收入；③特许权使用费；④租金收入；⑤财产转让收入；⑥工资薪金所得和独立劳务报酬，包括经营收入。需要注意的是，通过遗产和赠与取得的所得也需缴纳个人所得税。通常，如果支付方符合扣缴人（居民法人实体、个体工商户及非居民的常设机构）的规定，那么支付方需在付款时代扣代缴个人所得税。如果个人取得经营收入，则需自行计算应纳税额并进行纳税申报。在特定情况下，如果取得没有扣缴税款的收入，例如取得非现金形式的所得或支付方不具备扣缴人资格，也需自行计算应纳税额并进行纳税申报。纳税人取得的所得如果未缴纳预扣税款，在纳税期期末，应就全部收入（包括应税收入和免税收入）进行纳税申报。

4. 减免与扣除

一般情况下，个人所得税无扣除项目及税额抵免。

5. 税率

个人所得税的标准税率为20%。标准税率适用于雇佣收入、营业收入、不动产和资本收益收入。自2015年1月1日起，以下项目适用于5%的低税率：向个人或法人实体出租居住用房取得的租赁收入；销售车辆或者住宅物业（包括附属的土地）取得的资本收益。注意上述优惠税率只适用于符合财政部相关规定的房产所有人。纳税人取得雇佣收入、营业收入及不动产收入按标准税率实行源泉扣缴，通常由扣缴人（即居民法人实体、个体工商户、非居民的常设机构）预扣缴纳。股息、红利、利息按照5%的税率进行源泉扣缴。

2017年1月1日前，农业合作社向其成员分配的股息、红利不需要预扣税款。

6. 征管与合规性要求

个人所得税的纳税期间为公历年度。

在大多数情况下，个人所得税在取得收入时由支付方预扣税款。扣缴的税款为最终应纳税额，因此纳税人无需进行纳税申报。但在下列情形中，应纳税额应自行计算申报：（1）取得收入时未预扣缴纳税款，包括无需预扣或支付不具备扣缴义务人的情况；（2）个体工商户所得；（3）境外收入（即使为免税收入也应申报）；（4）取得位于自由工业区内的运营实体支付的所得。

纳税人应在纳税年度终了后次年的3月31日前提交纳税申报表。免征个人所得税的个体工商户无需进行纳税申报。

个体工商户应按照上一年度缴纳的所得税款的25%预缴税款，预缴税款的截止期为5月15日、7月15日、9月15日和12月15日。预缴税款可在最终应纳税额中扣减。超额部分可用于抵减其他税款或申请退还，退还税款自纳税人填写退税申请一个月内退还。微型企业不需预缴税款。

纳税人应于纳税年度终了后次年的3月31日前解缴最终税款。

（四）关税

1. 关税体系及构成

格鲁吉亚海关与税务、金融警察合并成一个部门，即"税收海关服务局（RevenueService）"，2010 年 3 月成为独立法人单位。

2. 税率

自 2006 年 9 月 1 日起，格进口关税从原来 0%~30% 的 16 档降为 3 档，即 0%、5% 和 12%，约 90% 的商品为零关税，只有建筑材料（12%）和农产品等仍征收关税。出口货物已全部实行零关税。针对进口汽车，按照发动机的体积乘以 0.05 征收进口关税，且在持有期间每年额外征收 5% 的关税。

3. 关税免税

以下货物和产品免征进口关税，不论原产国：小麦、婴儿食品和糖尿病人食品；用于加工出口货物的原材料；过境货物；16 种规格的药品；价值 300 拉里以下的；外国政府或国际组织以无偿援助或优惠贷款提供的货物，无偿份额至少占 25%；人道主义援助物资；供外交使团的物资；供国际航机的航空燃料、润滑油及其他技术物资；格公民和古典学者在国外出版的文学和科学论著；消毒剂；谷物等。

4. 设备进口、报废及再出口的规定

设备进口属于零关税的范畴，无需考虑关税影响。

（五）企业须缴纳的其他税种

1. 消费税

个人或法人实体在格鲁吉亚境内生产或进口消费税应税产品的行为为消费税的征税范围。格鲁吉亚消费税的征税对象包括酒精、烟草、汽车石油产品和天然气。消费税的纳税人包括在格鲁吉亚生产制造应税消费品的制造商以及进口商。任何在格鲁吉亚生产的出口产品，其对应的已缴纳的消费税可被退还给出口商。

根据格鲁吉亚税法规定，在格鲁吉亚境内消费的进口和国产的酒精饮品必须缴纳消费税，包括度数高于 1.15 度的啤酒（不包括瓶装容量为 50 克及以下或 10 升及以上），应税烟草不包括斗烟叶。根据格鲁吉亚税法规定，无消费税税票（Exercise Stamp）的货物禁止在格鲁吉亚境内自由流通。税务机关可按照规定的程序收缴未附消费税税票的进口货物。从收缴那刻起，该货物将作为国家所有。如因丢失、损毁及不可抗力原因，造成进口或销售的货物未附消费税税票，该批进口货物被视为已经进口销售，同样应按照格鲁吉亚法律征收消费税。如果在收到消费税税票后六个月未能够进口货物，进口商应返还已收到的税票。在上述期限内未能退回消费税税票，则视为已经将应税货物在格鲁吉亚境内进口或销售，并应按照税法要求缴纳消费税。在以后期间内，当进口的应交消费税货物附有不可退消费税税票，应纳税额必须按照实际进口货物数量的比例来计算。除对商品征收消费税外，手机电信服务及手机、固定网络国际通话终端也属于消费税应税服务。

表8-2-2　不同征税对象的消费税计税方法

征税对象	计税方法
手机电信服务	3%
手机国际通话终端服务	每分钟征收 0.15 拉里
固定网络国际通话	每分钟征收 0.08 拉里

2. 企业财产税

居民企业及非居民企业拥有位于格鲁吉亚境内的下列财产，应缴纳财产税：①资产负债表上列明的固定资产和投资性财产；②未安装的设备；③建筑物及在建工程；④居民企业通过融资租赁协议出租的财产。此外，格鲁吉亚境内土地的所有者及格鲁吉亚国有土地的使用者需缴纳财产税。财产税的税率是由地方政府确定，且税率不得超过1%。计税基数为财产剩余价值的年平均值。不动产的剩余价值平均值，按照下列系数扩大：① 2000 年前购买的资产，3 倍；② 2000—2004 年间购买的资产，2 倍；③ 2004 年当年购买的资产，1.5 倍；④无法确认资产购买日期的，3 倍。

3. 个人财产税

居民和非居民个人拥有位于格鲁吉亚境内的下列财产，应缴纳财产税：（1）不动产；（2）建筑物及在建工程；（3）游艇和飞机；（4）从事经营活动的个人，其资产负债表所列的固定资产，包括未安装的设备和出租的资产；（5）通过融资租赁协议从非居民方租入的资产（自 2010 年 1 月 1 日起生效）；（6）居民个人通过融资租赁方式租出的资产（自2010年1月1日起生效）。

家庭年度应税总收入低于40000拉里的免征财产税；如果家庭年度总收入在40000~100000拉里之间，财产税税率从0.05%~0.2%之间不等；如果总收入超过100000拉里，财产税税率从0.8%~1%之间不等。

用于商业用途的个人财产，不论其家庭年收入情况，一律按1%征收财产税。

自2016年1月1日起，拥有"山区企业"特殊地位的个体工商户，其位于山区的财产免征财产税。该免税政策有效期为10年，包括获得批准的当年。

4. 土地税

拥有国有土地所有权或使用权的自然人及法人实体为土地税的纳税人，其中土地类型包括：农业用地和非农业用地。土地税是基于土地的质量及地理位置，而非纳税人从中获得的经济利益。非农用土地最高年税率为每平方米0.24拉里。土地税通过计税基数、地方系数及土地面积的乘积计算。地方系数由土地所在的地理位置和区域决定。

5. 遗产和赠与税

格鲁吉亚无遗产税和赠与税。但是，三级或四级亲属12在每个纳税年度内收到遗产和赠与价值超过150000拉里的，应按标准税率缴纳个人所得税。对于第一二级亲属收到的遗产和赠与（或第三四级亲属获得的遗产和赠与价值不超过150000拉里的），无需缴纳个人所得税。

6. 其他税种

格鲁吉亚的其他税费主要为自然资源使用税和博彩税。个人和法人（包括外国公司的分支机构）从事任何需凭许可证使用除土地外的国有自然资源的活动时，以及从事林木业开发时需缴纳自然资源使用税（费）。自然资源使用税应以纳税人开采的自然资源（如矿产和木材）数量为税基，税率需根据资源的开采数量确定。从事特定类型的活动时，自然资源使用税（费）可减按30%的税率征收。对于经格鲁吉亚法律许可或取得执照的从经营彩票、赌场，以及其他赌博业务的个人和法人，需缴纳博彩税。

第三节　外汇政策

一、基本情况

根据格鲁吉亚外汇管理规定，在格注册的外国公司可以在格开设外汇账户，用于办理与外币有关的结算。外汇进出格无需申报（但实际操作过程中，银行有权要求企业提供相应的合同与结算），也不受限制。若以公司利润汇回，需要缴纳 15% 的利润后才可以办理汇率手续。

二、居民及非居民企业经常项目外汇管理规定

格鲁吉亚对经常项目下的用汇不加限制，企业基本可以购买外汇，购汇企业在正常业务范围下，可以向银行申请购汇并取得较市场更为优惠的汇率进行购、换汇。

三、居民及非居民企业资本项目外汇管理规定

格鲁吉亚对资本项目下的用汇不加限制。在格鲁吉亚工作的外国人，其合法税后收入可全部转出；外国企业税后收入、撤资也可自由转往国外。

四、个人外汇管理规定

格鲁吉亚居民个人所有的外汇，可以自行持有，也可以存入银行或者卖给换钱机构（换汇自由）。个人可以使用的外汇存款，取款自由、存款有息、为储户保密的原则。个人携带外汇进出境，若超过等额 3 万拉里的币值，应当向海关办理申报手续。

五、外汇管制

独立之初，格鲁吉亚政局一度动荡，导致金融市场不稳定。在西方国家和国际货币基金组织（IMF）等国际机构帮助下，格鲁吉亚政府逐渐改善

金融环境，货币实现自由兑换。特别是 2003 年后，开始对经济进行大刀阔斧的改革，不断改善投资环境，取得了一定的成效。正是因为宽松的金融环境，格鲁吉亚银行业发展迅猛。格鲁吉亚货币为拉里（Lari）。《格鲁吉亚外汇管理法规》规定，拉里为可自由兑换货币。在格鲁吉亚的任何金融机构、兑换点，拉里与美元、欧元、英镑等可随时兑换。2016 年 12 月底，格鲁吉亚央行公布的拉里兑美元中间价是 2.6468。目前，人民币与拉里尚未实现直接结算，在格鲁吉亚人民币兑拉里除 BasisBank 外，其他银行或兑换点均没有直接兑换服务。根据格鲁吉亚外汇法律规定，在格鲁吉亚注册的外国企业可以在格商业银行开设外汇账户，用于办理与外币有关的结算。外汇进出格鲁吉亚无需申报，也不限制。外汇贷款本金（凭相关协议文件）汇出时无需缴纳任何税金，偿还外汇贷款利息汇出时需缴纳相应的税款，利润汇出需凭企业缴纳所得税和其他应纳税的证明办理。格鲁吉亚对携带外汇现金入境没有任何限制。携带现金数额超过等值 3 万拉里出境时需申报。在格鲁吉亚工作的外国人，其合法税后收入可全部转出；外国企业税后收入、撤资也可自由转往格鲁吉亚境外。

第四节　会计政策

一、会计管理制度

（一）财税监管机构情况

格鲁吉亚财政部门是会计准则和会计法规的制定部门，负责对会计行为的监管。

（二）事务所审计

在格鲁吉亚境内的上市公司被要求必须进行审计，其他公司并无强制性要求。

（三）对外报送内容及要求

所有公众利益实体（PIE），第一类和第二类企业都有义务准备管理层报告。管理层报告的内容包括：对公司经营活动的复核（包括发展计划、股权变动、风险评估和管理方法等）；公司治理声明（上市公司必须提供）；非财务信息报告（属于第一类的公众利益实体必须提供）。

（四）其他对外报送的内容和要求

（1）实体每年至少编制一次财务报表，并披露财务数据变化情况。

（2）公众利益实体应在其官网公布财务报表（包括合并财务报表）。

（3）在两个连续的报告期结束后，若该实体或集团不再符合类别表中至少两个标准，应适用新的类别要求。

（4）根据法律要求，公众利益实体、第一二类别的实体必须对其财务报表进行单独审计，即便其母公司已经进行审计。

（5）财务报表及相关支持性文件应于财年结束后保存 6 年。

二、财务会计准则基本情况

格鲁吉亚基本采用国际会计准则，包括上市公司和外资公司必须采用国际会计准则，中小企业可适用国际会计准则中针对中小企业的相关规范。

（一）适用的当地准则名称与财务报告编制基础

格鲁吉亚议会于 1999 年 2 月 5 日颁布了一项法律（总统签署日为 2 月 23 日），采用 IAS 作为格鲁吉亚的会计准则。

（二）会计准则使用范围

除小企业和非盈利组织之外，所有的私人企业都必须执行 IAS。

三、会计制度基本规范

（一）会计年度

1 月 1 日—12 月 31 日为一个会计年度。

（二）记账本位币

记账本位币为格鲁吉亚拉里。

（三）记账基础和计量

企业以权责发生制为记账基础；绝大多数业务采用历史成本进行计量，但投资类业务可采用公允价值计量。

（四）外币业务核算

外币业务必须采用格鲁吉亚拉里计量。其中，在业务发生时，将外币金额按照适当的汇率（当时市场汇率或期初市场汇率）折算为记账本位币金额记入有关账户；同时，以外币金额登记对应的外币账户。期末将外币账户的外币余额按照期末市场汇率折合为记账本位币。该折算金额与原账面记账本位币金额的差额，作为汇兑损益，进行相应的账务处理。

四、主要会计要素核算要求及重点关注的会计核算

（一）现金及现金等价物

现金是指企业的库存现金以及可以随时用于支付的存款。现金等价物是指企业持有的期限短、流动性强，易于变化为已知金额的现金、价值变动风险很小的投资。通常投资日起三个月到期或清偿之国库券、商业本票、货币市场基金、可转让定期存单、商业本票及银行承兑汇票等皆可列为现金等价物。

（二）应收款项

主要包括：应收账款、应收票据、应收股利、应收利息、应收补贴款、其他应收款等。

企业对坏账损失的核算，采用备抵法。

（三）存货

1.存货种类

（1）在正常经营过程为销售而持有的资产。

（2）为这种销售而处在生产过程中的资产。

（3）在生产或提供劳务过程中需要消耗的以材料和物料形式存在的资产。

（4）为再售目的而购入和持有的货物，例如，包括由零售商购入并且为了再售而持有的商品，以及为了再售而持有的土地和其他不动产等。

此外，存货还包括企业已经生产完毕的制成品、正在生产的在制品和在生产过程中等待使用的材料和物料等。

2.存货的计量

存货应按成本与可变现净值中较低者来加以计量。

3. 存货的成本

存货的成本应由使存货达到目前场所和状态所发生的采购成本、加工成本和其他成本所组成。

4. 存货的发出

存货的发出采用先进先出法或加权平均成本法，不允许后进先出法。

（四）固定资产

1. 固定资产是指同时具有下列特征的有形资产：

（1）为生产商品提供劳务出租或经营管理而持有的。

（2）使用寿命超过一个会计年度。

2. 固定资产同时满足下列条件的才能予以确认：

（1）与该固定资产有关的经济利益很可能流入企业。

（2）该固定资产的成本能够可靠地计量。

固定资产的各组成部分具有不同使用寿命或者以不同方式为企业提供经济利益，适用不同折旧率或折旧方法的，应当分别将各组成部分确认为单项固定资产。

3. 固定资产的初始计量

固定资产应当按照成本进行初始计量。

固定资产的成本，是指企业购建某项固定资产达到预定可使用状态前所发生的一切合理、必要的支出。这些支出包括直接发生的价款、运杂费、包装费和安装成本等，也包括间接发生的，如应承担的借款利息、外币借款折算差额以及应分摊的其他间接费用。

4. 固定资产的后续计量

（1）固定资产折旧方法。企业应当根据与固定资产有关的经济利益的预期实现方式，合理选择固定资产折旧方法。

（2）固定资产处置的处理。企业持有待售的固定资产，应当对其预计净残值进行调整。企业出售、转让、报废固定资产或发生固定资产毁损，应当将处置收入扣除账面价值和相关税费后的金额计入当期损益。固定资产的账面价值是固定资产成本扣减累计折旧和累计减值准备后的金额。企业将发生的固定资产后续支出计入固定资产成本的，应当终止确认被替换部分的账面价值。

（五）无形资产

无形资产同时满足下列条件的，才能予以确认：与该无形资产有关的经济利益很可能流入企业；该无形资产的成本能够可靠地计量。

企业自创商誉以及内部产生的品牌、报刊名等，不应确认为无形资产。

（六）长期股权投资

合共财务报表应包括由母公司控制的所有企业，但不包括由于特殊原因而排除在外的附属公司。如母公司直接或通过附属公司间接控制一个企业过半数的表决数，即可认为存在控制权，除非在特殊情况下，能清楚地表明这种所有权并不构成控制。如符合以下条件，即使当母公司拥有另一企业半数或半数以下的表决权，也存在着控制权。

（1）根据与其他投资者的协议，拥有半数以上的表决权。

（2）根据法规或协议，拥有统驭企业财务和经营政策的能力。

（3）有权任免董事会或类似管理机构的大部分成员。

（4）在董事会或类似管理机构的会议上，有权投多数票。

附属公司在下列情况下不列入合并的范围：

（1）由于收购和持有附属公司是专门为了在近期内出售，因此控制是暂时的。

（2）附属公司长期在严格限制条件下经营，严重削弱了它向母公司转移资金的能力。

（七）收入

销售商品的收入只有同时符合以下四项条件时，才能加以确认：

（1）企业已将商品所有权上的主要风险和报酬转移给购货方，企业既没有保留通常与所有权相联系的继续管理权，也没有对已售出的商品实施控制。

（2）与交易相关的经济利益很可能流入企业。

与交易相关的经济利益主要表现为销售商品的价款；实务中，企业售出的商品符合合同或协议规定的要求，并已将发票账单交付买方，买方也承诺付款，即表明销售商品的价款能够收回；如企业判断价款不能收回，应提供可靠的证据。经济利益的流入能够可靠地计量。相关的收入和成本能够可靠地计量。

（3）收入能否可靠地计量，是确认收入的基本前提。

成本不能可靠计量，即使其他条件均已满足，相关的收入也不能确认。

（4）经济利益流入企业的结果会导致资产的增加或负债的减少。

2018 年起，国际财务报告准则的新收入准则开始实施。

在履行了合同中的履约义务，即在客户取得相关商品或服务的控制权时，确认收入。对于在某一时段内履行的履约义务，在该段时间内按照履约进度确认收入，并按照一定方法确定履约进度。履约进度不能合理确定时，已经发生的成本预计能够得到补偿的，按照已经发生的成本金额确认收入，直到履约进度能够合理确定为止。

（八）借款费用

借款费用，是指企业发生的与借入资金有关的利息和其他费用。

借款费用可以包括：

（1）银行透支、短期借款和长期借款的利息；

（2）与借款有关的折价或溢价的摊销；

（3）安排借款所发生的附加费用的摊销；

（4）按照"租赁会计"确认的与融资租赁有关的财务费用；

（5）作为利息费用调整的外币借款产生的汇兑差额部分。

1. 借款费用基准处理方法

财务报表应提示为借款费用所采用的会计政策。借款费用应于发生的当期确认为费用。

在基准处理方法下，借款费用应在发生的当期确认为费用，而不管借款是如何运用的。

2. 借款费用所允许的备选处理方法

借款费用应在发生的当场确认为费用，除非按要求已达到可资本化的程度。

直接归属于相关资产的购置、建造或生产的借款费用，应作为该项资产成本的一部分予以资本化。符合资本化条件的借款费用的金额应按借款费用准则确定。

相关资产，是指须经过较长准备期才能达到可以使用或可销售状态的资产。例如，有需要较长准备期才能将其达到可销售状态的存货、制造车间、电力设备和物业投资。其他的投资，以及常规性生产或生产周期较短且重复大量生产的存货，则不是相关资产。那些在购置时就已有预定用途或准备销售的资产也不是相关资产。

在所允许的备选处理方法下，直接归属于某项资产的购置、建造或生产的借款费用，应包括在该项资产的成本之中。当借款费用可能为企业带来未来经济利益并且该费用能够可靠地计量时，应将其作为资产成本的一部分予以资本化。其他借款费用应在其发生的当期确认为费用。

3. 符合资本化条件的借款费用

直接归属于相关资产的购置、建造或生产的借款费用，是指那些如果不为相关资产发生支出即可避免的借款费用。当企业专门为获得某项指定的相关资产借入资金时，与该相关资产直接相关的借款费用就很容易认定。

要确认特定借款和相关资产之间的直接关系，以及要确定哪些是可避免的借款可能会比较困难。例如，当企业的融资活动集中调配时，就会发生此困难。当集团使用一系列债务工具以不同利率借入资金，同时根据不同的基础将这些资金借给集团内其他资本化的开始企业时，也会产生困难。其他复杂性来源于集团在高通货膨胀经济条件下经营，使用外币借款或与外币有关的借款，以及来源于汇率的变动。因此，确定直接归属于相关资产的购置的借款费用金额是困难的，需要进行判断。

对于专门为获取某项相关资产借入的资金，符合资本化条件而计入该资产成本的借款费用的金额，应为借款期内发生的实际借款费用，减去该借款用于临时投资所带来的任何投资收益。

对某项相关资产的筹资安排，可能使企业获得借入资金，并且在该资金的一部分或全部用于相关资产的开支之前，已发生了有关的借款费用。在这种情况下，资金往往在用于相关资产的开支以前，用作临时投资。在确定本期应予以资本化的借款费用的金额时，应从所发生的借款费用中扣除这种借入资金带来的全部投资收益。

对于不是专门为获取相关资产而借入和使用的资金，符合资本化条件的借款费用的金额，应采用将资本化比例乘上发生在该项资产上的支出的方式来确定。资本化比率应是借款费用相对于企业当期尚未偿还的所有借款，而不仅仅是为获得某项资产而专门借人的借款的加权平均数。一个期间予以资本化的借款费用的金额不能超过在这期间内发生的借款费用的金额。

在某些情况下，在计算借款费用的加权平均数时，应包括母公司和附属公司的全部借款。在其他情况下，各个附属公司只应使用借款费用对其本身借款的加权平均数。

4. 相关资产的账面金额超过可收回金额的部分

当相关资产的账面金额或预期最终成本大于可收回金额或可变现净值时，账面金额应按其他国际会计准则的要求予以减记或冲销。在某些情况下，减记或冲销的金额应按其他的国际会计准则的要求加以转回。

5. 资本化的开始

作为相关资产的一部分成本的借款费用，应同时满足以下条件时，才能开始资本化：（1）该资产的开支发生时；（2）借款费用发生时；（3）资产达到预定使用或销售状态所必要的准备工作正在进行时。

在相关资产上的开支，只包括那些导致支付现金，转让其他资产或承担附息负债的支出。收到与该资产有关的任何进度付款和补助都应扣减开支。一个期间内该资产的平均账面金额，包括以前已资本化的借款费用，通常等于该期间内资本化比率所适用的开支的合理近似值。

为资产达到预定使用或销售状态所必需的活动，远远不止资产的实体建造。它们还包括实体建造前的技术性与管理性工作，例如，在开始实体建造之前，围绕取得许可证而进行的工作。然而，在没有发生为改变资产状态而进行的生产或开发活动前，持有资产则不属于这类工作。例如，土地开发引起的借款费用，应于相关开发活动进行期间予以资本化。然而，为建房屋而购置土地所发生的借款费用，在持有土地但没有进行相应开发活动时，不具备予以资本化的条件。

在开发活动发生中断的一个较长期间内，应暂停对借款费用资本化。

在为资产达到预定用途或销售状态而进行的准备活动发生中断的一个较长期间内，可能发生借款费用。这些费用是持有部分完工的资产的费用，不具备予以资本化的条件。但是当大量的技术及管理工作仍在执行时，借款费用通常不暂停资本化。若暂时延误是为使资产达到预定用途或销售状态进行的准备过程的一个必要部分，对借款费用资本化通常也不能暂停。例如，在使存货达到成熟状态所必需的一个较长的期间内，或由于水位较高而推迟造桥，如果在所涉及的地区在造桥期间出现高水位是正常的，在这些延长的期间内，均应继续对借款费用予以资本化。

6. 资本化的停止

当为使相关资产达到预定用途或销售状态的所有准备工作实际上已完成时，应停止对借款费用的资本化。

当资产的实体建造结束时，尽管日常管理工作仍在继续，一项资产已准备用于预定用途或准备销售。如果有少数工作（例如根据购买者或使用者的要求对房屋装修等）尚未完成，也表明所有工作实质上已经完成。

当相关资产的建造的各个部分分别完成，并且每个部分在其他部分继续建造中已可使用时，则在为使那一部分达到预定用途或销售状态的所有必需的准备工作实际上已完成时，应停止对借款费用的资本化。

（九）职工薪酬

员工福利概述了员工福利的会计要求，包括短期福利（如工资和薪金，年假），退休福利等离职后福利，其他长期福利（如长期服务假）和解雇福利。该标准规定了以下原则：提供员工福利的成本应在员工获得福利期间确认，而不是在支付或支付时确认，并概述每种员工福利的衡量方式，详细说明关于离职后福利的计量。

（十）政府补助

政府补助和政府援助披露会计概述了如何计算政府补助和其他援助。政府补助分为与资产相关的政府补助和与收益相关的政府补助。与资产相关的政府补助确认为收入或者从资产的账面净额中扣除。与资产有关的补助金可以通过以下两种方式之一提出：作为递延收入，或从资产的账面金额中扣除赠款。

与收入相关的补助金可以单独报告为"其他收入"或从相关费用中扣除。

（十一）外币业务

外币业务指记账本位币格鲁吉亚币以外的其他货币进行款项收付、往来结算和计价的经济业务。年度财务报告币种必须折算为记账本位币。

外币交易时，应在初始确认时采用交易发生日的即期汇率折算为记账本位币金额，当汇率变化不大时，也可以采用当期平均汇率或者期初汇率核算。

于资产负债表日，外币货币性项目采用资产负债表日的即期汇率折算为外币所产生的折算差额，除了为购建或生产符合资本化条件的资产而借入的外币借款产生的汇兑差额按资本化的原则处理外，其他类折算差额直接计入当期损益。以公允价值计量的外币非货币性项目采用公允价值确定日的即期汇率折算为人民币所产生的折算差额作为公允价值变动直接计入当期损益。

于资产负债表日，以历史成本计量的外币非货币性项目，除涉及计提资产减值外，仍采用交易发生日的即期汇率折算，不改变其记账本位币金额。流动性较强的科目、有合同约定的科目应采用外币核算，包括：①买入或者卖出以外币计价的商品或者劳务；②借入或者借出外币资金；③其他以外币计价或者结算的交易。

（十二）所得税

企业在取得资产、负债时，应当确定其计税基础。资产、负债的账面价值与其计税基础存在差异的，应当按照本准则规定确认所产生的递延所得税资产或递延所得税负债。

资产的计税基础，是指企业收回资产账面价值过程中，计算应纳税所得额时按照税法规定可以自应税经济利益中抵扣的金额。

负债的计税基础，是指负债的账面价值减去未来期间计算应纳税所得额时按照税法规定可予抵扣的金额。

第九章　哈萨克斯坦税收外汇会计政策

第一节　投资环境基本情况

一、国家简介

哈萨克斯坦，全称为哈萨克斯坦共和国，在 1991 年 12 月 16 日宣布独立，与俄罗斯、中国、吉尔吉斯斯坦、乌兹别克斯坦、土库曼斯坦等国接壤，西频里海，全国划分为 14 个州和 3 个直辖市（阿斯塔纳、阿拉木图、奇姆肯特）。首都努尔苏丹（原名：阿斯塔纳）位于哈萨克斯坦中部，伊希姆河右岸，是哈萨克斯坦政治、文化教育、经济贸易和旅游中心，人口约 150 万，从 1997 年起成为哈萨克斯坦首都。哈萨克斯坦官方语言包括哈萨克语和俄罗斯语，货币为哈萨克斯坦坚戈。

宪法规定，哈萨克斯坦是民主、法治、非宗教、统一、推行总统制的共和国国家。国家政权以宪法和法律为基础，根据立法、司法、行政三权既分立又相互作用和制衡的原则行使职能。宪法规定哈萨克斯坦为总统制共和国，总统为国家元首，是决定国家对内对外政策和基本方针，并在国际关系中代表哈萨克斯坦的最高国家官员，是人民和国家政权统一、宪法不可动摇性、公民权利与自由的象征和保证。议会为国家最高立法机构。由上下两院组成，上院 47 个席位，下院 107 个席位。上院任期六年，每三年改选一半议员，下院任期五年。议会议员由选民以直接投票的方式选举产生。司法机构有最高司法委员会、司法鉴定委员会、宪法委员会、最高法院和各级地方法院。2001 年初，哈萨克斯坦通过了《司法体系与法官地位法》，规定法官独立司职，只服从于宪法和法律。

二、经济情况

哈萨克斯坦是中亚规模最大的经济体，也是苏联解体后的第二大经济体（仅次于俄罗斯）。在 2015 年 1 月 1 日成为欧亚经济联盟的成员。

根据哈萨克斯坦国家经济部发布的信息，哈萨克斯坦 2016 年 GDP 增长

1%，建筑业和交通业的改善为 GDP 增长作出重要贡献。2016 年哈萨克斯坦通货膨胀率为 8.5%。哈萨克斯坦 2017 年的国内生产总值（GDP）增长率为 4%。

三、外国投资相关法律

哈萨克斯坦工贸部下属的投资委员会是哈萨克斯坦的投资主管部门，主要职责是实施国家有关保护、支持和监督投资活动的政策。该委员会负责接受和登记投资者要求提供优惠的申请，决定是否给予其投资优惠，并负责与投资者签署、登记或废止有关提供其投资优惠的合同，并监督有关优惠政策的执行情况。

哈萨克斯坦于 2003 年颁布了新的《哈萨克斯坦共和国投资法》（以下简称《投资法》），制定了政府对内、外商投资的管理程序和鼓励办法。根据新的《投资法》，国家鼓励外商向优先发展领域投资，包括农业，林业，捕鱼、养鱼业，食品、纺织品、服装、毛皮、皮革的加工和生产，木材加工及木制品生产，纸浆、纸张、纸板生产，印刷及印刷服务，石油制品生产等。总之，大部分行业对外商投资没有限制，但对涉及哈萨克斯坦国家安全的一些行业，哈萨克斯坦政府有权限制或禁止投资。哈萨克斯坦特别提倡外商向非资源领域投资。

在部分经济领域中，哈萨克斯坦对外资占比有一定限制。

银行业。哈萨克斯坦对外资银行的准入仍有限制性规定，外资银行的资本份额不得超过国内所有银行总资本的 25%。

保险业。哈萨克斯坦规定，所有合资非人寿保险公司的总资本份额不得超过哈萨克斯坦非人寿保险市场总资本的 25%；合资人寿保险公司的总资本份额不得超过人寿保险市场总资本的 50%。

矿产投资、哈萨克斯坦 2005 年修改的《矿产法》规定，企业在准备转让矿产开发权或出卖股份时，哈萨克斯坦能源部有权拒绝发放许可证。同时，国家不仅可以优先购买矿产开发企业所转让的开发权或股份，还可以优先购买能对该企业直接或间接做出决策影响的企业所转让的开发权或股份。

土地投资。哈萨克斯坦规定，本国公民可以私人拥有农业用地、工业用地、商业用地和住宅用地，但是外国自然人和法人只能租用土地，并且有年限限制。

根据《投资法》后规定，外国投资企业可以以合伙公司、股份公司及其他不与哈萨克斯坦法律相抵触的形式建立。外国投资企业的建立程序与哈萨克斯坦法人的设立程序一样。外国投资企业应按规定的数额、程序和期限设立法定资本。外国投资者向企业法定资本实施投资，可以用货币形式出资，也可以用建筑物、厂房、设备及其他物质财产、水土和其他自然资源使用权，以及其他财产权（包括知识产权）等作价形式来出资。《投资法》中规定的投资人包括自然人和法人。自然人在哈萨克斯坦开展投资的规定与法人相同。

另外，外国投资者可以用企业经营利润及企业其他收入和企业创办者追加投资等方式来补充法定资本。哈萨克斯坦方面和外国投资者方面投入企业法定资本的财产所占的份额比例由创办人自己决定。法定资本资金应存入哈萨克斯坦登记注册的授权银行。若外国投资者是以购买哈萨克斯坦法人建立的股份公司或合伙公司的股票或份额的方式实施投资，该法人要作为外国投资企业重新登记注册。

工作准证。凡在哈萨克斯坦工作的外国人都必须有工作许可证（外交机构除外）。外国劳务配额制度是哈萨克斯坦法律明文规定的，并由各个州的劳动与社会保障局具体负责执行，哈萨克斯坦劳动与居民社会保障部为国家主管部门。哈萨克斯坦有关法律规定，每一位进入哈萨克斯坦工作的外国公民都必须获得当地劳务许可，"进入哈萨克斯坦从事劳务活动的外国人和无国籍人士如未获得主管机关颁发的许可证，且两国间未签订其他解决程序协议，可将其驱逐。"哈萨克斯坦政府根据本国人力资源储备状况，每年会发布引进外国劳务配额。

目前，"俄罗斯，白罗斯，哈萨克斯坦关税同盟"，内部劳动力已无需配额可以自由流动。外国公司的负责人，外国公司代表处和子公司的负责人；来哈短期出差人员，连续停留时间不得超过45个日历日；与哈萨克斯坦签订有5000万美元以上的投资合同的外国公司负责人；在哈萨克斯坦经济优先领域进行投资活动并与国家授权机关签订投资合同的外国法人代表；外国银行和保险公司的负责人；在哈萨克斯坦注册额度外交，国际组织和领事代表处的工作人员；来哈从事人道与慈善援助人员；在哈萨克斯坦注册的外国传媒代表；外国组织的海洋，河船的全体乘务人员和航空机组人员；难民或在哈萨克斯坦获得政治避难者。

第二节　税收政策

一、税法体系

独立初期，哈萨克斯坦在采取一系列经济转轨措施的同时，政府开始着手建立适应市场经济需要的税收法律制度，先后颁布了《哈萨克斯坦共和国税法》《哈萨克斯坦共和国企业、联合体和组织税法》《关于企业、联合体和组织税法实施程序》等税收法律制度。

2003 年 1 月 8 日，哈萨克斯坦颁布《投资法》，与此同时，1991 年 12 月颁布的《外国投资法》和 1997 年 2 月颁布的《国家支持直接投资法》废止。《投资法》辅之以《自由经济区法》《外汇调法》和大量的总统令，初步构成了哈萨克斯坦的投资法体系。《投资法》的颁布实施标志着哈萨克斯坦用统一的《投资法》对本国、外国投资进行管理、鼓励和保护，哈萨克斯坦外资法立法体制完成了由"双轨制"向"单轨制"的转变。

2003 年 5 月，哈萨克斯坦公布了《享受投资优惠的优先投资活动种类清单》，确定了吸引外资优先发展的重要领域，发展和细化了《投资法》。其优惠政策包括三种形式：减免税，免除关税，提供国家实物赠与。《投资法》缩短了特惠政策的实施期限。原《国家支持直接投资法》中规定的税务和关税减免期（含延长期）最长可达 10 年，《投资法》将其缩短到五年。

《投资法》在关税减免方面的规定趋于苛刻，原《国家支持直接投资法》规定"实施投资项目所必需的设备、原料和材料全部或部分免征进口税"，《投资法》规定免税对象仅限于哈萨克斯坦无法生产的机械设备。

二、税收征管

（一）征管情况介绍

税务部门由国家授权机关和税务机关组成。属于税务机关的有：地区间的税务委员会，各州税务委员会，阿斯塔纳和阿拉木图市税务委员会，各边区税务委员会，各地区、城市及市内各区税务委员会。设立经济特区的，应当在该区域内组建税务委员会。税务机关直接垂直隶属于上级税务部门，但不属于地区执行机构。国家授权机关对税务机关实行领导。税务机关的主要领导由国家授权机关的第一领导人委任。

（二）税务查账追溯期

税务机关和纳税人的追诉期规定为 5 年，追诉期内：税务机关有权计算、加算和检查已纳税税款；纳税人（税务代理）有义务递交税务报表、有权更改补充税务报表，撤回税务报表；纳税人（税务代理）有权要求清算和（或者）退回税款、滞纳金。

（三）税务争议解决机制

纳税人和税务代理有权向税务机关或者法院投诉税务机关职权人权的作为（不作为），有权对税务机关的检查结果进行申诉。纳税人（税务代理）在收到授权机关检查结果的第 2 天算起，30 天内有权递交申诉。申诉连同税务检查文件一同递交至税务检查机关。

三、主要税种介绍

（一）企业所得税

1. 征税原则

企业所得税的纳税人是指哈萨克斯坦居民法人（国家机构和国家中级教育机构除外），以及通过哈萨克斯坦的常设机构经营事业，或者收入源泉在哈萨克斯坦的非居民法人。博彩税、固定税种的纳税人（如：赌场、经营赌博机的游戏厅、赛马、卡丁车、保龄球馆等）不缴纳企业所得税。

2. 税率

扣除《税法》[①]规定的收入额和支出额，以及扣除按《税法》规定程序

---

① 《税法》由哈萨克财政部于 2009 年颁布。

结转的亏损得到纳税人应纳税收入，如果未另行规定，按照 20% 的税率对其征税。

扣除《税法》规定的纳税人取得的收入和支出额，以及按《税法》规定程序结转的亏损额得到法人（农产品生产者、水产品生产者）的应纳税所得额，如果该收入是从事农产品、蜂产品、水产品生产以及自行生产的指定产品进行再加工和销售所得的，则按 10% 的税率征税。

源泉征税的应税收入应按 15% 的税率征税，但非居民在哈萨克斯坦境内获得的收入除外。

作为企业所得税的补充，在哈萨克斯坦通过常设机构从事经营活动的非居民法人的净收入，依据《税法》规定的程序，按 15% 的税率征税。

3. 税收优惠

哈萨克斯坦于 2003 年颁布了新的《投资法》，规定对国内外投资者一视同仁，实行统一的特惠政策，不存在只针对外商直接投资的优惠政策。2009 年 1 月 1 日实施的新《税法》明确规定：取消以前所有对外国投资者的税收优惠政策，即在税收问题上，无"外国投资者"与"本国投资者"之分，所有投资者均仅享受一条税收优惠：允许投资者在三年内均等地，或是一次性地从企业所得税中扣除投资者当初投入到生产用房产，机械设备上的资金。

同时符合下列条件的首批在哈萨克斯坦共和国境内投产的生产用建筑物、构筑物，在纳税期结束后投入运营不少于 3 个纳税期的机器和设备：①租人在出租合同框架内转交给承租人（承租人为了履行出租合同而专门创建的法人或者权力继承人）持有和使用的、寿命超过 1 年的资产或固定资产；②享受优惠的纳税人在获利经营中使用的资产；③其具有与按地下矿藏使用合同开展经营活动没有直接因果关系的资产；④由于该资产在税务核算中给地下矿藏使用者造成的后续费用，不在地下矿藏使用合同经营活动和合同外经营活动之间分摊的费用；⑤不是根据《投资法》在 2009 年 1 月 1 日前签订的投资合同的草案框架内已投入使用的资产；⑥不是根据哈萨克斯坦共和国经营法在 2014 年 12 月 31 日后签订的投资合同，投资优先项框架内投入使用的资产。

生产性建构筑物、机器设备的改造、升级的后续支出，应在这些费用发生的纳税期内扣除，但上述建构筑物、机器和设备需要同时满足下列条件：①根据《国际财务报表准则》和《会计和财务报表法》在纳税人会计核算中作为固定资产统计的资产；②在改造、升级并投产后的不少于 3 个纳税期，用于获利经营的资产；③实施改造、升级期间临时停止使用的资产；④与地下矿藏使用合同经营业务没有直接因果关系的资产；⑤税务统计中地下矿藏使用者的后续支出，不应在地下矿藏使用合同经营活动和合同外经营活动之间进行分摊的费用。后续支出用于固定资产改造、升级，达到如下结果时，可享受优惠：固定资产结构改变，（含更新，建设）；固定资产使用期延长到三年以上；较之临时停产改造、升级之前，固定资产的技术性能得到提高的资产。

非居住建筑物（非居住建筑物的部分建筑）属于优惠的对象，不包括：商业建筑（商业建筑的部分建筑）；文化娱乐建筑物（文化娱乐建筑物的部分建筑）；宾馆、饭店建筑和其他短期居住建筑、公共饮食业的建筑（上述建筑的部分建筑）；办公楼（部分办公楼）；车库（部分车库）；停车场（部分停产场建筑）。除运动休闲场所、文化娱乐设施、宾馆、饭店、行政管理设施、停车场或泊车场之外的设施属于享受优惠的生产设施。

下列建筑在哈萨克斯坦境内首次投产可享受优惠：通过签订建筑承包合同施工，国家验收委员会签署建筑物（部分建筑物）投入使用证书后，建筑商向业主移交的项目；其他特定情况下，国家验收委员会签署建筑物（部分建筑物）投入使用证书的项目。

4. 所得额的确定

应税收入是指调整后的年度总收入与规定的扣除额之间的差值。应税收入包含受控制的外国公司或其常设机构，根据对受控外国企业利润征税办法规定而确定的总利润。因此，要正确计算应税收入，需要正确计算收入总额、扣除额、固定资产的扣除额、亏损弥补年度结转、纳税调整项目的金额；此外，还要考虑非营利组织、社会活动机构等特殊机构的征税收入和不征税收入

《哈萨克斯坦税法》规定，企业发生的经营亏损可以结转到以后纳税年度扣除。亏损是指在经营活动中，年收入超出年支出的费用，以及销售有价证券的亏损。除长期有价证券外，有价证券的亏损为有价证券购买价高

于售出价；长期有价证券的亏损是指购买价和销售日当天的销售价之间的差额为负数，其中包括贴现分摊。

（1）经营亏损、一类固定资产报废损失、未完工项目和未安装设备的销售损失（其中不含按照哈萨克斯坦共和国法律为国家所需购买的资产），将转入下一个10年（含），通过这些纳税期的应税收入弥补。

（2）变卖土地的损失，除按照哈萨克斯坦共和国法律认定为国家所需而购买的土地外，通过该资产出售时产生的价值增长收入进行弥补。如果该亏损无法在其产生的时期内弥补，则这些损失可结转至下一个10年（含），通过土地出售时产生的增值收入弥补。

（3）如果无其他规定，销售证券时产生的亏损通过销售其他证券时获得的增值收入弥补。如果本条无其他规定，且该亏损无法在其产生的时期内弥补，则这些损失可结转至下一个10年（含），通过其他证券产生的增值收入弥补。

（4）专业财务公司按照哈萨克斯坦共和国项目拨款和证券化相关法规开展业务产生的亏损，可结转至债券流通期内证券化交易中。

（5）在采用农产品生产者、水产品（渔业）生产者、农业合作社相应的特殊税收制度范围内造成的亏损，不得结转至以后的纳税期。

（6）子银行获得母银行可疑资产及不良资产而产生的亏损不得结转至以后的纳税期。

（7）通过用于除套期保值和供应基础资产外其他目的的金融衍生品损失，通过用于除套期保值和供应基础资产外其他目的的金融衍生品弥补。如果该亏损无法在其产生的时期内弥补，则这些损失可结转至下一个10年（含），通过用于除套期保值和供应基础资产外其他目的的金融衍生品产生的增值收入弥补。

（8）在按照哈萨克斯坦共和国经营法规签订的投资合同框架内实施投资优先项目的机构产生的亏损，不得结转至该投资合同效力终止纳税期之后的纳税期。

（9）通过分立或者分割方式进行重组时，在刚成立的纳税人之间，对因重组而转移的亏损按照资产负债表进行分配，这些亏损须按照规定的程序结转。

（10）法人按照哈萨克斯坦共和国政府决议通过兼并或者合并方式重组时，重组法人的亏损将一次性转移给权利继承人，由权利继承人按照规定的程序进行结转。

5. 反避税规则

（1）资本弱化（Thin Capitalization）。哈萨克斯坦在 2009 年执行的新转让定价规则中要求，关联企业之间存在利息支出，企业的债资比不超过 4∶1（金融机构不超过 7∶1）。

企业资金来源主要是债务资本和权益资本。利用两者在税收政策上的差异，加大债务资本、弱化权益资本，可以得到更好的经济利益。租赁筹资也是权益资本弱化的一种形式。租赁的对象主要是固定资产，例如、租赁办公楼、油田地面设备、钻机等，既可避免因直接购买而承担资金占用和经营的风险，同时租金可以在税前列支、减少税前利润，从而减轻所得税税负。

自 2009 年 1 月 1 日起生效的新资本弱化规定，适用于哈萨克斯坦居民企业支付给居民或非居民的利息支出。资本弱化规定明确了利息的扣除限额。可扣除的利息一般以市场利率或税务局提供的特定的债资比计算公式，计算得出的两者中的较低者为限。超额的利息费用不会视同股息分配。

（2）转让定价（Transfer Pricing）。2009 年 1 月 1 日，哈萨克斯坦新的《转移价格法》正式颁布实施。哈萨克斯坦政府制定《转移价格法》的主要目的在于监控关联公司的交易活动。新《转移价格法》补充了有关监控以及与转移价格相关的其他交易的内容。另外，新《转移价格法》取消了"避税港"公司计算支出的权利，增加并细化了《转移价格法》的条款，补充了"利润比较法"，以及与哈萨克斯坦税务机关签署使用转移价格协议的条款等内容。包括中资石油公司在内的在哈萨克斯坦外国石油公司所开展的投资、采购、勘探开发、原油销售等业务，基本都属国际业务的范畴。新《转移价格法》实施后，哈萨克斯坦税务机关将会对这些公司的贷款合同、采购合同、服务合同及原油销售合同等，可能涉及转移定价的行为进行监督和检查，因此这些公司面临一定的财税风险；同时也对今后签署涉及国际业务的合同提出了更多新的要求。

（3）关联交易。①关联关系判定标准。虽然哈萨克斯坦不是经合组织的成员国，但现行的转让定价法与经合组织的指导方针有一些共同点。其主要区别是，哈萨克斯坦转让定价立法的目标是所有国际商业交易，不论当事人是否为关联方。

②关联交易基本类型。哈萨克斯坦的转让定价规则适用于在关联方及非关联方的国际商业业务，以及在哈萨克斯坦境内进行的业务但将其归类为国际商业业务。其中，"国际商业经营"包括：货物买卖的进出口交易；没有常设机构的非居民参与的承包工程和服务的交易；哈萨克斯坦居民在境外买卖货物、承包工程和提供服务的交易。

③关联申报管理。尽管哈萨克斯坦国家会计准则和国际会计准则要求在财务报告中披露关联交易，但现阶段，哈萨克斯坦税收法规中并未要求在报送税务申报表时披露关联方交易。

6. 预提所得税

哈萨克斯坦居民根据《税法》规定，在哈萨克斯坦缴纳哈萨克斯坦境内和境外取得收入的所得税。非居民根据《税法》规定在哈萨克斯坦缴纳哈萨克斯坦取得收入的所得税。通过常设机构在哈萨克斯坦开展经营的非居民，根据《税法》规定同时也在哈萨克斯坦缴纳与该常设机构经营活动相关的哈萨克斯坦境外取得收入的所得税。发生纳税义务时，居民和非居民同时也在哈萨克斯坦缴纳《税法》规定的其他税款和其他应缴财政款。

未建立常设机构从事经营的非居民法人收入的征税程序，企业所得税源泉扣缴的计算和扣除方式，对未建立常设机构从事经营的非居民法人收入的企业所得税实行全额源泉扣缴。

企业所得税源泉扣缴由扣缴义务人进行扣缴，不受向非居民法人进行支付的形式和地点的影响。

未建立常设机构从事经营活动的非居民，其哈萨克斯坦收入应按下列税率进行源泉控制征税：①《税法》确定的收益，按20%征收；②风险保险合同保险理赔收益，按15%征收；③风险再保险合同保险理赔收益，按5%征收；④提供国际运输服务的收益，按5%征收；⑤增值收益、红利、利息、特许权使用费所得，按15%征收。

7. 征管与合规性要求

（1）纳税期。企业所得税纳税期自日历年 1 月 1 日—12 月 31 日。每月 25 日之前计算并交纳预缴企业所得税。当年企业所得税预缴金额应为上年实缴企业所得税金额的 1/4，并且应平均分配到每一个季度的每一个月。

如果机构是在日历年开始之后成立的，则该机构的第一个纳税期是指从其成立之日起至日历年结束的时间段。此时，该机构在司法机关注册登记日是其成立日期。

如果日历年结束前机构被清算、改组，则从年初到清算、改组结束之日前的时间段视为最后一个纳税期。如果日历年开始之后建立的机构在同年结束前被清算、改组，其纳税期为自建立之日起至清算、改组结束之前的时间段。

纳税期结束后，在申报单递交规定期限后的 10 个日历日内，纳税人缴纳企业所得税。

滞纳金按照纳税义务履行超期的天数进行计算，自税款和其他缴纳财政款项的缴纳期限届满次日开始计算，包括上缴财政当日，金额相当于哈萨克斯坦共和国国家银行规定重新拨款官方利率的两倍。

（2）纳税申报。企业所得税纳税人应在纳税申报期后的次年 3 月 31 日前向其所在地的税务机关报送企业所得税申报表，如果未另行规定，不含在哈萨克斯坦获得实行税源征税收入的且在哈萨克斯坦未通过常设机构从事经营活动的法人。

扣缴义务人应在以下期限内，向扣缴义务人所在地的税务机关提交居民收入源泉扣缴预提企业所得税的申报表：①第一、第二和第三季度的申报表——向居民支付所得当季的次月 15 日前提交；②第四季度的申报表——向居民支付所得或非居民已计入成本费用但未实际支付的报告期的次年 3 月 31 日之前提交。

（二）增值税

1. 征税原则

在哈萨克斯坦境内对增值税注册登记的人：个体经营者；居民法人，但国家机构除外；非居民企业；按照与信托管理机构或者在信托管理产生的其他情况下的受益人所签订的信托管理合同进行信托管理，实现以销售商品、工程施工、提供服务为目的营业额；按照关税同盟的海关法律或哈萨克斯坦海关法律规定进口货物到哈萨克斯坦境内的人。

2. 计税方式

依据哈萨克斯坦税法征收方式，确定为一般计税方式。

3. 税率

增值税的税率为12%，适用于应纳税营业额和应纳税出口业务。

4. 增值税免税

（1）国际运输相关周转。

（2）与土地和居住建筑物相关的销售周转。

（3）金融业务销售周转。

（4）转交财产进行融资租赁，转交财产进行融资租赁时，对于出租人应收取的酬金金额部分，同时满足特定条件的，转交财产进行融资租赁。

（5）防伪标识。

（6）国家伊斯兰专业财务公司销售给国家财产管理主管机关、以前通过按照国家伊斯兰证券发行条件签订合同获得的建筑物、构筑物，以及该财产所占区域。

（7）按照国家伊斯兰证券发行条件签订的合同获得的建筑物、构筑物及所占区域，由国家伊斯兰专业财务公司按照租赁合同提供的临时占有和使用的服务。

（8）按照哈萨克斯坦共和国法规，无偿转交给国家事业单位或国营企业的财产；

（9）抽奖单位提供给抽奖人的彩金。

（10）结算各方之间的信息和技术配合服务，包括提供信息收集、处理、电子交易结算等各方面的服务。

（11）在海关边境的加工海关程序完成之后、运入欧亚经济联盟海关边境的商品的加工或维修服务。

（12）在按照哈萨克斯坦共和国住房关系法规开展的房屋（住房）所有人协会业务框架内，共有房屋项目普通财产管理服务。

（13）本国货币的纸钞和硬币。

（14）如果在进行销售的纳税期内，以及在之前四个纳税期内符合条件的商品、工程、服务。

（15）如果交易规定纳税人应保证所售商品、完成的工作和提供的服务质量，在交易规定的运行保证期内对商品无偿维修或技术维护的工作和服务，其中包括商品的备件和零件。

（16）如无另行规定，依据在交易所签订的，交易金条或者金砖形式的投资黄金，或者该交易的一方是二级银行，按照哈萨克斯坦共和国《外汇调整和外汇管控法》规定，有权通过自己的换汇点买卖哈萨克斯坦共和国发行的金条的法人。

（17）组织赌博或者签订赌约的服务。

（18）旅行社的入境游服务。

（19）在收费、紧急和返还情况下的资金借款交易。

（20）海关监管的免税商品交易。

（21）有色金属和褐色金属的废料和废弃物。

（22）宗教组织按照哈萨克斯坦共和国法规举行宗教仪式和典礼的服务。

（23）在哈萨克斯坦共和国司法机关注册的宗教组织销售的宗教用品。

（24）殡仪馆的殡葬服务，墓地和火葬场服务。

（25）非营利性组织按照哈萨克斯坦共和国特殊社会服务法规开展的特殊社会服务。

（26）按照哈萨克斯坦共和国文化法规，在国家任务框架内开展的、有社会意义的文化领域活动、娱乐文化活动。

（27）博物馆行使文化、教育、科研职能，推广哈萨克斯坦共和国历史文化传承的服务。

（28）图书馆行使信息、文化、教育职能的服务。

（29）由剧院、音乐厅、文化休闲机构开展的文化和教育领域的服务和工作。

（30）凭借相应业务许可证开展的文化古迹科学修复工作。

（31）学前教育和培训领域的教育服务。

（32）有开展教育活动资质的教育机构提供的补充教育服务。

（33）依据某些类别业务权利许可开展的小学、基础中等、一般中等、技术和职业、中学后、高等和大学后教育领域的教育服务。

（34）符合相关规定的自主教育机构，完成的规定业务。

（35）有从事教育活动资质的教育机构开展的，提供临时使用图书馆基金的服务。

（36）任意类型的药物（含原料药），以及药物生产所用的材料和配套设备。

（37）医用（兽医用）制品，包括修复整形制品、失聪失明人士用品、医疗（兽医）技术设备，任意类型药物生产时所需的材料和配套设备，其中含原料药、医用（兽医用）制品、包括修复整形制品、医疗（兽医）技术设备。

（38）持有医疗活动许可证的卫生主体按照哈萨克斯坦共和国法规提供医疗救助形式的服务（其中包括在开展不属于许可范围的医疗活动）。

（39）国家卫生防疫局按照哈萨克斯坦共和国卫生法规提供的居民卫生防疫方面的服务。

（40）特定人员提供的兽医领域服务。

（41）满足条件的交通工具和农业机械。

（42）在《霍尔果斯国际边境合作中心》特别经济区内销售的商品、工程和服务。

（43）依据国家目标实施合同进行的科研工作。

（44）支付给唯一股东是哈萨克斯坦共和国政府、改善二级银行贷款组合的专业化机构在规定业务领域内销售的商品、工程、服务。

（45）体育运动机构依据国家目标实施合同提供的服务。

（46）医药服务，在预算转账至社会医疗保险基金、支付一定范围的免费医疗救助服务费用框架内药物和医疗制品核算和销售服务。

5. 销项税额和进项税额抵扣

进项税额：如果购买商品、接受工程和服务的接受人是增值税纳税人，那么可抵扣的增值税金额为购买商品或接受工程和服务时取得凭证上注明的增值税金额。

计算方法为：

$$增值税 = 销售价格 \times 税率 / (1 + 税率)$$

$$当期销项税额 = 当期销售额 \times 适用税率$$

6. 征收方式

首先，依据税法规定的应税周转计算得出的增值税金额与依据税法规定的允许被冲销的增值税金额和可冲销的增值税补充金额的差额。最后，非居民应当缴纳的增值税等于依据税法规定的税率乘以从非居民获得的商品、工程、服务周转额。

7. 征管与合规性要求

增值税纳税人应当按季度计算缴纳增值税。每个纳税期结束后，增值税纳税人应不迟于报告期次月的 25 日，向其所在地的税务机关提交增值税纳税申报表，并缴纳税款。

增值税纳税人必须在纳税结算期之后的次月 15 日前将每个纳税期内的增值税纳税申报单提交至所在地税务机关。

在纳税期内采购和销售的商品、工程、服务的发票汇总表应作为纳税申报单的附件、与纳税申报单一并提交。采购和销售的商品、工程、服务的发票汇总表格式由哈萨克斯坦政府予以规定。

税务机关决议从注册登记中除名的纳税人，必须在将其除名的税务结算期后的次月 15 日之前向所在地税务机关提交最终增值税纳税申报表。

最终纳税申报表在将该纳税人从注册登记中除名的税务期内编制，从该税务期期初开始至除名之日止。

（三）个人所得税

1. 征税原则

个人所得税法中规定的居民纳税人为在哈萨克斯坦永久居住或主要经济利益在哈萨克斯坦的自然人个人。就其取得的源于哈萨克斯坦境内和境外的全部收入缴纳个人所得税。包括源泉扣缴的收入和独立纳税的自然人的年度收入；不满足前述个人所得税中居民纳税人个人的规定，则为非居民纳税人个人。非居民纳税人个人需就来自哈萨克斯坦境内的所有收入缴纳个人所得税。根据取得类型，源于境内的所得包括雇佣所得、经营及专业服务所得、投资所得、资本利得及其他所得。

2. 申报主体

下列居民纳税人需提交个人所得税申报单：

（1）个体经营者。

（2）私人公证员、私人司法执行员、律师。

（3）获得财产收益的自然人。

（4）获得其他收入的自然人，包括哈萨克斯坦境外的收入。

（5）在哈萨克斯坦境外的外国银行账户中存有资金的自然人，使用摊贩牌照或简化申报小企业特种税制的个体经营者不提交。

源泉扣缴个人所得税的申报期是一个月编制个人所得税和社会税纳税申报表的报告期为日历季度。报税单提交期限报告期结束后次月的 15 日前，向扣缴义务人所在地的税务机关提交个人所得税和社会税申报表。

3. 应纳税所得额

税法中规定的收入扣减不征税收入，免税收入后的余额。

4. 扣除与减免

不视为自然人收入的范围如下：

（1）在哈萨克斯坦法律规定的范围内，由预算资金出资支付的专用社会救济、资助和补偿。

（2）根据哈萨克斯坦法律规定，自然人生命和健康遭受损失获得的补偿金。

（3）工作人员在途中进行工作或出差，在工作人员服务区段范围内与公务外出相关的情况下，给工作人员的补偿费为每个工作日，数额为结算日当日预算法规定的月统计指标的 0.35 倍。

（4）公务出差补助，其中包括工作人员按哈萨克斯坦法律进行培训、提高职业技能或进修，如果未另行规定，则按以下内容执行：哈萨克斯坦境内出差，不超过 40 个日历日的出差期间，每个出差的日历日的补助不超过相应财政年度 1 月日预算法规定的月统计指标的 6 倍金额；若在哈萨克斯坦境外出差，不超过 40 个日历日的出差期间，每个出差的日历日的补助不超过相应财政年度 1 月 1 日预算法规定的月统计指标的 8 倍金额。

（5）公务出差补偿费，其中包括国家机构根据哈萨克斯坦法律为工作人员培训、提高职业技能或进修支付的补偿费（不包括依靠哈萨克斯坦国家银行预算资金出资的国家机构），按哈萨克斯坦法律规定的金额发放。

（6）公务出差补偿费，其中包括依靠哈萨克斯坦国家银行预算资金出资的国家机构为工作人员根据哈萨克斯坦法律参加培训、提高职业技能或进修所支付的补偿费，按哈萨克斯坦法律规定的金额和方法发放。

（7）在工作人员调任到其他工作地点，或者与雇主共同迁移到其他工作地点时，期限不超过 30 个日历日的路费、运送财产、房屋租赁支出的补偿费，上述支出应有文件证实。

（8）与经营业务获得的收入无关的雇主的费用不属于扣款，不分配给具体自然人。

（9）从事野外条件下的地质勘探、地形测量和勘测作业的工作人员的野外津贴（进行上述工作的每个日历日，按预算法规定、相应财务年度 1 月 1 日有效的月统计指标双倍金额）。

（10）在提供施工和换班休息条件的施工项目期间，雇主为保障轮班工作人员生命活力的费用。

（11）工作人员从哈萨克斯坦居住（逗留）地点和工作地点之间往返运送相关费用。

（12）发放工作服、工作鞋、其他个人防具和急救用具、肥皂、消毒剂、牛奶或按哈萨克斯坦法律规定标准发放提供医疗预防营养的其他等价食品。

（13）由于雇主根据哈萨克斯坦法规签有工作人员强制保险合同，可调整强制保险类型，工作人员履行劳动（职务）义务时，如发生意外，按此合同支付的保险费。

（14）按法院判决判给的物质损失补偿金。

（15）如果有资金来源扣税的证明文件，之前应从资金来源征收个人所得税的红利、酬金和彩金款项。

（16）养老公积金存款人的养老金总额，该金额交给人寿保险机构，用于按签订的养老保险（养老金）合同支付保险赔偿金，以及按哈萨克斯坦法律规定的方法交给保险机构的退休养老金合同赎金总额。

（17）由于不及时扣款或划拨应缴养老金及社会扣款，而加算的罚金总额，该金额应该在哈萨克斯坦法律规定数额内。

（18）获得人道主义援助的财产价值。

（19）应在哈萨克斯坦进行国家登记、自所有权登记之日起具有 1 年及以上的机械运输工具和挂车，其销售时价值的增长额（存入法人固定资本）。

（20）自所有权登记之日起，在哈萨克斯坦境内所有权为 1 年及以上的住宅、别墅建筑物、车库、私人附属财产设施，在销售时价值的增长额（存入法人固定资本）。

（21）在哈萨克斯坦境内所有权 1 年及以上的土地地块或土地份额，在销售时价值的增长额（存入法人固定资本），自出现所有权之日到销售日（存入法人固定资本）期间，该地块或土地份额的指定用途为个人住宅建筑、别墅建筑、进行私人副业、建车库，其上建有《税法》第 180——1 条第 1 款第 1 项中所述的工程。

（22）在哈萨克斯坦境内的土地地块或土地份额，如果编制其购买和转让的法律权利文件日期之间的周期为 1 年及以上，其在销售时价值的增长额（存入法人固定资本），自出现所有权之日到销售日（存入法人固定资本）期间，该地块或土地份额的指定用途为个人住宅建筑、别墅建筑、进行私人副业、园艺、建车库，其上建有《税法》第 180——1 条第 1 款第 1 项中所述的工程。

（23）按照哈萨克斯坦共和国法律赎回国家所需的财产的价值增值。

（24）补偿非个体经营者的出租人，即自然人维护和修理出租财产的费用，或承租人维护和修理向自然人租赁的财产的费用，该费用未按照租赁合同算入支付账单中。

（25）自由选择时，基础资产的市场价值超出自由选择价格的金额。相应文件中确定自由选择基础资产所按价格是自由选择价格，依据这些相应文件向自然人提供自由选择。

（26）以推销为目的，无偿（包括以赠与的形式）转交给自然人的商品价值，如果每单位该商品的价值不超过商品转交之日预算法对该财务年度规定的月统计指标的 5 倍金额。

（27）根据《税法》第 102 条产生的人员接待和服务招待费。

（28）节约利用从法人和个体经营者处获得的贷款（借款、小额贷款）所得酬金等物质利益，其中包括工作人员从自己的雇主处所得的贷款。

5. 税率

纳税人的收入按 10% 的税率征税，红利形式的收入除外。来源于哈萨克斯坦境内外的红利收入按 5% 税率征税。

6. 征管与合规性要求

扣缴义务人核算资金来源中应征税收入的个人所得税的纳税期是一个日历月。

处罚金额计算公式为：

滞纳金 =（未付金额 × 再融资利率 /100 × 倍数 × 天数）/365

报告期结束后次月的 15 日内，纳税人和扣缴义务人向所在地的税务机关提交个人所得税和社会税申报表，并缴纳税款。

（四）关税

1. 关税体系和构成

为实现关税税率系统化，保障其与世界贸易组织规则的一致性，哈萨克斯坦政府批准了新的《哈萨克斯坦关税税则》，规定所有进口商品都统一按照该规则确定的进口关税税率明细表缴纳进口关税。

哈萨克斯坦对进口商品主要征收从价税。哈萨克斯坦与中国相互给予了最惠国待遇，并按普惠制原则对部分中国商品给予优惠关税待遇。

根据国内税收法规定，哈萨克斯坦以清关价值和海关关税之和为税基对进口产品征收增值税。

2. 税率

加入世界贸易组织之后，哈萨克斯坦平均进口关税从之前的 10.4%（欧亚经济联盟统一关税）下降到 6.5%。其中，农产品平均关税降为 10.2%（之前为 17%），工业产品和为 5.6%（之前为 8.7%）。据介绍，哈萨克斯坦在加入关税同盟之前的平均关税水平为 6.2%。此外，哈萨克斯坦还对每笔进口产品征收 50~70 欧元的清关手续费。

具体每个种类的商品对应的关税税率应当查看哈萨克斯坦海关当年公布的最新关税税率。

3. 关税免税

作为欧亚经济共同体成员，哈萨克斯坦对来自俄罗斯、白俄罗斯、吉尔吉斯斯坦、塔吉克斯坦的大部分进口产品免征关税。根据哈萨克斯坦临时进口制度的规定，除食品、工业废弃物及消费品外，仅供短期使用的其他进口产品可全部或部分免除进口关税。

4. 设备出售、报废及再出口的规定

企业缴纳了商品进口时获得的关税和税务豁免并符合其他规定后才可在哈萨克斯坦境内销售获得以上关税优惠的进口商品。国外商品自哈萨克斯坦境内再出口时，不必缴纳相关税款或应退还对此类商品缴纳的进口关税和非关税款项。

商品报废制度适用于在海关监管下对未缴纳任何关税和付款的商品进行销毁（或使其不能使用）的情况。但一些种类的商品不应被销毁，如可作为原材料的商品及有艺术、历史、考古价值的商品，濒危动物和抵押品等。未根据哈萨克斯坦法律登记为企业家的个人进口或出口商品的数量不能超过关税制度规定的限额，临时进出口商品制度除外。海关法规不仅是由《海关事务法》表述的，且也由其他法律，法令和政府决议表述。中央海关机构制定的法案如命令、规定、指示和信函是海关权利的来源依据。海关法律处于展阶段，因为哈萨克斯坦海关服务的独立实践较少且经常变换。

（五）企业须缴纳的其他税种

国际税。

哈萨克斯坦居民根据《税法》规定在哈萨克斯坦缴纳哈萨克斯坦境内和境外取得收入的所得税。非居民根据《税法》规定在哈萨克斯坦缴纳哈萨克斯坦取得收入的所得税。通过常设机构在哈萨克斯坦开展经营的非居民，根据《税法》规定同时也在哈萨克斯坦缴纳与该常设机构经营活动相关的哈萨克斯坦境外取得收入的所得税。发生纳税义务时，居民和非居民同时也在哈萨克斯坦缴纳《税法》规定的其他税款和其他应缴财政款。未建立常设机构从事经营的非居民法人收入的征税程序企业所得税源泉扣缴的计算和扣除方式对未建立常设机构从事经营的非居民法人收入的企业所得税实行全额源泉扣缴。企业所得税源泉扣缴由扣缴义务人进行扣缴，不受向非居民法人进行支付的形式和地点的影响。未建立常设机构从事经营活动的非居民，其哈萨克斯坦收入应按下列税率进行源泉控制征税：《税法》确定的收益，按 20% 征收；风险保险合同保险理赔收益，按 15% 征收；风险再保险合同保险理赔收益，按 5% 征收；提供国际运输服务的收益，按 5% 征收；增值收益、红利、利息、特许权使用费所得，按 15% 征收。

消费税。

消费税纳税人是指下列法人和自然人：在哈萨克斯坦境内生产消费税应纳税商品的；进口消费税应纳税商品到哈萨克斯坦境内的；在哈萨克斯坦境内从事汽油（不含航空汽油）、柴油批发，零售的；在哈萨克斯坦境内销售罚没、无主、根据继承法应当归为国有的以及无偿捐献给国家的消费税应纳税商品的。消费税税率根据实物计量单位的绝对值确定。消费税缴纳时间，除另有规定外，应纳税商品的消费税应不迟于纳税申报期次月20日前划拨缴库。消费税的纳税期限是日历月。纳税申报缴纳，除另有规定外，每个纳税期结束后，纳税人必须在不迟于纳税申报期次月15日之前，向自己所在地的税务机关提供消费税纳税申报单。

社会税。

（1）纳税人包括：个体企业主；个体公证员、个体法院执行员、律师；哈萨克斯坦共和国居民企业（另有规定的情况除外）；通过常设机构在哈萨克斯坦开展业务的法人居民；通过分支机构或代办处（根据避免双重征税国际协定无须成立常设机构）开展业务的法人居民。征税对象是包括纳税人自身在内的全体员工。

（2）社会税税率：自2018年1月1日起，社会税税率为9.5%，自2025年1月1日起，社会税税率为11%。采用简易征税制度的个体私营业主，其社会税税率由土地税税率的相关规定确定。社会税的缴纳期是1个日历月。社会税在一个纳税期之后的次月25日之前，在纳税人所在地缴纳。

出口地租税。

出口地租税的纳税人是从事下列商品出口的自然人和法人：原油、天然气凝析油；煤炭。出口地租税的征税对象是出口的原油、天然气凝析油、煤炭。纳税期限为季度。纳税人应该在下一纳税期限第2个月25日前向财政缴纳税款。纳税申报纳税人在下一纳税期限的第2个月15日前向其所在地的税务机关提交出口地租税的申报表。

矿产开采税。

从事石油、矿物原料、地下水及医疗用泥开采，包括在各单独签订的矿藏利用合同框架内从人造矿物中提取有用矿物的地下矿藏使用者即矿产开采税纳税人。矿产开采税的纳税期限为1个日历季度。纳税人必须在纳税期次月的25日之前按照计算税款总额向其所在地财政上缴税款。地下矿藏使用者应在纳税期次月的15日之前向其所在地税务机关提交矿产开采税纳税申报。

6. 财产税

（1）法人和个体企业主财产税。财产税的纳税人是：在哈萨克斯坦境内拥有征税对象所有权、经济管辖权或经营管理权的法人；在哈萨克斯坦境内拥有征税对象所有权的个体企业主；根据租让合同拥有租让征税对象所有权及使用权的承租人。

税率分为1.5%，0.5%，0.1%三种税率。

税务申报应在纳税申报期2月15日之前提交财产税当期税款核算账目。刚成立的纳税人应在税务机关登记当月的次月15日之前提交当期税款的核算账目。

（2）个人财产税。

个人财产税的纳税人是自然人。

个人财产税的征税对象是自其开始居住和使用之日（下文简称投用之日）起便拥有所有权的，位于哈萨克斯坦境内的住宅，建筑物，乡村别墅建筑，车库及其他建构筑物，房间，并包括未完工建筑。

7. 土地税

土地税所拥有地权和土地长期使用权，或初期无偿临时使用土地的组织（法人或自然人）均是土地税的纳税人。农业用地税率根据土地品质分级纳税；新税法规定，为鼓励有效利用土地，将根据不同的土地征收渐进式土地使用税，税率从0.1%~0.5%不等。原有的农业税制将继续保留：对从事农业生产的法人减少70%的税收，对农产品加工企业的增值税减征70%。

法人自行计算土地税税额，并在每年不晚于2月20日、5月20日、8月20日、11月20日缴纳税费。自然人土地税由税务机关计算，自然人每年不晚于10月1日缴纳土地税。

如果土地税应缴税款在纳税期内发生变化，应根据征税对象截至2月1日、5月1日、8月1日、11月1日的情况分别在2月15日、5月15日、8

月 15 日、11 月 15 日之前提交当前纳税期的当期税款核算账目。

（六）社会保险金

1. 征税原则

养老金制度要求所有在职职工必须参加，并依据他们的就业和退休年龄区别对待：一是对改制前退休的老人仍由社会统筹国家基本养老保险覆盖；二是对改制前参加工作并在改制后继续参加工作的中年人，对其改制前的工龄给予国家基本养老金待遇，而对改制后的工龄则按个人账户的积累享受待遇；对改制后参加工作的职工则完全按新养老金制度执行。

哈萨克斯坦个人养老保险制度主要采取三支柱方案，社会统筹为第一支柱，由企业缴纳 15% 的法定工资税构成，国家统一建立基础性养老金并负责投资运营；第二支柱为强制性个人账户，主要由职工缴付的养老金组成，职工一般按总工资 10% 的标准来缴费；第三支柱为以职工自愿缴纳的养老金形成。

2. 外国人缴纳社保规定

根据哈萨克斯坦法律，长居哈萨克斯坦的外国公民将向医疗保险基金缴纳费用，标准与哈萨克斯坦公民相同。但短期访哈萨克斯坦的外国公民不纳入强制性社会医疗保险范畴，其需自行购买医疗保险。在哈萨克斯坦外国人将支付与哈萨克斯坦公民相同的医疗保险费用。

自 2017 年 7 月 1 日起，他国驻哈萨克斯坦外交及其附属机构的工作人员，得到哈萨克斯坦认可的外国文化机构的工作人员；驻哈萨克斯坦国际组织、外国机构、外国与哈非政府社会组织的工作人员，以及基金会（符合国际条约的非税务机构）员工需将奖励工资的 5% 用以缴纳医保。通常，商人或外交人员均拥有企业或个人保险，但长期居住在哈萨克斯坦的外国人（侨民），也可获得加入医保体系的权利，也就是说，其可通过工作地缴纳医保。

实际上，上述群体将获得与哈萨克斯坦公民一样的权利，都能加入医保体系。自 2017 年 7 月 1 日起，外国员工的雇主将为其雇员缴纳 1% 的费用。同所有哈公民一样，其将缴纳雇员工资的 1%。

根据法律，2017 年 7 月 1 日起，哈萨克斯坦雇主为员工缴纳的医保费用为员工工资的 1%，从 2022 年其提升至 3%。《强制医保法》于 2017 年

1 月 1 日生效。2015 年，哈萨克斯坦下议院通过了关于强制性医疗保险法律草案，包括建立非营利性质社会医疗保险基金公司。根据草案规定，自 2017 年起，用人单位每月按照职工平均工资的 2% 缴纳，2018 年起缴纳 3%，2019 年起缴纳 4%，2020 年起缴纳 5%；2019 年起职工按照本人工资的 1% 缴纳，2020 年起缴纳 2%；个体户自 2017 年起缴纳 2%，2018 年起缴纳 3%，2019 年起缴纳 5%，2020 年缴纳 7%。

雇主必须按外国雇员薪酬总额的 11% 的统一费率为外国雇员缴纳社保税。雇主作为税务代理人，必须代其外国雇员从其薪酬中预扣 10% 的个人所得税及义务性养老基金。对私人养老账户的缴费相当于月薪的 10%。

第三节　外汇政策

一、基本情况

哈萨克斯坦目前是自由的汇率制度，在资本自由流动过程中没有任何限制，不与哈萨克斯坦共和国的商业活动造成干扰。外汇管理部门为哈萨克外汇管理局。按照 2003—2004 年与 2005—2007 年规定的哈萨克斯坦共和国汇率制度的自由化，以 2007 年 1 月 1 日在哈萨克斯坦实施了本国货币的完全可兑换的原则：资本业务的许可和在外资银行成立账户，解除法定代表人对在国内市场的的转换操作限制，先后引进了控制性能要求调回货币的新方案。如今，哈萨克斯坦货币调控可以促进公众政策完善，以实现国家可持续经济增长和经济安全。

近几年，由于国内汇率对美元放开影响，导致坚戈大幅贬值，由 2013 年 1 美元兑换约 150 坚戈调整为目前 1 美元兑换的 330 坚戈。

二、居民及非居民企业外汇管理规定

居民有权根据哈萨克斯坦共和国法律，按照双方协议，与非居民进行本国货币和（或）外币交易；居民有权发行关于和非居民所开展业务的、以外币计算的商业期票；非居民有权在不受限制的情况下获得并转让因储蓄（存款）、有价证券，以及与居民间的借款和其他外汇业务所获红利、报酬和其他收入。外汇法所规定的外汇管理制度并不适用于与非居民所开展的、哈萨克斯坦共和国国家银行和（或）哈萨克斯坦共和国财政部是其中一方的外汇业务。哈萨克斯坦共和国境内非居民间的外汇业务在遵守外汇法要求（第 16 章）的情况下不受限制。

三、个人外汇管理规定

总额超过 3000 美元等值的现金进入哈萨克斯坦共和国境内及出境，都要求必须向哈萨克斯坦共和国海关机构提出书面申报（按过境当日国家银行官方汇率折算）。规定限额（3000 美元）分别适用于本国货币现金总额及外币现金总额。以填写及提交旅客入境、出境现金总额报关单的方式，完成法定的书面申报程序。在没有确定外币现金合法性文件的情况下，自然人（居民和非居民）有权将外币现金带出境，其总额不超过 10000 美元等值金额。如超过 10000 美元等值的外币现金出境，只有在自然人向海关机构提供证明外币现金合法性文件时方能出境。此类文件包括：确认外币现金进入哈萨克斯坦共和国境内的报关单，针对早前入境的外币现金的出境情况；第200 号或第 210 号申报格式的个人所得税纳税申报表（纳税人样本），针对具有其他来源的外币现金的出境情况。

第四节　会计政策

一、财务管理制度

（一）财税监管机构情况

哈萨克斯坦建立了国家、州、市、区等多级税务机关，负责对企业的财税监管。

（二）事务所审计

不需要。但是企业可以自行聘请会计师事务所进行审计，提高财务核算质量。

（三）对外报送内容及要求

报表的格式与内容基本遵循国际会计准则（IFRS）。

二、财务会计准则基本情况

（一）适用的当地准则名称与财务报告编制基础

依据国际会计准则以及哈萨克斯坦政府批准的会计规则处理日常账务与编报财务报告。

（二）会计准则使用范围

所有在哈萨克斯坦注册的中资机构（代表处、有限责任公司）都适用上述准则。

三、会计制度基本规范

（一）会计年度

依据哈萨克斯坦会计准则每一个会计年度开始于1月1日，结束于12月31日。

（二）记账本位币

所有在哈国注册成立的公司都必须使用坚戈作为记账本位币。

（三）记账基础和计量属性

依据哈国会计准则记账基础为权责发生制，复式记账为记账方法，以历史成本基础为计量属性。

四、主要会计要素核算要求及重点关注的会计核算

（一）现金及现金等价物

现金及现金等价物是指库存现金及银行存款和小于3个月的到期现金等价物。

（二）应收账款

哈萨克斯坦会计准则规定了初始计量按历史成本价计量，也同时制定

了坏账准备和减值的规则。年末应计提的坏账准备金额 = 当年年末应收账款余额 × 百分比 + "坏账准备"的借方余额 – "坏账准备"的贷方余额。

（三）存货

存货同时满足下列条件的，才能予以确认：与该存货有关的经济利益很可能流入企业；该存货的成本能够可靠地计量。

目前，根据哈萨克斯坦子公司的业主特点主要采取先进先出法，在先进先出法下，如果库存单存货没有单价，经过记账处理后，会按照存货未出库的先入库记账单价，作为出库单价；如果库存单存货填写了单价，记账后，出库单的出库成本不变，系统自动填写入库单价与应出单价，在计价辅助库增加出库调整。出库数量大于第一次进货数量时，会使出库存货占用两批或两批以上的进货，系统中按照先出完最早进货的原则，按照计算发出总金额，除以出库数量得出本次出库的平均单价。

（四）长期股权投资

遵照国际会计准则。

（五）固定资产

哈国规定了以下固定资产的折旧期限，见表9-4-1。

表9-4-1 固定资产折旧期限

名称	期限
建筑物	10~50 年
机器设备	4~7 年
交通工具	4~7 年
其他固定资产	4~7 年

数据来源：中国商务部。

（六）无形资产

资产满足下列条件之一的，符合无形资产定义中的可辨认性标准：

（1）能够从企业中分离或者划分出来，并能单独或者与相关合同、资产或负债一起，用于出售、转移、授予许可、租赁或者交换。

（2）源自合同性权利或其他法定权利，无论这些权利是否可以从企业或其他权利和义务中转移或者分离。

无形资产同时满足下列条件的，才能予以确认：

（1）与该无形资产有关的经济利益很可能流入企业。

（2）该无形资产的成本能够可靠地计量。企业在判断无形资产产生的经济利益是否很可能流入时，应当对无形资产在预计使用寿命内可能存在的各种经济因素作出合理估计，并且应当有明确证据支持。

（七）职工薪酬

职工薪酬包括短期薪酬、离职后福利、辞退福利和其他长期职工福利。

企业提供给职工配偶、子女、受赡养人、已故员工遗属及其他受益人等的福利，也属于职工薪酬。

短期薪酬，是指企业在职工提供相关服务的年度报告期间结束后12个月内需要全部予以支付的职工薪酬，因解除与职工的劳动关系给予的补偿除外。短期薪酬具体包括：职工工资、奖金、津贴和补贴，职工福利费，医疗保险费、工伤保险费和生育保险费等社会保险费，住房公积金，工会经费和职工教育经费，短期带薪缺勤，短期利润分享计划，非货币性福利以及其他短期薪酬。带薪缺勤，是指企业支付工资或提供补偿的职工缺勤，包括年休假、病假、短期伤残、婚假、产假、丧假、探亲假等。利润分享计划，是指因职工提供服务而与职工达成的基于利润或其他经营成果提供薪酬的协议。

离职后福利，是指企业为获得职工提供的服务而在职工退休或与企业解除劳动关系后，提供的各种形式的报酬和福利，短期薪酬和辞退福利除外。

辞退福利，是指企业在职工劳动合同到期之前解除与职工的劳动关系，或者为鼓励职工自愿接受裁减而给予职工的补偿。

其他长期职工福利，是指除短期薪酬、离职后福利、辞退福利之外所有的职工薪酬，包括长期带薪缺勤、长期残疾福利、长期利润分享计划等。

（八）收入

本准则所涉及的收入，包括销售商品收入、提供劳务收入和让渡资产使用权收入。企业代第三方收取的款项，应当作为负债处理，不应当确认为收入。

2018年起，国际财务报告准则的新收入准则开始实施。在履行了合同中的履约义务，即在客户取得相关商品或服务的控制权时确认收入。对于在某一时段内履行的履约义务，在该段时间内按照履约进度确认收入，并按照一定方法确定履约进度。履约进度不能合理确定时，已经发生的成本预计能够得到补偿的，按照已经发生的成本金额确认收入，直到履约进度能够合理确定为止。

（九）政府补助

政府补助具有下列特征：

来源于政府的经济资源。对于企业收到的来源于其他方的补助，有确凿证据表明政府是补助的实际拨付者，其他方只起到代收代付作用的，该项补助也属于来源于政府的经济资源。

无偿性。即企业取得来源于政府的经济资源，不需要向政府交付商品或服务等对价。政府补助分为与资产相关的政府补助和与收益相关的政府补助。与资产相关的政府补助，是指企业取得的、用于购建或以其他方式形成长期资产的政府补助。与收益相关的政府补助，是指除与资产相关的政府补助之外的政府补助。

（十）借款费用

借款费用包括借款利息、折价或者溢价的摊销、辅助费用，以及因外币借款而发生的汇兑差额等。企业发生的借款费用，可直接归属于符合资本化条件的资产的购建或生产，应当予以资本化，计入相关资产成本；其他借款费用，应当在发生时根据其发生额确认为费用，计入当期损益。

符合资本化条件的资产，是指需要经过相当长时间的购建或者生产活动才能达到预定可使用或者可销售状态的固定资产、投资性房地产和存货等资产。

（十一）外币业务

鉴于哈萨克斯坦汇率波动较大，在外币交易时采用交易发生日的即期汇率折算为记账本位币金额。

（十二）所得税

除了净收入的企业所得税和实行源泉扣缴的企业所得税以外，企业所得税在纳税期内按以下方法计算：《税法》规定的税率，与减去《税法》第133 条规定的收入和支出金额以及减去根据《税法》第 137 条规定结转的亏损金额的应纳税收入的乘积，减去根据《税法》第 223 条计算得到的企业所得税金额，减去在纳税期内彩金收入实行源泉扣缴的企业所得税金额，减去上一纳税期结转的酬金收入实行源泉扣缴的企业所得税金额，减去在纳税期内报酬收入实行源泉扣缴的企业所得税金额。

本章资料来源：

◎ 聂名华. 中国企业对外直接投资的政治风险及规避策略［J］. 国际贸易，2011（7）.

◎ 钞鹏. 对外投资的政治风险识别研究［J］. 西华大学学报，2012（8）.

◎ 王海军. 政治风险与中国企业对外直接投资——基于东道国与母国两个维度的实证分析［J］. 财贸研究，2012（1）.

◎ 孟醒，董有德. 社会政治风险与中国企业对外直接投资的区位选择［J］. 国际贸易问题，2015（4）.

◎ 刘亦乐，刘双芹. 东道国政治风险对中国在亚洲国家对外直接投资的影响——基于区位选择分析视角［J］. 商业研究，2015（8）.

◎ 阎彦. 关于海外投资如何规避风险 [EB/OL]. http：//www.yicai.com/news/4592637.html，2015.

◎ 新疆维吾尔自治区国税局. 国别税收信息研究快讯 [EB/OL].http：//www.xj-n-tax.gov.cn/ssxc/ztzl/ydyl/.

◎ 新疆维吾尔自治区国家税务局. 哈萨克斯坦共和国税款和其他应缴财政款法 [M]. 中国税务出版社，2015.

◎ 舒景林，哈萨克斯坦国家研究与对外战略［D］. 上海外国语大学，2014.

◎ 商务部，对外投资国别指南（哈萨克斯坦 2016 年版）［J］.WTO 经济导刊，2016.

第十章　黑山税收外汇会计政策

第一节 投资环境基本情况

一、国家简介

黑山共和国（英语：The Republic of Montenegro），位于欧洲南部巴尔干半岛西南部，是亚得里亚海东岸上的一个多山小国。面积 1.38 万平方公里，共有 21 个行政区。黑山的首都为波德戈里察市，官方语言是黑山语，货币为欧元。

黑山共和国是世界贸易组织、地中海联盟成员国。2008 年底，黑山正式申请加入欧盟。2010 年 12 月 17 日，欧盟决定给予黑山欧盟候选国地位。2012 年 6 月，双方正式启动入盟谈判，在 2018 年 2 月 6 日的欧盟峰会上，按照欧盟委员会的说法，如果预定计划开展顺利，黑山将于 2025 年正式加入欧盟。2017 年 6 月 5 日，黑山正式成为北约第 29 个成员国。

2006 年 6 月 3 日，黑山正式宣布独立。2006 年 7 月 6 日与中国建立外交关系。建交后，两国关系发展良好，政治互信不断增强。双方在经贸、文化、旅游等各领域的交流与合作成效显著。

截至 2017 年 2 月，已有 181 个国家同黑山建立外交关系。

二、经济情况

黑山共和国是前南斯拉夫较为落后的共和国，经济基础薄弱。旅游业和制铝工业是黑山的经济支柱，前南斯拉夫解体后，黑山因受战乱、国际制裁的影响，经济一路下滑。黑山经济存在的主要问题是：基础设施落后、能源匮乏、经济规模小、商品缺乏竞争力、外贸逆差严重。近年来，随着外部环境改善及各项经济改革推进，黑山经济逐步恢复，总体呈增长态势。

根据中国驻黑山国大使馆网站数据，2017 年黑山主要经济数据：国内生产总值 58.97 亿美元，国内生产总值增长率 4.4%，人均国内生产总值 9067 美元，通货膨胀率 0.1%，失业率 18.3%。[①]2017 年公共债务总额约 25

———————
① 数据来源：中国驻黑山大使馆网站。

亿欧元，约为国内生产总值的 66%。[①]

资源方面，森林和水利资源丰富，森林覆盖面积 54 万公顷，约占黑山总面积 39.43%。铝、煤等资源储藏丰富，约有 3600 万吨铝土矿石和 3.5 亿吨褐煤。[②] 主要工业部门有采矿、建筑、冶金、食品加工、电力和木材加工等。

农业方面，全国农业用地面积为 51.6 万公顷，约占国土总面积的 37.4%。农业用地中绝大部分为牧场和人工草场，可耕地面积为 18.91 万公顷。主要农产品为小麦、大麦、玉米、土豆、李子、橄榄、葡萄。主要畜牧产品为牛、猪、羊、家禽、马。

服务业方面，服务业较为发达，服务业主要包括批发零售、住宿餐饮、房地产、电信、金融等。

旅游业方面，旅游业是黑山国民经济的重要组成部分和主要外汇收入来源，是黑山最重要的产业之一。主要风景区是亚德里亚海滨和国家公园等。2016 年赴黑山游客总数约 352.2 万人次，旅游者主要来自塞尔维亚、俄罗斯、波黑、阿尔巴尼亚等国家。

三、外国投资相关法律

黑山在吸引外国投资方面具有较好的法律基础。作为欧洲东部欠发达国家，黑山国政府致力于改善本国经济，并为之制订了一系列税收减免的优惠政策。政府对于基础设施建设投资制定特殊税收减免政策，如建设高速公路等。

根据《外国投资法》[③] 第 4 条规定，外国投资者可以在黑山单独或者与其他投资者合伙建立公司，可以在黑山成立子公司，也可以收购黑山当地企业的股份或股权。

根据《外国投资法》第 7 条规定，未经主管部门批准，外国投资者不得设立与武器和军事装备生产相关的贸易公司。对于所有其他领域，政府则保证，外国投资者所建立的企业享有与黑山本土企业相同的权利。

黑山政府设有专门机构负责引进外国投资。为大力发展经济相对落后

---

① 数据来源：中国驻黑山大使馆网站。
② 数据来源：中国驻黑山大使馆网站。
③ 《外国投资法》：黑山国议会 2011 年 3 月 17 日发布。

的黑山北部地区。政府规定，若投资者将企业设立在黑山北部地区的，企业经营的前8年免征企业所得税。投资者在黑山北部兴建四星级以上酒店或在黑山中部、南部兴建五星级酒店时，黑山政府则对相关酒水及服务的增值税税率给予优惠，税率由正常的21%降低至7%。

根据黑山政府发展项目秘书处发布的《鼓励直接投资条例》规定，对于超过50万欧元的投资，以及在3年内可以新增超过20个就业岗位的新成立企业，且企业必须作为受益人与政府签订相关合同，并在合同中约定如何使用后续专项资金后，黑山政府会给予专项资金用于扶持企业发展。

四、其他

黑山国制造业薄弱，大量的工业产品、农产品、能源及日用消费品依赖进口。其物价水平偏高，常用物品供应正常，但蔬菜品种较少。主要贸易伙伴为塞尔维亚、意大利、希腊、克罗地亚、中国等。

根据中国驻黑山国大使馆网站数据，2016年黑山对外贸易总额为23.8亿欧元，同比增长11.8%；其中出口额为3.26亿欧元，同比增长2.7%；进口额为20.62亿欧元，同比增长12%。[①]

黑山公路总长7773公里，铁路总长326公里。由于缺乏资金，黑山铁路运输存在设备老化、机车保养不善等问题。此外，黑山拥有2个国际机场，波德戈里察机场和蒂瓦特机场，黑山水运较发达，其中巴尔港最重要，可停泊大型轮船，总吞吐量为106万吨。

第二节 税收政策

一、税法体系

黑山共和国的税法体系继承了前南斯拉夫税法体系，2006年独立后，

---

① 数据来源：中国驻黑山大使馆网站。

国家财政部参照欧美等发达国家的税收体系,对本国税法体系进行了完善和修订。目前,黑山税法体系比较完善。

黑山现行的主要税种包括:公司所得税、增值税、个人所得税、关税、消费税、不动产税等。黑山致力于加入欧盟,为吸引外商投资,各类税率属全球较低国家之一,如公司所得税税率仅为9%。

黑山独立后,陆续颁布了税收相关法律,主要包括:《增值税法》《个人所得税法》《关税法》《消费税法》《不动产税法》以及《税收征管法》等。

《中华人民共和国和南斯拉夫联盟共和国联盟政府关于对所得和财产避免双重征税的协定》于1998年1月1日生效(以下简称《协定》)。因黑山属于前南国家,适用于该《协定》,黑山财政部对《协定》认可,协定规定了避免双重征税的税种等。

二、税收征管

(一)征管情况介绍

黑山税务机关是国家行政机关,隶属于国家财政部和地方政府,履行征税、税务稽查及控制管理等职能。黑山税收征管分居民纳税人税收征管和非居民企业纳税人税收征管。

1. 居民纳税人税收征管相关规定

个人或企业有义务在黑山国内进行纳税登记,企业单位须依法设置会计核算体系,采用复式记账法,遵循黑山会计准则核算,黑山会计准则与国际会计准则趋同度有限。纳税人定期向税务机关进行纳税申报,纳税年度与公历年度一致,公司所得税纳税年度结束后,3个月内完成年度纳税申报工作,个人所得税年度纳税申报截止日期则是次年的4月30日。

税收征管的重要环节是税务稽查和审计。黑山税务机关有权每年对纳税人进行税审,要求企业纳税人每年向税务机关提供审计报告。

对于违反税法的行为,黑山税收征管法做了如下规定:

根据《税收征管法》第105条规定,企业未在规定时间内向税务机关提交登记材料的,处以1000~15000欧元的罚款。

2. 非居民纳税人税收征管相关规定

黑山对于非居民企业实行的预提税税率为9%,如非居民企业取得的股息、利息和特许权使用费，须由扣缴义务人缴纳预提税。

3. 税收优惠

对于国家经济至关重要的大型基础设施建设项目，黑山政府会视情况制订并通过特殊的法律条款来帮助承包商更好的进行项目开展。政府通常会免除与项目建设有关的所有增值税，包括进口及在黑山境内市场购买原材料以及所有其他产品和服务。一般而言，每个大型基础设施建设项目都将受到黑山政府的特殊待遇，并通过制定相关法律使承包商可以受益，从而有助于承包商开展大型项目活动。

中国企业在黑山投资，可根据 1998 年 1 月 1 日生效的中国与前南斯拉夫签订的税收《协定》，享受相应的税收优惠政策。

（二）税务查账追溯期

黑山税务机构查账追溯期为五年。在黑山，纳税人须定期提交纳税申报表来申报纳税，税务机关会定期审查企业的纳税申报和征缴情况。对于未按规定缴纳税款的企业，税务机关将向前进行追溯，追溯期为五年。

纳税人若未及时缴纳税款或存在漏缴、少缴税款的，从纳税截止期限日的第二天开始，每天按应纳税款金额与实际纳税额差额 0.03％的费率，计算并缴纳滞纳金。

如果纳税人实际缴纳税额超过应缴税额，税务机关应将纳税人多缴纳的金额退还给纳税人，或经纳税人同意后抵减下一期应缴税款。税务机关有义务在收到纳税人退款请求之日起 5 个工作日内退还多缴税款部分。

在税务机关确定和收取纳税人多缴税款的抵减期限是五年，而纳税人可自纳税期之日起三年内，申请退回多缴税款。

（三）税务争议解决机制

黑山税收征管法对解决税务争议作了相关规定，如果应纳税企业拒不履行纳税义务，黑山税务局可对其进行强制征缴。强制征缴一般是通过冻结纳税企业的银行账户或查封、抵押纳税企业资产来完成的。如果被执行纳税企业公司对此存在异议的，可在下达强制执行通知的 8 天内向财政部发起申诉，如果纳税企业对财政部的回应不满意，可以再次向法院提起上诉，请求法院裁决。

三、主要税种介绍

（一）企业所得税

1. 征税原则

根据《企业所得税法》第 2 条规定，企业所得税纳税人是为获取利润而从事活动的居民或非居民法人实体。根据该法第 3 条规定，居民法人实体是在黑山设立的法人实体，或在黑山境内设有实际行政和控制机构的企业。非居民法人实体是指未在黑山境内设立的企业，或在黑山没有总部真正管理和控制，仅通过常设业务机构开展业务的法人实体。居民企业就全球所得纳税，非居民企业就来源于黑山的所得纳税。

2. 税率

黑山公司所得税率为 9%，预提所得税的税率同为 9%，适用于向境外支付的分红、股利、利息、专利使用费、资本利得、资产租赁费以及咨询营销等服务费。

3. 税收优惠

（1）税收减免。根据《企业所得税法》第 32 条规定，在本法规定的期限内及时计算和缴纳所得税的法人实体，可享受应缴纳金额 6% 的税收优惠。为企业所得税税收优惠政策之一。

根据《企业所得税法》第 25 条规定，除资本利得和损失外，因业务关系而产生的损失，可以转入以后的会计期间，但不得超过 5 年。

根据专门法律法规设立的州政府、州政府行政机构、地方自治政府、公共基金、公共组织、旅游组织、运动俱乐部、体育协会、宗教团体、艺术协会、政党、民间社团、贸易联盟和非政府组织，从事非营利活动所取得的收入，免于缴纳公司所得税。

（2）免税期。

根据《企业所得税法》第 31 条规定，对于在经济欠发达城市新成立的法人实体，企业经营的前八年免征企业所得税，但八年间免征税款总额不得超过 20 万欧元。如企业出现经营亏损，弥补前期亏损年限为五年。

（3）税基减免。作为非政府组织注册成立的法律实体，若从事商业活动，可在不超过其应纳税所得额的范围内享受最多 4000 欧元的税基减免。

特殊行业或特定企业经营特许项目，可单独申请免征企业所得税，由财政部审批同意后出具免税文件。

4. 所得额的确定

（1）应税所得额范围。根据《公司所得税法》第 7 条规定，计算所得税的计税基础是公司的应纳税所得额。黑山居民企业需就全球收入在黑山缴纳公司所得税，非居民企业就在黑山境内进行经营活动产生的收入缴纳所得税。应纳税所得额以利润表披露的利润总额为基础，再经过对不可扣除费用、非应税收入、税收折旧等进行税前调整。

（2）税前调整事项。非主营业务目的而发生的费用支出，员工分配的利润需税后支付，文化、教育、卫生、宗教、环境、体育等目的发生的费用扣除限额为年收入总额的 3%，捐赠扣除限额为年收入总额的 3.5%，行业协会费用扣除限额为年收入的 0.1%，招待费扣除限额为年收入的 1%，经营损失可在五年内向后结转。对于逾期缴纳税款和利息的罚款等不能扣除。

（3）应纳公司所得税额。公司应纳所得税额 =（企业会计利润 + 纳税调整净额 + 其他调整项 − 税收抵免项）× 公司所得税率。

5. 反避税规则

2017 年 6 月 1 日，黑山与美国签订《海外账户纳税法案》（FATCA）协议，两国间相互提供其居民在对方国家的收入信息，采取反避税措施，加强对企业和个人的税收征管工作。

（1）关联交易。黑山税务机关对反避税稽查严格，对于关联交易，纳税人应在其公司所得税年度申报表中披露其与关联方交易所产生的收入和费用，并将其与非关联方进行独立交易所产生的收入和费用进行比较，两者之差将被纳入计税基础。

集团内部公司征缴所得税方式为：集团内部公司独立计算年度纳税金额，集中汇总至集团总部，由总部统一缴纳税款。

（2）转让定价。黑山的转让定价基本遵从于 OECD 转让定价指南。在黑山的实体交易活动，按照独立交易原则或高于独立交易原则确认价格，独立交易价格与转让价格之间的差额应当计入税基。

黑山税法规定，纳税人必须各自披露其与关联方的交易，并与独立交易原则进行对比，如果没有可比价，宜采用成本加成法和再销售价格法重新定价。黑山税法规定，自次年起，五年内均可对其进行转让定价评估。

（3）资本弱化。黑山没有资本弱化的相关规定，但向非居民企业（不管是否为关联方）支付利息必须符合独立交易原则，利息可以税前扣除，但需要提供相关的关联企业之间的资金贷款协议和外汇收款证明。

6. 征管与合规性要求

黑山企业所得税应纳税所得额为当年财务报表利润加计扣除各种纳税调整项目。每个纳税年度为日历年度，次年 3 月 31 日前递交上一年度企业所得税申报表。企业应当每年上报经过社会中介机构审计的上年度财务报表和据此计算的应纳税金额，并在收到交税通知书的 10 日内办理税金缴纳。

根据《企业所得税法》规定的第 42 条规定，企业如果未能按时提交纳税申报表或涉嫌故意逃税、漏税的，则会被处以 550~16500 欧元的罚款，企业的法人代表会被处以 110~1100 欧元的罚款。

黑山税务机关有权每年对纳税人进行税审。

（二）增值税

1. 征税原则

根据黑山国《增值税法》规定，增值税是对在黑山境内从事经济活动过程中产生增值部分征收的税赋。征税对象为自然人和法人，在黑山的经济活动包括进口、销售货物给第三方或自用，以及提供服务等经济活动。法律中特别明确，下列活动视为提供服务：出租动产及不动产；转让无形资产；运输；供水供电供气及电信；研究咨询；修理及合约性工作；建筑安装。

2. 计税方式

根据《增值税法》规定，企业以年收入 18000 欧元为界划分，凡是年收入超过 18000 欧元的企业均采用一般计税方式。根据《增值税法》第 42 条规定，对于过去 12 个月内营业额不足 18000 欧元的小规模纳税人企业，可免除缴纳增值税。

增值税实际税负计算与中国一致，即销项税减去进项税后的差额为应纳税额。

3. 税率

黑山国于 2017 年 7 月 31 日对增值税法进行了修订，将原税率 19% 提高到21%，自2018年1月1日起执行。现增值税率分为21%的标准税率及7%的优惠税率两种，适用7%税率的大部分是政府规定的居民生活必需品。进口货物增值税在支付关税时一并缴纳，出口商品实行零税率。

4. 增值税免税

根据《增值税法》第25~30条规定，黑山增值税免税的范围有：根据国际公约规定的免征关税的进口货物，用于外交、领事活动及国际组织和这些组织的成员需要的物资；用于社会保障或教育服务的商品或服务；在黑山海关过境的商品；进入免税区，或进入海关仓库的商品；保险和再保险服务；房地产的周转（新建除外）；金融服务；公共邮政服务；大于60天的住宅租赁服务；中央银行进口的黄金等贵重金属可免征增值税。

2016年7月21日，黑山财政部宣布由欧盟财政援助的货物和劳务免征增值税。

特殊项目建设的物资材料经议会和财政部批准后，可免征增值税。

5. 销项税额

增值税税基为销售货物或提供的服务全部价款。符合下列条件的内容不包括在税基内：发票上的现金折扣；与原销售金额一致的销货退回；可回收的包装物（若包装物不退回则需缴纳增值税）。

6. 进项税额抵扣

根据《增值税法》第37条规定，纳税人在计算其纳税义务时，可以扣除在购买产品时应支付或已支付的增值税。对于享受增值税销项税免税的纳税人，不得再抵扣进项税金。此外，交通车辆和业务招待费涉及的增值税不得用于抵扣。

为了使纳税人在抵扣进项税时，所依据的发票必须包含以下必要要素：买方和供应商的确切名称和识别信息，签发日期，签发地点，免增值税额，增值税和所使用的增值税税率。

纳税人不得从以下方面扣除进项增值税：酒店、餐饮和住宿费用产生的进项税不可抵扣；娱乐和娱乐设施，乘用车和摩托车，燃料和备件以及与之密切相关的服务产生的进项税不可抵扣，但用于销售，租赁（租车），出租车和出租车运输的车辆除外。

7. 征收方式

根据《增值税法》第50条规定，增值税按进销项相抵后的余额缴纳，如果纳税期内的销项税大于进项税的，须在次月15日前申报，60天内缴纳。

如果纳税期内的销项增值税金额低于纳税人在同一纳税期内可以扣除的进项增值税金额，则该差额应确认为后续纳税期的税收抵免，或应纳税人要求，在30天内办理退款手续，税务机关接到增值税退税申请后的60天内退回。

8. 征管与合规性要求

根据《增值税法》第55条规定，企业需按月申报并缴纳增值税。企业当月销售产品或提供劳务的，于次月15日之前向当地税务局提交增值税报送资料并缴纳税款。进项税需在填写纳税申报表后的60天内进行抵扣。

根据《增值税法》第59条规定，黑山境内的法律实体在销售商品或提供劳务时拒不开具正规发票、不按时履行纳税义务、涉嫌故意偷税漏税的，将被处以6000~20000欧元的罚款，对其法人代表处以2000欧元至6000欧元的罚款。

（三）个人所得税

1. 征税原则

凡在黑山居住不少于183天的个人视为黑山居民纳税人，应就其全球收入纳税，黑山居民纳税人以个人为单位进行纳税。非居民纳税人仅就来源于黑山的收入缴纳所得税。

2. 申报主体

根据黑山《个人所得税法》规定，个人所得税纳税的申报主体分为个人，企业可代扣代缴。对于与企业签订就业合同的个人，企业有义务对员工的个人所得税进行代扣代缴，每月计算员工个人所得税并提交纳税申报表。而对于公民个人从事其他劳动所取得的收入，由其个人自行提交纳税申请并缴纳税款。

3. 应纳税所得额

根据《个人所得税法》第14条规定，对居民及非居民取得的下列收入征收个人所得税：以凭证、货币、股票或商品的形式取得的收入，通过提供福利、免除债务以及通过现金形式取得的其他收入等，需要缴纳个人所得税。

4. 扣除与减免

非黑山公民的外交使团、领事使团及其家属，联合国组织技术援助项目及其专门机构的官员和专家，外国名誉领事，国际组织的官员、专家及行政人员无需缴纳个人所得税。

根据《个人所得税法》第 32 条规定，纳税企业无限期或至少五年在经济欠发达的城市雇用企业员工的，自雇佣关系成立之日起四年内，可免除该雇员基于工资收入的个人所得税征缴义务。

黑山个税起征点为 0%，无扣除项。

5. 税率实行累进税率

黑山根据个人收入情况将个税税率分为两档，9% 和 11%。月工资收入 765 欧元以下的按 9% 计税，月工资收入超过 765 欧元的，就超过部分按 11% 计税。

另外，波德戈里察市和采蒂涅市在个人所得税纳税额基础上额外征收 15% 的市政税，布德瓦市按 10% 征缴，其他城市按 13% 征缴。

6. 征管与合规性要求

公司在发放职工工资时有义务替员工代扣代缴个人所得税，并于每月 15 号之前提交本企业员工上月个人所得税纳税申报表。

居民个人取得财产和财产权收入，资本利得，境外收入的，需由居民自行于每年 4 月底之前完成上一年度个人所得税的申报和缴纳。

根据《个人所得税法》第 53 条，如果企业没有对员工应缴纳个人所得税进行代扣代缴的，则会被处以 2000~20000 欧元的罚款。对于有义务缴纳税款但未履行纳税义务的自然人，则会被处以 1000~6000 欧元的罚款。

（四）关税

1. 关税体系和构成

黑山共和国关税由《海关法》《海关关税法》《海关总署条例》和相关法律章程共同规定。

2. 税率

关税按照商品价值的百分比计算和收取，分为 14 种类型，关税的税率从 0% ~30% 不等，对某些农产品，关税是使用特殊关税率，按每单位的货物量来计算征收。

黑山国致力于加入欧盟，其海关规定逐步与欧盟标准一致。入境时贵重的专业和技术设备需申报。每次出入境最多可携带 1 万欧元现金，个人行李可带 1 升葡萄酒或 1 升烈性酒、不超过 50 克或 250 毫升的香水、不超过 250 克的烟草制品（200 支香烟或 50 支雪茄）。外国公民在黑山购物一般不享受退税待遇。

3. 关税免税

外国人持有的进口商品、送往海关免税区和免税海关商店的商品、国家机构为其生产活动而进口的不在黑山生产的设备、以人道主义援助和捐赠的形式送到黑山红十字会和其他人道主义组织进行人道主义活动的物资无需缴纳关税。

特殊项目建设的进口物资材料经议会和财政部批准后，可免征关税。

4. 设备出售、报废及再出口的规定

在黑山境内销售设备时，销售方可依据设备售价计算增值税，该设备在进口时所缴纳的增值税可在后期报税时进行抵扣。设备销售所产生的企业所得税，也是根据设备售价扣除设备清关价的差额计算后进行申报。

对于从黑山出口的设备，企业仅需准备该设备进口清关时的资料，并且取得黑山海关对该设备的出口许可证后即可办理出口，黑山对于出口的设备不再征缴增值税。对于进口后再出口的设备同样可向海关管理部门申请增值税返还。

设备报废由企业根据设备状况决定。

（五）企业须缴纳的其他税种

1. 不动产收益税

无论居民还是非居民，无论个人还是企业组织，只要在黑山境内拥有不动产，都必须按市价的 0.1%-1% 缴纳财产税。国家法律只是规定税率的范围，具体征收率由各个自治市确定。对于企业而言，财产税计税基础首选是上年末的账面净值（黑山使用 IAS，因此账面净值也是以市价为基础的），其次是税务机关核定的市价。纳税人每年于 6 月 30 日及 10 月 31 日分两次缴纳不动产收益税，并于每年 3 月 31 日前向主管地方政府机关报送确定上一年度的纳税申报表。

2. 消费税

消费税制度是由法律规定的消费税和实施该法律所通过的条例规定的，消费税的纳税主体是货物的生产者或出口商。消费税按月计算缴纳，需在每月 15 日前将上个月的消费税资料提交给税务机关，并同时缴纳消费税。

酒精及酒精饮料、烟草商品、原油及其衍生品、咖啡及矿泉水等商品需要缴纳消费税，除了经过特许延期的情况外，消费税必须在货物进口时（香烟除外）予以缴纳。

根据《消费税法》第 43 条规定，白酒缴纳的消费税以每升白酒所含酒精度数乘以 6.5 欧元计算。

根据《消费税法》第 50 条规定，烟草消费税为售价 35%。

根据《消费税法》第 52 条规定，每升原油消费税为 0.44 欧元。

用于外交领事使团和驻黑山的国际组织官方需要以及外国人员及他们的家庭成员的个人需要的消费品、用于国际交通线上的船舶和飞机销售的消费品、旅客随身携带的个人从国外进口无需缴纳关税的物品，以及从海关仓库发送到海关和国际边境口岸的免税商店出售给旅客的物品等无需缴纳消费税。

3. 能源税

根据《能源税法》第 6 条规定，所谓能源是指天然位于土壤或海底表面以下的液态或气态烃类、原矿物油、天然气及其他物质。能源税的税率为 54%，公司在纳税时需单独提供销售能源所取得收入的相关资料。

4. 咖啡税

根据《咖啡税法》第 5 条规定，咖啡税按照不同种类的咖啡进行征税，每 1 公斤不同种类的咖啡所需缴纳的税款分别为：无醇咖啡每公斤需纳税 1 欧元；烘焙咖啡每公斤需纳税 0.8 欧元；含糖类咖啡每公斤需纳税 1 欧元；咖啡萃取精华及咖啡提取物每公斤需纳税 1.3 欧元。

5. 保险合同税

根据《保险税法》第 3 条规定，除意外保险、健康保险、农业保险外，各类非人寿保险都要缴纳保险税。纳税人是与法人或自然人订立合同并收取保险费的保险公司，纳税人有义务在订立合同时立即计算保险税费，保险税税率为9%，当月保险税应在次月15日之前申报并缴纳税款。

6. 不动产流转税

根据《不动产流转税法》所规定的不动产是指土地和建筑物（用于农业、森林及养殖的土地，商业住宅，写字楼及地下室、车库等）。本法律仅针对不动产流转环节征税，不包含依照增值税法规定，收购缴纳增值税的新建项目。不动产流转税税率为3%，纳税人于订立合同或取得不动产的合法交易之日起15日内，向主管税务机关报送纳税申报表，并向主管税务机关缴相关税款。

7. 环境税

根据《环境税法》第2条规定，生产消防设施以及装机容量大于1兆瓦的发电厂，需要缴纳环境税，环境税需根据消耗燃料类型及排放的有害物质的种类按月缴纳税款，具体规定的种类及税费如下：

苯并（a）芘180.67欧元/吨，一氧化碳2.225欧元/吨，硫氧化物4005欧元吨，氮氧化物3.204欧元/吨，气态无机氟化合物13483欧元/吨，HF气态无机氯2.67欧元/吨，HCI有机物3.115欧元/吨，铅、镍、铬、镉31550欧元/吨，锰和铜8.90欧元/吨，生产和存放的有毒物质151.51欧元/吨，其他废弃物处理75.75欧元/吨。

（六）社会保障金

1. 纳税原则

黑山共和国的社会保险分为：养老保险、残疾人保险、医疗保险和失业保险。根据《社保法》第15条、第17条、第18条规定，计算社会保险缴纳额的依据是雇员的工资总额，工资总额包括工资收入、加班工资及其他依法取得的个人收入。

社会保障税按以下税率缴纳：个人承担，养老保险和残障保险15%、医疗保险8.5%、失业保险0.5%。企业承担，养老保险和残障保险5.5%、医疗保险4.3%、失业保险0.5%。

个体经营者每月缴纳保障税的税率为：养老保险和残障保险20.5%，医疗保险12.3%，失业保险1%。

社会保障税未设定最低缴费基数，最大基数为每年 50350 欧元（2014 年为 50000 欧元）。

2. 外国人缴纳社保规定

根据《社保法》第 6 条规定，在黑山境内受雇工作的不论是否为黑山公民，企业或雇主都有为其缴纳社保的义务，所需缴纳的社保金额比例与黑山公民一致。

经议会特别会议决议，部分企业外籍员工可在当地免缴社保。

第三节　外汇政策

一、基本情况

黑山共和国的外汇政策由黑山共和国财政部和黑山共和国中央银行共同颁布实施。根据黑山共和国中央银行颁布的法律（《黑山官方公报》第 40 / 10 号令，第 46 / 10 号令，第 6 / 13 号令），黑山共和国中央银行负责维护金融体系的稳定性，以及维持健全的银行体系，从而保证外汇交易支付的安全性和有效性。

黑山共和国中央银行的基本职能之一是为国家建立和实施稳健的货币政策。黑山共和国现行的货币政策是施行美元化制度（货币流通的美元化制度是固定汇率制度的一种刚性形式，在这种制度下，国家允许其他国家的货币在本国流通，或者完全代替本国货币），现已完全使用欧元作为本国流通货币。

黑山共和国实施美元化货币政策的基本进程是：1999 年 11 月以前，黑山共和国实施的为非官方美元化货币政策；自 1999 年 11 月—2000 年 11 月，黑山共和国开始引进德国货币，并半官方的开始实施美元化货币政策。自 2002 年起，黑山共和国的美元化货币政策转变为仅以欧元作为官方承认的唯一合法支付手段的货币政策。

二、居民及非居民企业经常项目外汇管理规定

（一）货物贸易外汇管理

对于有国际汇款业务发生的个人和法人实体，必须在银行开立外币账户，开立外币账户需要填写开立外币账户的请求并与银行签订合同。

客户在进行国际汇款时，有义务向银行提交汇款的依据包括发票、合同等，同时提交准确的 IBAN、SWIFT CODE、完整收款地址等。

对于企业客户收到外汇后将资金转移至企业银行账户的，企业应向银行提交外汇资金转账请求，且收取外汇的账户必须是由企业授权人签署并在银行备案过的账户。对于个人客户需要收取来自境外的汇款，则仅需要通知自己的开户行即将有外汇到账即可，无需再提供其他材料。

（二）服务贸易外汇管理

黑山的官方货币是欧元。但根据《国际支付交易法》，黑山共和国对外汇的管制采取宽松政策，允许居民和非居民企业以欧元以外的货币进行交易，但是需要在交易时附有银行所要求的适当文件支持，银行有义务立即进行交易。

（三）跨境债权债务外汇规定

公司或个人可以根据黑山每家银行提供的国际汇率列表购买外币。若企业发生外汇买卖交易行为时应该通知银行并填写银行所要求的申请表。

（四）外币现钞相关管理规定

根据黑山政府规定，如果携带超过 1 万欧元的现金过境时，则需要在边境口岸报备。此举是为了监测和避免黑山的国际收支和反洗钱以及恐怖主义融资情况，居民及非居民有义务在携带大量现金进入黑山或从黑山出境时向口岸如实报备所携带的现金情况。

三、居民企业和非居民企业资本项目外汇管理

目前，涉及资本项下的外汇在投资条款中明确可以自由汇出，根据《国际支付交易法》规定黑山共和国居民和非居民之间可以使用欧元及欧元以外的货币进行交易，黑山居民和非居民也拥有持有外币资金的权利，及使用除欧元以外的货币在黑山境内交易或转让财产的权利。

外汇交易需要通过黑山中央银行，商业银行或其他已获得黑山中央银行批准可支持此类交易的服务提供商进行。除非法律另有规定，否则从黑山到境外以及从境外到黑山的资本运作以及财产转移都是免费的。

四、个人外汇管理规定

黑山外汇结、购汇自由，个人可在银行或外币兑换点自由兑换外币；个人外汇账户汇入资金自由，账户自有外汇资金汇出自由；个人可自由开立外币账户，黑山国境内的银行不限制外币现金的提取金额。

第四节　会计政策

一、会计管理体制

（一）财税监管机构情况

黑山共和国财政局及下属的税务局对黑山境内的企业进行统一监管，要求在黑山境内注册的企业根据《国际财务报告准则》IFRS和《国际会计准则》IAS进行会计核算，黑山国暂未发布本国会计核算准则。

（二）事务所审计

黑山的所有大、中型法人实体都有义务聘请具有适当许可的独立审计师，并于次年6月底之前将审计报告递交税务机关。

若资产负债表日满足以下三项标准中的两项的公司，则必须出具独立审计报告：

1. 本财政年度的平均雇员人数大于50人；

2. 总资产超过400万欧元；

3. 年收入总额超过800万欧元。

（三）对外报送内容及要求

会计报告中主要包含：①企业基本信息，行业分类、经营范围、股东情况、公司地址、银行账户信息、税务登记号等；②企业经营情况表，资产负债表、利润表；③报表附件。

普通法人单位和大型法人单位，以及在受监管的市场进行证券和其他金融交易的法人单位，需要报送年度管理报告和合并管理报告，微型和小型法人单位无需编制管理报告。

上报时间要求：会计报告须按公历年度编制，于次年的 3 月 31 日前以书面形式和电子文档形式向税务机关提交上一年的财务报表和管理报告。

二、财务会计准则基本情况

（一）适用的当地准则名称与财务报告编制基础

黑山共和国尚未制定本国会计准则，黑山国《会计法》于 2016 年 8 月 9 日由黑山国议会颁布。

根据《会计法》第 2 款第 1 条规定，财务报告根据 IAS 和 IFRS 编制，包括：资产负债表、利润表、现金流量表、所有者权益变动表和报表附注。

根据《会计法》第 10 款规定，企业应当在当年 3 月 31 日之前向税务局提交上年度财务报告。

（二）会计准则使用范围

黑山《会计法》使用范围如下：

根据《会计法》第 1 款规定，适用于注册经营为商业活动、非政府组织和外资企业的法人单位，不适用于国有预算单位和政府机构。

根据《会计法》第 5 款规定，根据企业年平均雇员数量和年平均营业额，以及年平均资产总额，法人企业应分类为小微、小型、中型和大型。

三、会计制度基本规范

（一）会计年度

黑山会计年度与历法年度一致，即公历年度 1 月 1 日—12 月 31 日为会计年度。若企业在当年内成立的，仅需提交企业在其成立日至 12 月底期间的财务报表即可。

（二）记账本位币

黑山的财务记账本位币是欧元（€），所有财务报表必须是用欧元表示其财务数据。

（三）记账基础和计量属性

根据《会计法》第 19 条规定，企业以权责发生制为记账基础，以复式记账为记账方法。

根据《会计法》第 19 条规定，国家机构以收付实现制为记账基础，以复式记账为记账方法。

根据《会计法》第 11 条规定，企业以历史成本基础计量属性，在某些情况下允许重估价值计量。

根据《会计法》第 11 条规定，会计计量假设条件，其一般原则有：谨慎、公允、透明、会计分期、持续经营、真实性、一贯性、可比性、清晰性。

四、主要会计要素核算要求及重点关注的会计核算

（一）现金及现金等价物

在黑山境内为了防范企业的非法经营，企业内所留存的库存现金是受到法律约束的，根据企业的规模不同，企业所被允许留存的库存现金额度为 2000~20000 欧元，企业需每日自发进行账面余额与库存现金余额的核对，当库存现金超过规定库存现金金额上限时，企业应于当日结束营业后，将多余的库存现金存至企业的基本账户中。在年末审计时由审计人员陪同现金出纳人员盘点库存现金并编制库存现金盘点表。

（二）应收款项

黑山有关应收账款的规定与 IAS 和 IFRS 一致，应收款项科目记录应收账款的初始计量按初始价值计量确认，同时规定了坏账准备、折扣、可回收包装物的会计处理。年末应收款项需要按公允价值计量确认；《企业所得税法》明确企业资产的坏账准备可以从税前扣除，对国家及地方政府债权的坏账准备不能税前扣除。

（三）存货

按照《国际财务报告准则》规定，存货初始计量以历史成本计量确认，包括买价以及必要合理的支出。存货的初始核算：存货的采购成本不包含采购过程中发生的可收回的税金。不同存货的成本构成内容不同，通过采购而取得的存货，其初始成本由使该存货达到可使用状态之前所发生的所有成本构成（采购价格和相关采购费用）；通过进一步加工而取得的存货，其初始成本由采购成本、加工成本，以及使存货达到目前场所和状态所发生的其他成本构成。存货由全部商品、原材料和有关的供应品、半成品、产成品以及在盘点日企业拥有所有权的物资组成。具体分类如下：10 原材料，11 半产品，12 产成品，13 库存商品等。

存货出库可以采用先进先出法和平均法（移动平均或加权平均）。企业应根据存货性质和使用特点选择适合的方法进行存货的出库核算。确定存货的期末库存可以通过永续盘点和实地盘点两种方式进行。

存货期末计量以初始成本与可变现净值孰低法，若成本高于可变现净值时，应根据存货的可变现净值与账面价值的差额计提存货跌价准备并计入会计科目作为存货的备抵项。

施工企业存货分两种情况：一是在工程账单确认收入方法下，期末采用永续盘点法确认未出库和已领用未办理结算金额。二是在建造合同法确认收入情况下，期末采用永续盘点法确认未出库原材料，并用"工程结算和工程施工"差额确认在建工程。

（四）长期股权投资

根据《公司法》第 30、31、32 和 32a 条，股东根据其在公司的股份及其拥有的股份数量享有权利和责任。按会计法规的解释：直接或间接持有被投资单位 51% 以上的股份时，表明为可以控制该投资单位；持股比例为 10%~20% 时为公司重要股东，可在公司决策时实施重大影响；若持股比例低于 10% 时，则无法对公司决策产生重大影响。初始计量按投资成本计量确认，期末计量以成本与可变现净值孰低法确认期末价值。不属于长期股权投资的其它投资通过短期投资核算。

（五）固定资产

根据黑山共和国的法律规定，企业的固定资产折旧根据资产的具体分类来进行折旧处理，但使用期限超过一年，其价值超过 300 欧元的资产（土地和艺术品除外），无论是有形资产还是无形资产都应进行折旧处理。适用余额递减法计算折旧扣除。卡车、可以移动的发电机和空压机适用 20% 折旧扣除率，其他如平地机、压路机等常用工程设备适用 30% 的折旧扣除率。

表10-4-1　资产及折旧率对照表

序号	资产类型	每年折旧率
1	沥青路面、飞机、水坝、管线、舶船、电厂、电线、自动扶梯、机库、防洪堤、桥梁、高架桥、输油管道、排水通道、IT基础设施设备、停车场、道路和公路、体育设施（体育馆，游泳池，体育馆）、隧道、供水管道、铁路基础设施等	5%
2	发电厂（小于15兆瓦）、船舶工艺、空调、电梯、锅炉、船舶上的家具、围栏、办公设备、储油罐、储水罐、货车等	15%
3	巴士、乳制品设备、冷库、移动发电机、卡车拖车、复印机设备、科研设备、混凝土制造设备、雷达、天线、计算器等	20%
4	飞机上的家具、环境治理设备、广播电视广播设备、油井设备、矿石加工设备、飞机配件、电话和电报设备等	25%
5	出租车、广告牌、铁路桥梁、计算机电子设备、铸造模具、工业切割设备、海上平台、大型电力设备（钻孔机、研磨机等）、条码扫描仪等	30%

（六）无形资产

黑山相关会计条例中没有单独对无形资产的确认和计量规范，但与固定资产一样适用确认计量的一般规范。具体是：无形资产初始计量以历史成本，企业应在其预计使用期限内对资产计提摊销。无形资产期末计量按可回收价值计量，如果发生减值，计入减值准备。

（七）职工薪酬

按照《国际财务报告准则》第32条和39条进行职工薪酬的核算。根据《黑山劳工法》第17条，雇主有义务与雇员签订合同，并确定支付养老保险、医疗保险和失业保险的工资总额。根据同一法律第70条，公司需要为其员工提供不少于20个工作日（一年四周）的年假和其他福利。

（八）收入

收入的确认应按已收或应收价款的公允价值予以计量。由于受未来事项结果的制约，合同收入的计量受到许多不确定因素的影响。随着未来事项的发生和不确定因素的解决，需经常修订估计。因此，合同收入的金额可能会在不同的期间有所增加或减少。

合同收入应包括：合同中最初议定的价款；可能产生收益、能够可靠地计量的工程变更、索赔和奖励可能带来的收入。

在工程公司核算中，根据合同的完工进度确认收入和费用，通常称为完工百分比法。采用完工百分比法，需要将合同收入与达到这一完工进度所发生的合同成本相配比，从而导致按完工比率报告收入、费用和利润。采用完工百分比法时，应在施工的会计期间的损益表中将合同收入确认为收入。合同成本通常也在施工的有关会计期间的损益表中确认为成本费用。

2018 年当年或之后开始年度，《国际财务报告准则第 15 号——客户合约收益》生效，则遵循新颁布的准则：在履行了合同中的履约义务，即在客户取得相关商品或服务的控制权时，确认收入。对于在某一时段内履行的履约义务，在该段时间内按照履约进度确认收入，并按照一定方法确定履约进度。履约进度不能合理确定时，已经发生的成本预计能够得到补偿的，按照已经发生的成本金额确认收入，直到履约进度能够合理确定为止。

（九）政府补助

政府补助包含来自于政府的补贴、赠款、捐赠等收入，这些收入根据《国际财务报告准则第》20 条《国际财务报告准则》第 18 条和其他相关 IFRS 以及采用的会计政策进行会计核算，记入损益表中收入。

（十）借款费用

黑山会计准则核算借款费用与中国一致。

借款费用是指企业因借款而发生的利息及其相关成本。借款费用包括借款利息、折价或者溢价的摊销、辅助费用，以及因外币借款而发生的汇兑差额等。

借款费用分资本化费用和费用化费用，根据借款使用性质确定会计核算方法。

（十一）外币业务

黑山使用欧元作为本国货币，会计核算以欧元作为记账本位币，实际工作中较少发生外币业务，当发生外币业务时，须遵循以下核算原则。

外币交易时，应在初始确认时采用交易发生日的即期汇率折算为记账本位币金额。

于资产负债表日，外币货币性项目采用资产负债表日的即期汇率折算为外币所产生的折算差额，除了为购建或生产符合资本化条件的资产而借入的外币借款产生的汇兑差额按资本化的原则处理外，其他类折算差额直接计入当期损益。以公允价值计量的外币非货币性项目采用公允价值确定日的即期汇率折算为欧元所产生的折算差额作为公允价值变动直接计入当期损益。

于资产负债表日，以历史成本计量的外币非货币性项目，除涉及计提资产减值外，仍采用交易发生日的即期汇率折算，不改变其记账本位币金额。

（十二）所得税

所得税是指为获取利润而从事活动的居民或非居民法人实体，以营业利润为税基计算的应纳税所得额。应税利润应通过调整纳税人在损益表中披露的利润来确定。除资本利得和损失以外，分为当期所得税费用和以前年度所得税费用调整，年末余额结转至本年利润。以前年度的损失可以转入未来会计期间的利润账户核算，但最长不得超过五年。

第十一章　吉布提税收外汇会计政策

第一节 投资环境基本情况

一、国家简介

吉布提共和国（The Republic of Djibouti 简称吉布提）面积 2.32 万平方公里，地处非洲东北部亚丁湾西岸，扼红海进入印度洋的要冲——曼德海峡，东南同索马里接壤，北与厄立特里亚为邻，西部、西南及南部与埃塞俄比亚毗连。陆地边界线长 520 公里，海岸线长 372 公里。沿海为平原和高原，主要属热带沙漠气候，终年炎热少雨。内地以高原和山地为主，属热带草原气候。全年分凉、热两季。4~10 月为热季，平均气温 37℃，最高气温达 45℃以上；11 月至次年 3 月为凉季，平均气温 27℃。

吉官方语言为法语和阿拉伯语，货币为吉布提法郎（DJF）。吉布提人口 94 万（2019 年 1 月），主要有伊萨族和阿法尔族。伊萨族占全国人口的 50%，讲索马里语；阿法尔族约占 40%，讲阿法尔语；另有少数阿拉伯人和欧洲人。主要民族语言为阿法尔语和索马里语。伊斯兰教为主要宗教，94% 的居民为穆斯林（逊尼派），其余为基督教徒。

二、经济情况

吉是世界最不发达国家之一。自然资源贫乏，工农业基础薄弱，95% 以上农产品和工业品依靠进口。交通运输、商业和服务业（主要是港口服务业）在经济中占主导地位，约占国内生产总值的 80%。

20 世纪 90 年代初，吉经济形势趋于恶化。1996 年，吉政府开始执行经济结构调整计划。1998 年，埃塞俄比亚与厄立特里亚发生边界武装冲突后，埃原经厄转运的货物均转道吉布提港，吉港口收入大幅增加，经济有所恢复。2001 年，吉政府将吉港口和机场的经营管理权转让给迪拜环球港务公司。2018 年 2 月 22 日，吉布提政府依据 2017 年 9 月颁布的《国家战略基础设施保护法》单方面强行终止迪拜环球港务公司对吉布提多哈雷集装箱港口的特许经营权。近年来，吉布提政府积极调整经济政策，争取外援外资，重点发展第三产业，并加紧实施基础设施建设，积极参与地区一体化进程，2013 年吉布提政府制定《吉布提 2035 年远景规划》，着力发展交通、物流、金融、电讯、旅游、渔业等行业。目前，经济保持低速增长。近年来，财政赤字保持在 3% 以内。2018 年吉主要经济数字如下：国内生产总值：19.35 亿美元；人均国内生产总值：2015 美元；经济增长率：4.3%；货币名称：吉布提法郎；汇率：1 美元兑换 177.7 吉布提法郎；通货膨胀率：0.2%；外汇储备：4.99 亿美元（资料来源：2018 年 12 月《伦敦经济季评》）。

三、外国投资相关法律

法律法规较为健全，基本沿用法国法律法规体系。吉布提与投资合作经营有关的法律法规有《投资法》《合同法》《税法》《海关法》等组成，涉外方面主要由《世界贸易组织规则》和《非洲统一商法典》以及有关国家签署的双边协定等组成。

吉布提经济、财政与工业部和国家投资促进局（ANPI）主管国内外投资，到吉布提投资企业与相关部门达成投资意向并签订备忘录后，需到吉布提经济、财政与工业部备案方可实施。（国家投资促进局网站：www.djiboutinvest.dj）。

根据吉布提《投资法》，吉布提对投资方式没有限制，外资可以自己创建全资公司，也可以对现有吉布提企业进行购买或参股。《投资法》主要根据投资额和为当地创造多少个就业岗位，给予投资项目优惠待遇。

吉布提允许外商以各种形式开展投资，如设立代表处、分公司、子公司、有限责任公司等；采用合资、合作、独资、并购等方式；采用现汇投资、设备投资、技术投资等模式。电力行业必须全部由投资企业直接投资，吉政府协议收购电量，不再提供贷款融资。对于水、电、电信等行业，吉布提政府始终维持独家经营的垄断局面。吉布提的司法体系，基本照搬法国大陆法体系，在现代社会商业活动法律法规方面还很不完善，尚无外国投资建设开发区、出口加工区或工业园区的法律政策规定，也没有外资并购审查方面的专门法律法规。

吉布提政府对依照《投资法》和《工业保税区制度》成立的公司实行优惠关税政策。按《投资法》条例批准的公司，只要将所需进口的设备、材料数量和质量的清单附在审批文件上，便可享受免征国内消费税及因实施投资项目所需进口的设备、材料和其他产品的应缴关税。根据规定，公司在头 5~10 个会计年度内，为生产进口替代产品而进口使用的原材料可免交国内消费税。

2006 年 1 月 28 日，吉布提通过新《劳动法》，主要内容涵盖合同类型、外国劳工管理、工作时间、卫生安全等方面。外国劳工合同需书面确认，并获得劳动部批准。合同批准须劳动部部长签发工作许可，有效期 1 年，可多次延长。在此之后方可获得工作签证，同等条件应优先考虑本国劳工。

吉布提允许外国劳务在吉布提工作，但对工种有一定限制。外籍劳务人员需获得吉布提就业和职业培训局批准后，才能到吉布提工作。一般情况下，高级技术类工种可获批准，一般性劳务如普通力工、司机等工种很难获批准，这也是吉布提政府为保障本国就业所做的规定。对于到吉布提工作的高级技术人员的人数没有限制。

四、其他

（一）东部和南部非洲共同市场

吉布提是东部和南部非洲共同市场（Common Market for Eastern and Southern Africa，COMESA）成员之一。COMESA 是在原东部和南部非洲优惠贸易区的基础上成立的区域性经济组织，是非洲地区成立最早、最大的也是最成功的地区经济合作组织，秘书处设在赞比亚首都卢萨卡，成员国包括布隆迪、科摩罗、吉布提、埃及、埃塞俄比亚、肯尼亚、利比亚、马拉维、毛里求斯、卢旺达、塞舌尔、乌干达和赞比亚等国家，总面积约 1200 万平方公里，总人口约 4 亿。

COMESA 宗旨和目标：废除成员国之间关税和非关税壁垒，实现商品和服务的自由流通；协调成员国关税政策，分阶段实现共同对外关税；在贸易、金融、交通运输、工业、农业、能源、法律等领域进行合作；对外债问题采取统一立场，协调各国经济结构调整方案；建立货币联盟，发行共同货币。

（二）美国《非洲增长与机遇法案》

吉布提享受美国 AGOA 非洲增长和机遇法案，吉布提可按普惠制向美国免税出口 4650 种商品。

2000 年 5 月 18 日，美国国会将《非洲增长与机遇法案》（AGOA）签署为法律。AGOA 是一项贸易计划，目的是在美国和撒哈拉以南非洲之间建立更牢固的商业关系。该法案在美国和所选的撒哈拉以南非洲国家之间建立了一项特惠贸易协定。2015 年 6 月 25 日，奥巴马政府对 AGOA 进行了重新授权，将其延期至 2025 年 9 月 30 日。

（三）欧盟 EBA《Everything But not Arms》

吉布提可享除武器外商品进入欧盟市场免关税、免赔额待遇。

《除武器外一切都行》（英语：Everything but arms）是欧盟与非洲、加勒比和太平洋国家集团于 2001 年签订的一项协议，内容为：欧盟给予非洲等最低度开发国家的商品（武器除外）进入欧盟市场时享受免关税、免配额的优惠待遇。该决议于 2001 年 3 月 5 日生效。EBA 是欧盟普惠制（GSP）的一部分。

此项决议的目的在于促进世界上贫穷国家的经济发展，给予其出口产品免关税、免配额的优惠。

第二节　税收政策

一、税法体系

吉布提税收体系以 2015 年修订并发布的《吉布提税法》为主，后陆续发布了一系列实施细则，如定期更新的个人所得税实施细则。

吉布提当地税收有企业所得税、个人所得税、增值税、关税和营业税等。

吉布提和法国、美国签订有双边税收协定，中吉两国尚未签署避免双重征税协定，但吉布提不征收全球所得税。

2012 年 9 月 12 日和 10 月 15 日，中吉两国政府签署中国对吉布提 95%
输华商品免关税待遇协定换文。2014 年 10 月 18 日和 11 月 10 日，中吉两
国政府签署中国对吉布提 97% 输华商品零关税待遇协定换文。

二、税收征管

（一）征管情况介绍

吉布提实行税收中央集权制，税收立法权、征收权、管理权均集中于
中央，由预算部主管。主要的税法由预算部制定，报国会审议通过，由总
统颁布。

预算部下设税务总局、关税和间接税总局以及国有产业和土地管理局，
其中税务总局被授权解释并执行税法及实施条例，税务总局负责清算、管
理、征收和纳入国库所有税法规定的税收（除关税外），关税和间接税总局
负责清算、管理、征收和纳入国库所有海关法规定的税收，所征收税款统
一缴纳国家司库。

（二）税务查账追溯期

1.关于追讨的一般性规定

不论何种行业，任何没有按期全额纳税的纳税人都可能被税务机关追
讨应缴直接税税款全额、罚金、延期利息或加收税款（追讨时效，可以被
所有与纳税人获悉税务债务相关的行为或任何追讨行为中断），自（延期付
款导致的）加收税款开始执行之时起，追讨流程启动。

税务总局征税部门在纳税人名册发布或征税通知发出后三年之内可以
对纳税人进行征税。

如果在纳税人名册或征税通知寄出后三年之内没有进行追讨，征税部
门将丧失所有对纳税人采取行动的权利。

只有税务总局局长以及获得其委任的监察员（含）以上级别的税务人
员有权进行追讨并对延期纳税人发布命令。在履行职责时，追讨人员应携
带授权书，提及并应纳税人要求出示授权书。追讨人员不得在任何情况下、
以任何理由，接受任何金额的纳税人的工资或税款，否则将被撤职；现场
支付的纳税人可能被处以双倍纳税处罚。

2. 追讨措施

纳税人应缴纳税款、罚金、加收税款或附加费用由国库负责征收的纳税人的资金托管人、持有人或债务人应当在接到征税人员针对第三方持有人的通知后，以其持有资金代替纳税人支付纳税人应缴税款。

针对第三方持有人的通知一旦收悉，必须支付，无论第三方对纳税人债权的日期或期限如何。

针对第三方持有人的通知构成对追讨时效的中断。不需要先行发出命令即可执行。

税务人员有权在纳税人已经全部或部分清偿债务后对针对第三方持有人的通知进行全部或部分的撤销。

如果企业法人有欺诈行为或多次不履行税务责任，导致任何性质的税款和税务罚款无法征收，企业领导人对税款和罚款的支付负有连带责任。为了达到这一目的，税务总局局长或税务会计将在初审法庭上传讯企业领导人。

如果纳税人名册或征税通知未进行信息变更，纳税人的继承人或受益人对于纳税人的任何性质的未缴纳税款负有共同连带责任。

所有拖欠房产不动产税的业主除了依法成为追讨对象以外，还会被处以切断水、电、电话供应的特别处罚。

当业主在加收税款日期后一个月之内未以实际支付或应收款转让（须通知税务总局并征得同意）的方式结清拖欠税款时，水、电、电话企业的领导人应在收悉税务总局通知八天之内对其采取处罚。

在全额付款或税务总局同意应收款转让后，税务总局局长立即撤销此前的处罚。

3. 追讨的相关费用

所有裁定方颁发法令都应注明应税价格，否则将被视为无效。

与命令、没收、变卖有关的行为和文件，其他所有与直接税和营业额税的征收有关的行为和文件，以及与追讨有关的行为和文件都按照《税法》第361条规定产生一定费用，纳税人应按照法令和规定立即付款、一天之内清偿债务而终止没收。

（三）税务争议解决机制

预算部下属税务总局负责解决税务争议，体现税务征收的合法性、公正性原则。实际操作过程中，企业处于弱势一方，很难在税务诉讼中取得公平待遇。

吉布提税务纠纷机制有以下四种方式。

沟通协商。税务机关与争议当事人通过协商解决问题，因吉布提税收征管体制还有待进一步完善，如涉及税务纠纷，企业通常采用沟通协商的方式，以减少争议双方的矛盾，缩短争议解决的时间，减少争议解决的环节。

行政复议。企业可向吉税务机关就税务纠纷事项提交书面函件，税务机关经审理具体事项依法书面回函。因吉布提行政效率有待进一步提高，此种方式时间较长。

行政诉讼。企业可以聘请专业机构进行税务诉讼事项，同时提供相应的诉讼材料，通过法院进行税务诉讼，但时间周期较长，诉讼费用较高。

其他方式。由于政府层面协调不到位，导致的税务纠纷事项，在处理税务纠纷过程中，可以通过政府部门之间沟通机制来解决。比如吉布提政府利用外部资金签订的大型建设工程合同条款中规定免除一切税收，但税务机构不认可免除增值税、印花税等，企业可以通过政府部门之间沟通机制来推动解决税务纠纷问题。

三、主要税种介绍

（一）企业所得税

1. 征税原则

企业所得税法引入居民企业概念，居民企业是指依法在吉布提境内成立或依照外国（地区）法律成立但实际管理机构在吉布提境内的企业。非居民企业是指依照外国（地区）法律、法规成立且实际管理机构不在吉布提境内，但在吉布提境内设立机构、场所的，或者在吉布提境内未设立机构场所，但有来源于吉布提境内所得的企业，非居民企业仅就来源于吉布提的收入缴纳企业所得税。

企业所得税是指对吉布提境内的企业（居民企业及非居民企业）和其他取得收入的组织以其生产经营所得为课税对象所征收的一种所得税。

2. 税率

企业所得税的税率为应税利润的25%。在计算税款时，所有低于1000

吉布提法郎的利润部分均忽略不计。

吉布提政府对依照《投资法》和《工业保税区制度》成立的公司实行税收优惠政策,符合条件的企业免除企业所得税或减按较低的税率征收。

3. 税收优惠

以下免征企业所得税:经营电影放映厅的企业;农业合作社及其联盟;仅从事证券交易的企业;符合《吉布提投资法》第25~29条规定居民企业在基建行业及物流运输行业股权投资所得三年内免征企业所得税。

企业出售动产的收入不在企业所得税征税范围之内。出租不动产的收入不属于企业经营收入,前提是这些不动产应被征收房产或土地不动产税。

对于企业所得税的确定,加入2002年12月29日第193/AN/02号法律(2002年财政法修订)设立的特许管理中心的会员可享受20%的税额减免。上述减免仅适用于在法定期限提交税务申报的企业,并且仅适用于满足以下条件的会员企业:在申请减免的应税年度中(扣除增值税的)营业额低于5000万吉布提法郎;合计核算体系健全;截至申请减免的日期,此前按法定期限提交了所有税务申报;税务申报中应附加特许管理中心出具的企业会员证明。此减免仅适用于申报利润,与税务总局执行整改产生的税收金额无关。

4. 所得额的确定

2015版《吉布提税法》规定,应纳税所得额是指企业每一纳税年度的收入总额,减除不征税收入、免税收入、各项扣除及允许弥补的以前年度亏损后的余额。企业应纳税所得额的计算,以权责发生制为原则,属于当期的收入和费用,不论款项是否收付,均作为当期的收入和费用;不属于当期的收入和费用,即使款项已经在当期收付,均不作为当期的收入和费用;由违反税费定价、供给和税基的相关法律规定的违章者承担的任何性质的交易、罚款、充公产生的开支不能税前扣除;向企业管理层支付的明显不合理的薪酬视为不予税前扣除;向外籍员工的来源国社保账户强制缴纳的支出可税前扣除。

亏损弥补年限。纳税人某一纳税年度发生亏损,准予用以后年度的应纳税所得弥补,一年弥补不足的,可以逐年连续弥补,弥补期最长不得超过三年,三年内不论是盈利或亏损,都作为实际弥补年限计算。

税收年度为历年，每年根据纳税人前一年的利润计算上一年的税款，但是，在下半年开始营业的企业可以在营业起始年的次年末尾计算应纳税所得额。

如果应税收入或利润是以外币支付，应以等值吉布提法郎申报，根据支付当日汇率进行换算。

5. 反避税规则

（1）关联交易。企业与关联方之间的收入性和资本性交易均需遵守独立交易原则。目前，吉布提在当地形成产业链企业并不多，税务机关对关联企业的关注度并不高。

（2）转让定价。对于自然人或法人的职业利润税的确定，通过增加或减少购买或出售价格的方式或者以其他任何方式（畸高或不设条件的使用费、无息或低息贷款、债权的放弃等）间接转移至（不适用普通法的）享受税收豁免的企业的利润，应计入按普通法纳税的有关实体的应税利润。

（3）资本弱化。企业支付给关联方的利息支出可以税前扣除，但需要提供相关的关联企业之间的资金贷款协议和外汇收款证明。

6. 征管与合规性要求

（1）适用于税收简化方案的企业必须在每年 2 月 1 日之前，在税务总局签署关于上一年财务报表的申报文件，根据税务总局核定通知缴纳企业所得税；年营业额超过税收简化方案限额的纳税人必须按照实际利润税收方案纳税，并于每年 4 月 1 日之前向税务总局提交纳税申报文件。

（2）企业转让或终止营业、或经营者死亡的情况下，应立即计算待征收的利润税。申报资料提交法定期限：在企业转让或终止营业后 10 天之内；在经营者死亡后 6 个月之内（有继承人提交）；享受《投资法》规定税收优惠的、但是未按《税法》第 42、49 和 50 条规定于每年 4 月 1 日之前提交税务申报和附表的企业，将被质疑所享优惠并被官方强制征税；自贸区企业应按照《税法》第 42、49 和 50 条规定于每年 4 月 1 日之前提交税务申报和附表。否则将被暂时吊销税收登记号（NIF）（2013 年 LFR 法）。

（二）增值税

1. 征税原则

增值税是对在吉布提境内从事的所有除了受雇以外的经济活动中产生

增值部分征收的税赋。征税对象为自然人和法人，在吉布提的经济活动包括进口、商品交付、提供服务。

提供服务指的是一切通过租赁或承包合同来约定的有偿工作。特别包括：动产租赁；以某一特定活动为目的的办公场所租赁；无形动产有关业务；租赁业务，不论有无购买权；人员和商品运输；水、电、电话和热能供应；通过自由职业完成的业务；现场消费的销售活动；维修和来料加工；建筑业有关各行业实施的不动产工程，建筑物和不动产工程的维护、维修；自用的商品或服务等。

增值税纳税人为所有经常性或偶尔性、以独立方式从事属于增值税征税范围的有偿经济活动的自然人或法人，包括加工出口区企业和投资法受益企业、公共团体和公共机构。

2. 计税方式

增值税纳税企业采用一般计税，增值税应税服务供应商有义务向所有客户开具有纳税人识别号的增值税发票。

3. 税率

所有应税业务的一般税率为 10%。

4. 增值税免税

《吉布提税法》第 187 条规定适用零税率的业务主要有：

（1）出口：销售方或以其名义活动的中介将有形资产从吉布提向境外发送或运输的交付。仅有向海关申报过的出口可适用零关税。

（2）与发往国外的商品的出口和过境吉布提直接相关的服务，例如运输以及与运输相关的附属服务，关务代理人的报关服务，运输工具的装卸，商品的看管、储存和包装。

（3）其他类服务和业务：《吉布提税法》第 180 条规定的国际客运；目的地为国外的船舶和飞行器的补给；当地供应商向增值税应税企业的直接销售，前提是这些销售是与《吉布提税法》第 187 条规定的对外贸易有关。供应商须提供一份由客户提交并由税务总局开具的证明书以获得豁免。

（4）承包外国投资公共项目的企业收取的付款，项目金额为免税金额。从事该项目的企业的直接供应商提供的供应，也按零税率征税。供应商开具发票应当预先由税务机关盖章。所供应产品的性质应与项目需求相符；

其数量应当在发票上注明。

（5）零税率业务的经营者保留扣减的权利。

（6）经营旅馆业、不动产租赁销售和加工业的新成立企业可以在工程建筑期内享受零税率，前提是应向税务总局承诺一旦业务启动就开具包含增值税的发票并且提供一份拟进口设备和在本地采购设备的详细报价。对于本地采购，供应商开具的发票应当预先由税务机关盖章。

5. 销项税额

《吉布提税法》第184条规定增值税税基为销售货物或提供的服务全部价款。符合下列条件的内容不包括在税基内：发票上的现金折扣；与原销售金额一致的销货退回；可回收的包装物（当包装没有按照行业标准期限归还时，增值税根据转让价格征收）。

对于出于转售目的购买二手商品的应税转售商开展的业务，税基是转售价格和购买价格的差价即利润额。

6. 进项税额抵扣

《吉布提税法》第188条规定企业可以扣减的增值税体现在以下凭证中：供应商开具的合法发票；注明了增值税金额及其缴纳日期、企业税收登记号的海关进口相关文件；视同销售情况下，纳税人纳税申报的相关文件。

《吉布提税法》第190条规定以下情况不允许抵扣：人员住房、住宿、餐饮、接待、观看演出、车辆租赁、交通支出；与不属于扣减范围的商品有关的服务；无偿转让或以比正常价格低很多的价格转让的商品（特别是以佣金、工资、消费、礼物形式进行的），不论受益者身份或发放形式如何；根据销售额征税的商品和服务；石油产品（进口商以转售为目的购买的碳氢燃料，以及吉布提国家电力公司为发电而购买的碳氢燃料除外）。

7. 征收方式

增值税按进销项相抵后的余额缴纳，留抵余额不能申请退税，只能用于以后抵扣销项税额，且留抵期限不能超过三年。

8. 征管与合规性要求

增值税按月申报，申报必须最晚于每月20日或其后第一个工作日（如果当月20日是节假日的话）提交，申报中提及的任何金额的增值税都应当取最接近的整数。

（三）个人所得税

1. 征税原则

自然人通过在另一个自然人或法人（国有或私有）管理下在吉布提境内从事职业行为获得的所有报酬应缴纳个人所得税，自然人从事经常性非受雇于人的职业活动而获得的全部年所得也应缴纳个人所得税。

2. 申报主体

以个人为单位进行申报，申报的时候参照家庭情况、婚姻状况和子女数量，由所在企业或者政府机构代扣代缴。

3. 应纳税所得额

根据 2015 版《吉布提税法》第三条对个人下列收入征收个人所得税：在吉布提境内通过职业行为获得的薪金、津贴、奖金、福利、假期津贴和工资；定额职业津贴和报酬；领取小费的雇员的小费；实物和现金所得。

以下自然人的所得也属于应税范围：经常性以个人名义、出于转售目的购买不动产、营业资产、股票或房地产公司股份的个人；协助第 1 点中的个人进行上述资产购买、认购和出售的个人；根据土地租售相关法律法规从事土地租售的个人；出租配有不动产或营业资产的商业或工业机构的个人。

4. 扣除与减免

以下人员和报酬免征个人所得税：在吉布提境内的外交人员；退休金；法国等国家向吉布提派遣的技术援助人员；2018 年个税实施细则中每月应税收入不超过 5 万吉布提法郎的人员。

以下每月额外收入无须缴纳个人所得税：根据纳税人家庭状况计算的津贴和福利；退还的预扣养老金收入；可被证明的向企业报销的业务费用。

根据《吉布提投资法》第 25~29 条规定：对于吉布提共和国境内需缴纳个人所得税的自然人，如果以个人收入以认购股份的形式重新进行投资，三年内进行再投资的收入及所得免征个人所得税。

5. 税率实行累进税率

5 万吉布提法郎以上的每月应税收入（包括实物收入在内的劳动报酬），根据以下累进税率计算税款：

表11-2-1 吉布提每月应纳税所得额及税率

序号	月应纳税所得额 （单位：吉布提法郎）	税率
1	30000 以下部分	2%
2	30000~50000	15%
3	50000~150000	18%
4	150000~600000	20%
5	600000 以上部分	30%

6. 纳税申报

个人所得税按月申报，截止日期为每月 15 日之前，吉布提税务总局核定无误后由企业代扣代缴。

（四）关税

1. 关税体系和构成

吉布提对来自 COMESA 地区的商品实行零关税；其他国别进口货物需按照海关征收管理办法缴纳关税，根据投资法的规定，对于在吉布提投资的外国企业，某些矿物原材料的进口是免税的。

2. 税率

海关关税针对共同体与外部国家之间的商品或服务的进出口，实行落地申报，部分产品关税税率如下：

表11-2-2 部分进出口产品关税税率

货物种类	税率	备注
矿物原料	0%、8%、20%和33%	根据《投资法》的规定，对于在吉布提投资的外国企业，某些原材料的进口是免税的。其他情况，根据不同原料，税率分别为 8%、20% 和 33%。
渔业、畜牧业加工品	20%	
建筑用金属及金属构件	20%	
其他金属	33%	
水泥、石膏、陶瓷制品	20%	
玻璃及玻璃制品	33%	

货物种类	税率	备注
电器	20%	
光学仪器、其他机器	33%	
汽车	20%	
自行车和摩托车	33%	
医药用品	8%	

3. 关税免税

为支撑某个行业或者是招商引资的需要，吉布提投资部会单独针对某个行业或者某个企业出具的免税文件，免免税范围和优惠范围根据免税协议确定。工程类项目免税范围一般为建设该项目所进口物资、机械设备，主要包括钢筋、水泥、沥青、车辆、机械设备等大宗材料，但与项目建设无直接关系的生活物资、豪华车辆不在免税范畴，免税期限为项目合同上规定的施工期限，如遇工程延期需要向海关提供由业主出具的延期证明并办理延期免税文件。

吉布提政府对依照《投资法》和《工业保税区制度》成立的公司实行优惠关税政策。按《投资法》条例批准的公司，只要将所需进口的设备、材料数量和质量的清单附在审批文件上，便可享受免征国内消费税及因实施投资项目所需进口的设备、材料和其他产品的应缴关税。

4. 设备出售、报废及再出口的规定

企业向项目所在地海关监管机构申请鉴定所需出售的车辆、机械和设备，由监管机构鉴定残值后出具书面文件，按残值补缴全额关税并取得结关单后可出售。免税到期后，如果没有后续免税项目，可向吉布提政府税务机关申请免税延期，如果转入其他免税项目，需要办理转移登记手续。

如果项目结束后设备转场到其他国家，需取得海关监督管理机构的同意，按照核定的残值缴纳出口关税（缴纳额度可与税务机关谈判磋商）。全额关税进口设备，企业可以自行报废；对海关税收优惠进口设备的报废必须通过海关监督管理机构认定残值，补缴相关税费后进行报废，同时申请海关管理机构进行销关。

（五）企业须缴纳的其他税种

1. 不动产收益税

该税种是针对业主征收的，《吉布提税法》第 184 条规定的因业主变更导致的诉讼情况除外，税基为出租房产的年租金或不定期出租房产中的最高估价（考虑到管理费、保险、折旧费、维护和修理费，纳税人拥有的所有房产的年租金和物业价值的总额可以享受 20% 的减免）。

在计算房产不动产税时，根据不同税基的税率如下：

表11-2-3　计算房产不动产税时的税率

序号	年收入（单位：吉布提法郎）	税率
1	0~1120000	10%
2	1120001~3840000	18%
3	超过 3840000	25%

业主必须每年 1 月 1—31 日期间向税务总局提交一份租金收入相关信息的申报。如果一处房产的被征税人不是应税年份 1 月 1 日时的业主，业主或被错误征税人都可以就纳税额变更提出索赔。

2. 土地不动产税

对所有土地按年征税，除了《吉布提税法》明确豁免的土地，以下也属于土地不动产税征税范围：暂时免于缴纳房产不动产税的建筑用地（在其豁免期内）；一座建筑的紧靠的必不可少的附属地，超出建筑覆盖土地面积三倍的部分。

该税种是针对业主或受让人征收的，在应税年份 1 月 1 日确定纳税额。

土地不动产税的税基为：出租地产的年租金；非出租地产的物业价值（物业价值评估标准由《吉布提税法》第 150 条提及的不动产评估监管委员会确定，每三年调整一次）；不定期出租地产的在多次估价中的最高估价。土地不动产税的税率 25%。

3. 印花税

所有民事的、司法的、不属于诉讼程序的、有关条款可以用作法庭证据的文件都应缴纳印花税。除法律明确规定的情况以外没有任何例外。

该税种用于国家预算，一经征收不可撤销，征收依据是应税文书的存在以及文书或应税文件的制成。任何情况下，印花税都不得替代登记税。

所有行政文书、文件、表格（特别是下述的）都应按不同税率缴纳印花税：

所有应缴纳登记税的文书和文件及其寄送：每张纸 1000 吉布提法郎

公证员、执达员和律师的汇编文件：每张纸 1000 吉布提法郎

关于允许一项生意开张或经营的判决、决定或决议：每份文书 5000 吉布提法郎

不缴纳增值税的公有企业开具的双月发票：每份文件 200 吉布提法郎。

4. 公司特别税

税基为公司的营业额的 1%，该税种每年缴纳一次，每年 1 月 31 日之前根据上年营业额申报缴纳，适用于投资法的企业免于缴纳公司特别税，转运、给养、再出口业务免于缴纳进口商公司特别税。

5. 营业许可税

任何获得行政许可、有权出售饮品的自然人或法人（包括任何仅向其成员出售饮品的餐厅、俱乐部、协会或社区）均应缴纳名为"营业许可证税"的特殊税种。

此税种是针对每一个完整历年缴纳的，不论许可证的颁发、吊销或放弃日期如何，不论饮品销售是否实际发生。当年有效的许可证必须清晰张贴在机构内部，许可证最晚可张贴至次年的 1 月 31 日。营业许可税的税率是根据营业性质、营业地点确定的。

6. 营业税

在吉布提境内从事商业、工业或任何未被《吉布提税法》列为例外的行业的吉布提籍或外籍人员应缴纳营业税。

营业税是一项定额税，每个从事应税营业税活动的商业机构均应缴纳定额税。以下企业应缴纳的营业税最近一次统计的营业额的 1%：1998 年 3 月 11 日关于国企改革的第 12/AN/98 号法律中定义的公有企业；营业面积超过 700 平方米的自助零售商店（超市）；保险机构。

吉布提对计划吉布提境内销售的进口或本地生产的卡特草征收营业税，纳税额为每 1 千克（毛重）卡特草征收 20 吉布提法郎，此外，还得按照营业额缴纳 7% 的附加税。

7. 特别消费税

主要针对奢侈品如烟、酒、首饰、旅行车辆等，消费税无固定的税率，税率主要取决于商品的性质和类别；按吉布提法律规定，所有在本地消费的商品都要交纳国内消费税，按商品的种类不同，国内消费税分别为商品价格的 8%、20% 和 33%。

受惠于 Investment Code Exemption 的企业不缴纳消费税。

8. 保险合同税

该税种是针对承保人所收取的保险费和附加费用总额征收的，包括承保人从投保人处获得的所有直接或间接利益，税率为 20%，由保险公司代扣代缴。

保险合同税每个季度缴纳一次，根据承保人的有收据的保险费和附加费用总额（扣减该季度撤销合同和赔付金额）一次性结清，税款应于每季度前十天内缴纳，即针对一年四个季度应最迟于 4 月 10 日、7 月 10 日、10 月 10 日、次年 1 月 10 日缴纳。

（六）社会保险金

1. 征税原则

吉布提应缴纳的社会保险金的计算基础为月度职工薪酬的 21.7%，其中个人负担 6%，公司负担 15.7%。

2. 外国人缴纳社保规定

外国人在吉布提工作需要缴纳社会保险金，目前中国政府和吉布提政府未签订社保互免协议，中方人员在刚缴纳的社保金在离开吉布提时可以申请退还，但支付周期较长。

第三节　外汇政策

一、基本情况

吉布提的外汇管理部门为经济和财政部下属的中央银行，吉布提中央银行无准备金制度要求，各商业银行可依据央行规定基准利率自行制定货币兑换利率及存贷款利率。

吉布提金融政策主要是维护吉布提法郎的稳定和自由兑换，国家没有信贷限额和外汇管制，允许资本自由流动并向外资全面开放。独立以来，吉布提法郎汇率较稳定，成为非洲之角最稳定的货币。目前，人民币尚不能与吉布提法郎直接结算。

吉布提的金融系统特点：没有兑换管制；吉布提法郎与美元保持固定汇率（1美元兑换177.7吉布提法郎）；对于外国股权份额没有限制（可到100%）；自由利率（债务人与债权人通过协商自主确定）；吉布提金融机构存款总额超过半数的银行存款由外汇构成，外汇可以自由汇入和汇出；吉布提银行贷款利率较高（9%~12%），远远高于存储利率（2%~3%）。

吉布提对外汇无管制，可自由兑换和出入境。外资企业在吉布提开立外汇账户只需根据银行要求提供当地注册证明，或与当地公司签订的执行合同及其他相关材料即可。

二、居民及非居民企业经常项目外汇管理规定

（一）货物贸易外汇管理

吉布提外汇业务无需政府管理部门许可，材料采购款汇出只需向银行要提供采购材料合同、海关资料等凭证；外币资金汇入目前无政策方面的限制。通过银行账户支付外汇工资，只需向银行提交劳动合同即可办理。

（二）服务贸易外汇管理

服务贸易视同资本利得，盈利汇出只需向银行提供财务报表、利润分配决议等支持性文件，即可汇出。

（三）跨境债权债务外汇规定

在吉布提进行购汇无需取得政府管理部门批复，提供相关协议及其他证明材料给开户行，即可直接办理。

（四）外币现钞相关管理规定

由各商业银行根据内部管理需要自主出具相关管理办法，实际操作中取现限制较少，大额资金提现需提前预约（如取现5万美元）。

三、居民企业和非居民企业资本项目外汇管理

目前，涉及资本项下的外汇在投资条款中明确可以自由汇出，汇款时，企业提交相关证明文件即可办理支付。

吉布提大型企业主要为外资控股企业，跨境对外投资比例较少。涉及在吉企业对外投资，需要签订投资协议，明确被投资企业的股权比率、公司成立决议或增资决议，公司业务性质等解释文件。同时向吉投资部进行报备。

外汇账户开立时取得相关注册登记文件后，即可向银行申请开立多币种银行账户，一般完成周期为一周。

四、个人外汇管理规定

吉布提实行个人自由汇兑，汇兑金额不受限制，各商业银行自行决定外币现金提取手续费率。个人出关原则上最多可携带 5000 美元或等值的现金。

第四节　会计政策

一、会计管理体制

（一）财税监管机构情况

在吉布提注册的企业如果有经济业务发生，均需按照《2012 吉布提会计总法案》要求建立会计制度进行会计核算。会计管理局为经济和财政部下设机构，负责会计准则及其他规范性文件的起草、发布和修改等，并监督和指导企业执行。

税务总局为吉布提预算部下属机构，税务局根据《税法》规定对企业进行监管，各企业需要按照统一格式向税务总局上报会计和税务资料。

（二）事务所审计

无论业务规模、公司性质，所有在吉布提注册登记的企业都需审计机构进行审定，如果是吉布提国有企业，必须由政府官方审计机构进行稽核审定。

（三）对外报送内容及要求

会计报告中主要包含：①企业基本信息：行业分类、经营范围、股东情况、税务登记号等；②企业经营情况表：资产负债表、损益表（包含现金流量变动情况）。③披露信息：费用类、资产类、历年营业额（两年内）、权益变动。④关联交易中，采购定价相关的证明材料及交易申明。

上报时间要求：会计报告须按公历年度编制，于次年的3月31日前完成。

二、财务会计准则基本情况

（一）适用的当地准则名称与财务报告编制基础

吉布提会计法律规范主要依据法国《会计法》和《会计总方案》进行制定，更偏向以税务为导向的会计模式，2012年吉布提修订并发布了《2012吉布提会计总法案》。《2012吉布提会计总法案》于2013年1月1日开始实施，规范了企业会计处理的原则及具体核算方法，包括会计科目分类规则（共九类）及其核算具体内容，同时也规定了借贷记账规则。吉布提的会计核算制度与税法联系紧密，在会计核算中会充分考虑税法规定，所以纳税申报时对会计报表纳税调整项较少，与税务政策趋于一致。会计核算按照《2012吉布提会计总法案》处理，实务处理时可以参照一些财税部门公布的以前会计处理惯例，纳税申报时，对与税法不一致的事项进行必要纳税调整，并以调整后的税务报表作为报税依据。

（二）会计准则使用范围

吉布提注册企业均需要按照会计准则进行会计核算并编制报表。实际操作中，部分政府基建项目多向外国政府进行贷款筹建，享有一定的税收优惠政策，税务局监管相对较为宽松。

三、会计制度基本规范

（一）会计年度

《2012吉布提会计总法案》规定：公司会计年度与历法年度一致，即公历年度 1 月 1 日—12 月 31 日为会计年度。对于上半年新成立的公司，当年会计年度可以小于 12 个月；下半年成立的公司，当年会计年度可以大于 12 个月。

（二）记账本位币

《2012 吉布提会计总法案》规定：企业会计系统需采用所在国的官方语言和法定货币单位进行会计核算。吉布提采用吉布提法郎作为记账本位币，货币简称 FDJ，同时可根据公司业务性质，选择英语作为记账语言并选择美元作为记账本位币。

（三）记账基础和计量属性

《2012 吉布提会计总法案》规定：企业以权责发生制为记账基础，以复式记账为记账方法。

《2012 吉布提会计总法案》规定：企业以历史成本基础计量属性，在某些情况下允许重估价值计量。

《2012 吉布提会计总法案》规定：会计计量假设条件，其一般原则有谨慎性原则；一致性原则；可比性原则；真实性原则；历史成本原则；配比性原则；重要性原则。

四、主要会计要素核算要求及重点关注的会计核算

（一）现金及现金等价物

会计科目第五类记录现金、银行存款及现金等价物。会计科目（51）核算银行存款，会计科目（53）核算现金。

资产负债表（BILAN）中列示的现金是指库存现金及可随时用于支付的银行存款；现金等价物是指持有的期限短、流动性强、易于转换为已知金额现金及价值变动风险很小的投资。主要涉及资产由现金、银行存款。

（二）应收款项

会计科目第四类记录应收、预付款项等往来款项。《2012 吉布提会计总法案》规定：应收款项科目记录应收账款的初始计量按初始价值计量确认，同时规定了坏账准备、折扣、可回收包装物的会计处理。

应收账款的余额中应减除坏账损失额，但坏账数额只能逐笔确定，而不得利用百分比进行估计。

（三）存货

《2012 吉布提会计总法案》规定：存货初始计量以历史成本计量确认，包括买价以及必要合理的支出。存货的初始核算：存货的采购成本不包含采购过程中发生的可收回的税金。不同存货的成本构成的内容不同，通过采购而取得的存货，其初始成本由使该存货达到可使用状态之前所发生的所有成本构成（采购价格和相关采购费用）；通过进一步加工而取得的存货，其初始成本由采购成本、加工成本，以及使存货达到目前场所和状态所发生的其他成本构成。《2012 吉布提会计总法案》存货由全部商品、原材料和有关的供应品、半成品、产成品以及在盘点日企业拥有所有权的物资组成。具体分类如下：31 原材料，32 其他消耗品，33 在产品（商品），34 在产品（服务），35 产成品，37 商品，39 产成品及在产品减值准备。

《2012 吉布提会计总法案》规定：存货出库可以采用先进先出法和平均法（移动平均或加权平均）。企业应根据存货的性质和使用特点选择适合的方法进行存货的出库核算。确定存货的期末库存可以通过永续盘点和实地盘点两种方式进行。

《2012 吉布提会计总法案》规定：存货在决算时按成本与市价孰低法计价，如果存货的市价跌至账面净值以下，则无论其减值是否持久，应在资产负债表日对存货进行减值处理，计提可以抵税的跌价准备。

（四）长期股权投资

《2012 吉布提会计总法案》中对长期股权投资进行了定义，是投资企业为了与被投资企业建立长期关系或为了自身的经营和发展而持有的被投资企业权益 10% 以上的投资。

会计科目（26）长期股权投资下设四个明细科目，即分别控制、共同控制、重大影响、其他四种情况的投资。按《会计法规》的解释：控制是直接或直接持有被投资单位 50% 以上的表决权；共同控制是由有限的股东共同持有被投资单位的股权，共同决定被投资企业的决策；当直接或间接持有被投资单位有表决权股权的 20% 以上时，视为有重大影响。初始计量按投资成本计量确认，期末计量按以成本与可变现净值孰低法确认期末价值；处置长期股权投资时，其成本通过账户 81——处置非流动资产的账面价值结转。不属于长期股权投资的其他投资通过账户 50——短期投资核算。

（五）固定资产

《2012吉布提会计总法案》规定有形资产在资产负债表中按历史成本计价。此项资产使用时间通常超过一年，一般折旧年限如下：

建筑物 4%~5%

建筑安装设施 10%

办公设备 20%

计算机 33%

运输设备 20%~33%

家具 10%~20%

空调 20%

所有固定资产将按直线法计提折旧，为取得融资贷款而产生的财务费用将计入当期损益。

关于固定资产的计价，以前由于税法规定重估价升值被视为非常性收益而征收公司所得税，因此，公司一般不对固定资产进行重估，而只以购建时的历史成本、发生的累计折旧以及由此而决定的资产净值进行反映。

（六）无形资产

《2012吉布提会计总法案》规定：无形资产由初始取得成本及追加成本组成，无形资产摊销年限为3~5年。

无形资产确认的依据为此项支出有可能产生未来的产品。为取得融资贷款而产生的成本将计入无形资产，按偿还期限进行分期摊销。

无形资产中属于开办费性质的支出，可以在营业开始的年度一次全额摊销，也可以在不长于五年的期限内进行均摊。在营业开始后发生的递延费用则根据其不同性质确定摊销期限，并在报表注释中加以说明。

研究与开发费用一般作为当期费用，发生时计为费用，只有在一些严格的条件下才可以资本化，例如，当项目成果不仅可以单独确认和合理计量，而且能市场化，并推测其未来盈利的条件下，研究与开发费用可以资本化，资本化的研究费用应在五年内摊销。

关于商誉，取得时按成本入账，在5~20年的时间内以直线法摊销，未摊销的部分每年都应检查以确定是否减值。但是，如果购并是购并方使用发行股票的方式进行的，那么，商誉可与留存收益相抵减。负商誉作为递延收入并揭示为或有项目，需在五年内确认。

（七）职工薪酬

根据《2012吉布提会计总法案》中会计科目（64）核算职工薪酬，核算所有支付给职工的各类报酬。包括以下人员的薪酬费用：行政管理人员；普通员工；临时性雇佣员工；职工代表；提供服务的企业合伙人。确认和计量方法与中国会计准则的职工薪酬类似，支付给雇员的预付款可从薪金和工资中进行扣除。

（八）收入与费用

根据《2012吉布提会计总法案》，收入的确认遵循实现原则，费用与收入按照权责发生制和配比原则计量。

（九）政府补助

对于政府补贴，它被划分为经营性补贴和投资性补贴，前者计入当期损益，后者当作股东权益的一部分，并按相应的比例摊入损益

（十）借款费用

借款费用是指企业因借款而发生的利息及其相关成本。借款费用包括借款利息、折价或者溢价的摊销、辅助费用，以及因外币借款而发生的汇兑差额等。

（十一）外币业务

因吉布提实行吉布提法郎与美元固定汇率，如记账本位币为吉布提法郎或美元，外币折算无差异。实际操作时，外币折算既可以采用时态法，又可以采用期末汇率法，当经营活动与母公司融合在一起时建议采用时态法，当经营活动独立于母公司时建议采用期末汇率法。

（十二）所得税

所得税采用应付税款法，不区分时间性差异和永久性差异，不确认递延所得税资产和负债，当期所得税费用等于当期应交所得税。本期税前会计利润按照税法的规定调整为应纳税所得额（或由税务局核定的应纳税所得额），与现行税率的乘积就是当期在利润表中列示的所得税费用。

所得税处理在法定财务报表和合并财务报表中的规定是不同的。由于单个公司账面收益与应税所得相联系，几乎没有必要在法定财务报告中记录递延税款。

实际操作中，如公司为特别纳税 A 类企业，且享受的税收优惠较大、税种较多，一般采购时因销售方纳税等级较低，无法实现抵免税，会产生一定的递延所得税资产。

五、财务报告

《2012 吉布提会计总法案》规定企业应编报的财务报表有资产负债表（Bilan）、利润表（Compte de Resultant），而且各种报表均有统一的格式。要报送文件有财务报告附注（Annexe）、董事会报告、审计报告。

（一）资产负债表

吉布提资产负债表的格式参照法国资产负债表格式采用账户式，或称水平式（见下表"BILAN-ACTIF""BILAN-PASSIF"）。资产负债表分为"资产"和"资本与负债"两部分，都要求列出两个年度数字，但金额栏明显不同。"资产"方四个金额栏，"资本与负债"方两个金额栏。因此，吉布提资产负债表只能采用账户式，左右分别示列。

资产方列示的无形资产是最初资本化成本减折旧后的余额。对无形资产项目范围没有限制，可确认的无形资产包括开办费、研发成本、购买的非合并商誉（Fonds Commercial）等。租赁资产不能资本化，其他固定资产和投资的确认和计量与美国公认会计原则相似。法国的商业行为和财产法与英语国家不同，导致法国出现性质不明的资产，如所拥有受使用期（En Viager）限制的土地和房屋或有特许权的资产等。流动资产的确认和计量与英语国家相似。

BILAN – ACTIF　　　2015　　US$

ACTIF	NOTES	BRUT	PROVISION	31/12/2015	31/12/2014
IMMOBILISATIONS INCORPORELLES	3				
FRAIS D'ETABLISSEMENT					
AUTRES IMMOBILISATIONS INCORPORELLES					
IMMOBILISATIONS CORPORELLES	4				
TERRAINS					

续表

ACTIF	NOTES	BRUT	PROVISION	31/12/2015	31/12/2014
CONSTRUCTIONS					
INSTAL. TECH. MATERIEL – OUTILLAGE INDUSTRIEL					
AUTRES IMMOBILISATIONS CORPORELLES					
IMMOBILISATIONS CORPORELLES EN COURS					
IMMOBILISATIONS FINANCIERES	5				
ACTIF IMMOBILISE – TOTAL I					
STOCKS DE MATIERES ET FOURNITURES	6				
CREANCES FISCALES ET SOCIALES	7				
DISPONIBILITES	8				
ACTIF CIRCULANT – TOTAL II					
COMPTES DE REGULARISATION III	9				
TOTAL GENERAL (I à III)					

权益方包括：①资本；②股票发行溢价、合并溢价、捐赠；③资产重估差异；④准备金。包括法定的、法定的或合同规定的、《税法》规定的、其他）；⑤盈亏结转。与英国不同的是将意外的投资捐赠、《税法》规定的准备金/备付税金列入资本和准备金。

法国资产负债表中有与其他国家明显不同的两个项目，即"资本和负债"方的负债准备金和费用准备金。该项目按照《会计总方案》设立，目的是确保将预计本财务年度的所有费用和损失都列入报表，包括资产负债日后项目及外部负债的变更。这些项目列于资本之后负债之前，使它们的性质不明确。另外，可实现的汇兑收益列在资产负债表底部债权人之后，可实现的汇兑损失列在资产底部，也与其他英语国家不同。

BILAN – PASSIF　　2015　　　US$

PASSIF	NOTES	NET 31/12/2015	NET 31/12/2014
CAPITAL SOCIAL	1		
PRIMES D'EMISSION			
REPORT A NOUVEAU			
RESULTAT DE L'EXERCICE			
CAPITAUX PROPRES　TOTAL (I)			
PROVISION POUR RISQUES	10		
TOTAL (II)			
DETTES DIVERSES	11		
DETTES AUPRES DES ETS DE CREDIT	12		
DETTES FOURNISSEURS ET COMPTES RATTACHES	13		
DETTES FISCALES ET SOCIALES	14		
DETTES AUPRES DES ASSOCIES			
TOTAL (III)			
COMPTE DE REGULARISATION			
TOTAL GENERAL (I à III)			

（二）利润表

　　法国会计模式下的利润表与英美等国利润表编制差异主要表现在：①反映在表内的资料比较详细，尤其在营业费用的披露上，其中一些内容在其他成员国往往列为表外的注释；②强调在表内既反映销售，又反映产品的生产，正因为如此，在经营收入项目的下面要反映产成品和在产品结存的增减变动以及企业自产自用的产品或固定资产；③在法国的利润表中，经营费用只按性质分项反映，不按管理的目的或目标分类。因为国家希望企业和行业间费用归类一致，以便汇总数据，进行行业比较，规定价格和管理所得税。经营费用不按功能或发生的环节（如销售成本、销售费用、管理费用等）分项反映，不能直接提供销售毛利、销售利润和经营利润等指

标。但是可以通过调整利润表信息确定营业费用总额：调整存货购买的期初价格与期末价格的差异，得到存货消耗成本；通过固定成本和间接成本结转存货期末账面价值或资本化，调整营业费用。法国利润表突出区别营业损益、财务损益和额外损益的必要性。

另外，法文版的利润表中使用的术语 Exceptionnel（额外的）比英文版使用的术语 Extraordinary（非常的）含义更宽泛。例如，《会计总方案》中非常损益中包括的项目有：固定资产处置收益或损失等。

COMPTE DE RESULTAT AU 31/12/2015   US$

	NOTES	NET 31/12/2015	NET 31/12/2014
PRESTATION DE SERVICE			
TOTAL DES PRODUITS COURANTS			
REPRISE DES PROVISIONS			
TOTAL DES PRODUITS D'EXPLOITATION			
ACHATS MATIERES ET FOURNITURES	15		
VARIATION DE STOCKS			
AUTRES ACHATS ET CHARGES EXTERNES	16		
IMPOTS ET TAXES			
SALAIRES ET TRAITEMENTS			
CHARGES SOCIALES			
AUTRES CHARGES DE PERSONNEL			
DOTATIONS AUX AMORTISSEMENTS ET PROV	3 & 4		
REPRISES PROVISIONS			
TOTAL DES CHARGES D'EXPLOITATION (II)			
RESULTAT D'EXPLOITATION (I–II)			
PRODUITS FINANCIERS DE PARTICIPATIONS			
DIFFERENCES POSITIVES DE CHANGE			
TOTAL DES PRODUITS FINANCIERS (III)			

续表

	NOTES	NET 31/12/2015	NET 31/12/2014
Frais des charges bancaires			
INTERETS ET CHARGES ASSIMILEES			
DIFFERENCES NEGATIVES DE CHANGE			
TOTAL DES CHARGES FINANCIERS (VI)			
RESULTAT FINANCIER（V–VI）			
RESULTAT COURANT AVANT IMPOTS (I–II+III–IV+V–VI)			
PRODUITS EXCEPTIONNELS			
TOTAL DES PRODUITS EXCEPTIONNELS（VII）			
CHARGES EXCEPTIONNELLES			
VALEUR COMPTABLE DES IMMOBILISATIONS CEDEES			
TOTAL DES CHARGES EXCEPTIONNELLES（VIII）			
RESULTAT EXCEPTIONNEL（VII–VIII）			
IMPOT SUR LES SOCIETES（IMF）			
TOTAL DES PRODUITS（I+III+V+VII）			
TOTAL DES CHARGES（II+IV+VI+VIII+IX+X）			
RESULTAT (TOTAL DES PRODUITS–TOTAL DES CHARGES）			

（三）财务状况变动表

从吉布提财务状况变动表的示范格式来看，它是以营运资本作为编制基础的，实际操作中可以按国际会计准则规定的格式编制现金流量表，并允许使用直接法和间接法，但在实务中，间接法最常用。

（四）报表的注释

会计报表的注释分为两类：一类是必列的，这类内容不论影响大小均列出；另一类则只有重大影响时才需要列示。前一种注释包括：为了真实、公允地反映情况而需要补充的资料；背离真实、公允的有关情况及细节；计价与披露方法的变更及其理由；无形资产的处理方式；租赁业务的详细情况等。后一类注释包括：会计政策；固定资产和折旧变动表、折旧方法；重估价及其影响，包括任何重估的细节；外币项目的会计处理；准备金的细节；各项贷款的到期日；股本的构成分析，包括子公司和股东的清单；退休年金的资料，包括养老金和其他退休后福利承诺的金额；董事酬金的资料；分类列示的职工平均人数；纳税对财务报表影响的细节；按活动和地区进行的营业额分析；本报表是否被其他公司全面合并；子公司及附属公司的情况等。

《会计总方案》要求企业披露很多附表，其中包括进行财务分析的"管理业绩计量"（Soldes Intermediaries de Gestion），它是一系列标准化财务分析指标，侧重财务流动性的结构分析。

第十二章　吉尔吉斯斯坦税收外汇会计政策

第一节 投资环境基本情况

一、国家简介

吉尔吉斯共和国（Kyrgyz Republic），简称吉尔吉斯斯坦。吉尔吉斯斯坦位于中亚东北部，属于内陆国家，面积19.99万平方公里，边境线全长4170公里。全国划分为7州（省）2市。比什凯克是该国首都，亦是该国的政治、经济、交通、科教及文化中心。

吉尔吉斯斯坦截至2017年底全国人口总数625.67万人。共有90个民族，其中，吉尔吉斯族占71%、乌兹别克族14%、俄罗斯族8%。吉尔吉斯斯坦的国语为吉尔吉斯语，俄语为官方语言。吉尔吉斯政治体制为单一制和议会制。

二、经济情况

吉尔吉斯斯坦经历了2005年、2010年两次颜色革命[①]，目前政局较为稳定，经济发展处于上升期，政府正努力改善投资环境。吉尔吉斯斯坦地处中亚枢纽，是世界贸易组织、独联体和上海合作组织、欧亚经济联盟等多个国际组织成员。积极响应建设丝绸之路经济带倡议、贸易投资条件较为便利，可作为生产加工和商品分拨的转运基地，产品向中亚及独联体其他国家辐射。

吉尔吉斯斯坦2017年度国内生产总值70.61亿美元，居世界第140位，人均国内生产总值1140美元，居全球第153位。2017年，吉尔吉斯斯坦经济增长主要依靠的是工业、农业、建筑业、服务行业等发展的拉动。与2016年相比，吉尔吉斯斯坦2017年GDP平减指数为103.1%，消费者价格指数为103.2%，工业生产者价格指数为101.7%[②]。

---

① 2005年、2010年两次颜色革命：对外投资合作国别（地区）指南。

② 对外投资合作国别（地区）指南。

三、外国投资相关法律

吉尔吉斯斯坦经济部是对外经贸主管部门，其职能是制定并实施国家经济政策、开展对外经贸关系、协调建立市场经济体制、促进企业发展。同时与其他各部、国家委员会、行政机构共同确立吸引国外直接投资的方针与优先方向。吉尔吉斯斯坦对国外投资者无行业限制，吉尔吉斯斯坦对外贸易活动的基本法律依据是 2003 年颁发的《投资法》和 2010 年颁发的《保护投资规定》，赋予外国投资者与国内投资者相同的权利。

为进一步规范对外资的优惠政策，提高对外资的吸引力，2014 年 1 月，吉尔吉斯斯坦出台了新的《自由经济区法》。目前，吉尔吉斯斯坦境内共有四个自由经济区。根据现行规定，外资企业在自由经济区经营期间，免缴进出口关税及其他税费；对在自由经济区注册的外资企业输入经济区内的货物免征增值税、消费税及其他税费。当其向境外出口商品时，须向经济区管理委员会缴纳出口报关货值 1%~2% 的"提供税收优惠服务费"。自由经济区生产的产品在出口到吉尔吉斯斯坦境外时不受其出口配额和许可证的限制。

对外国投资者实行国民待遇。除了在自由经济区注册的外资企业，其他外资企业一般情况下不享受税收优惠。对投资性进口商品（如外资企业用于生产的机器设备）免征进口关税。外国投资者在吉尔吉斯斯坦法律允许的范围内可在吉尔吉斯斯坦境内独立自主进行投资活动，其财产、投资及合法权利受到吉尔吉斯斯坦法律保护。外国投资者可自由支配一切合法所得，可将在吉尔吉斯斯坦经营所得利润及人员的工资收入自由汇往境外，且数量不受限制。外资企业依法享有充分的经营自主权，吉尔吉斯斯坦政府部门不得随意干涉外资企业的正常经营活动。凡在吉尔吉斯斯坦政府鼓励投资的优先发展领域进行投资、以及在吉尔吉斯斯坦国家发展规划项下对特定区域进行投资，均可根据吉尔吉斯斯坦现行有关法律规定对投资者给予相应的优惠。

第二节　税收政策

一、税法体系

吉尔吉斯斯坦属于大陆法系国家，包括税收在内的各项法律制度均已成文法形式体现。

吉尔吉斯斯坦的税收制度由所得税、流转税和其他小税种组成。2009年1月，吉尔吉斯斯坦实施新税法，精简或取消了原有的部分税种，降低了税率，为经济发展注入活力。当前，吉尔吉斯斯坦主要有以下税种：个人所得税、企业所得税（利润税）、增值税、销售税、消费税地下资源使用税、销售税为中央税收；财产税和土地税为地方税收。

二、税收征管

（一）征管情况介绍

税收征收管理法是有关税收征收管理等方面的法律规范的总称。税收征收管理法的内容可以分为四个部分，即税务管理制度、税款征收制度、纳税检查制度和税收违法责任制度。

吉尔吉斯共和国税收制度包括国家税收制度、地方税收制度、特殊税收制度。国家税收是指按照税法规定在吉尔吉斯斯坦全境强制缴纳的税，包括企业所得税、个人所得税、增值税、消费税、地下资源使用税、销售税。地方税收根据地方议会规范行法律文件生效、在各行政区划单位内强制性支付的税，包括土地税和财产税。特殊税收制度包括税务执照税、其他执照税、统一税简化税制、签订税收合同税、自由经济区税收制度、高科技园区税收制度。

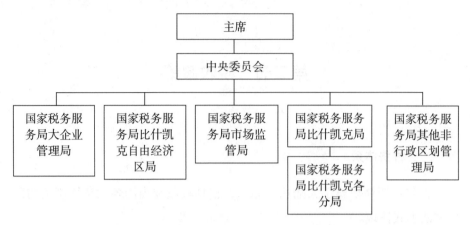

图 12-2-1　吉尔吉斯斯坦国家税务服务局及下属机构的组织架构图

（二）税务查账追溯期

吉尔吉斯斯坦主要税务违法行为偷税、漏税、逃税。企业存在税务违法行为，税务局对纳税单位的最长追查期为六年。如果税务局或其执法人员侵犯纳税人权利，致使纳税人多交税款，给纳税人企业造成经济损失的，纳税依法进行行政复议或申诉。

（三）税务争议解决机制

《吉尔吉斯斯坦税法典》对纳税人的权利和义务均进行了明确的规制，当纳税人与税务局出现争议时首先可以通过双方协商解决，协商无法解决的可直接以书面形式向吉尔吉斯国家税务总局或者法院申诉。

（四）税收协定签署情况

中国与吉尔吉斯斯坦于 2002 年 6 月 24 日签署了避免双重征税的税收协定《中吉避免双重征税协定》。吉尔吉斯斯坦还与科威特、卡塔尔、沙特阿拉伯和阿联酋等国签署双边税收协定，对股息红利、利息和特许权使用费的税率进行了明确规定。

三、主要税种介绍

（一）企业所得税

1. 征税原则

根据《吉尔吉斯斯坦税法典》规定，吉尔吉斯斯坦国内组织、个体企业、在吉尔吉斯斯坦境内通过常设机构从事活动的外国组织，以及在吉尔吉斯斯坦境内常设机构向外国组织支付吉尔吉斯斯坦源泉扣缴的义务人为企业所得税纳税人。所得税纳税期为一个日历年度，纳税人在日历年度开始后登记注册的登记日至年底期限为一个纳税周期，纳税人在日历年底前实施清算，或重组程序的纳税人的最后一个纳税期为从年初至清算重组完成之日；纳税人日历年开始后登记该年年底前实施清算，或重组程序纳税期为成立之日起至清算重组完成之日止。

2. 税率

根据《吉尔吉斯斯坦税法典》规定，一般纳税人企业所得税税率确定为10%。对于特殊行业，使用如下税率：租赁公司所得税税率为5%。从事含金矿石、含金精矿、金合金和精炼金开采和销售活动企业所得税的税率为0%。

3. 税收优惠

根据《吉尔吉斯斯坦税法典》规定，对慈善组织、残疾人数量不低于总人数的50%和残疾人工资总数不低于工资总额50%的残疾人协会及个体企业、农业生产者、吉尔吉斯共和国惩罚教育机关、农业商品服务合作社、信贷协会、从事农产品的工业加工企业、学前教育机构、民营心脏外科医疗机构等企业享受所得税收优惠政策，免征企业所得税。但免缴所得税并不免除纳税人提交所得税申报义务，需要在规定期限内申报报表。

根据《吉尔吉斯斯坦税法典》规定，纳税人某一纳税年度发生亏损，准予用以后年度的应纳税所得弥补，1年弥补不足的，可以逐年连续弥补，弥补期最长不得超过五年。

4. 所得额的确定

所得税征税对象主要为吉尔吉斯国内组织和个体企业从境内外取得收入、外国企业或组织在吉尔吉斯境内开展经济活动取得的收入。所得税税基指在纳税期内计算出的纳税人年度总收入和允许扣除支出之间的正差。

根据《吉尔吉斯斯坦税法典》规定，下列支不应当税前扣除，主要包括与固定资产生产、购买和安装相关支付费用计入其原值，后续核算期间通过折旧摊销方式扣除；缴纳给预算和吉尔吉斯共和国社会基金的税务处罚、滞纳金和相关利息；应缴纳吉尔吉斯共和国预算的所得税、增值税、销售税、消费税；储备金提成形式的支出；为其他组织产生的任何支出；

与纳税人将财产销售或交换给纳税人家庭成员或相互依存主体直接或间接的任何损失；纳税人对近亲属以及其他与经济活动不相关的人员支出等。

5. 反避税规则

（1）关联方交易。关联方之间的交易必须符合独立交易原则。由于吉尔吉斯经济法发展较为滞后，中小企业及个体户是市场主要占有者，不易形成关联方。吉尔吉斯不是 OECD 成员国，同时也未对交易申报和资料准备等方面做出明确规定。

（2）转让定价。转移定价规则已经被纳入新的税法。目前的转让定价条款允许税务机关在以下"受控交易"中审查纳税人使用的价格：关联方交易；涉及货物或服务的易货交易；交易符合跨境交易；没有支持文件的交易；与非活动实体／个人的交易。如果确定纳税人的价格与市场价格不同，则税务机关有权根据市场价格评估，并计算应补交的税款及逾期付款利息和罚金。

吉尔吉斯斯坦使用经济合作与发展组织（经合组织 OECD）准则方法来确定公平交易价格，例如，可比非控制价格法；转售价格法；成本加法。一般优先考虑第一种方法，而其他两种方法只能在没有可比性或者在相关市场上的缺少相关价格信息的情况下使用。

（3）资本弱化规则。吉尔吉斯斯坦的税法中没有资本弱化的限制，但吉尔吉斯斯坦政府各部更加倾向于股权筹资，增加税负。

6. 征管与合规性要求

税法规定，所得税年度申报应当在报告年度次年的 3 月 1 日前完成。根据纳税人提出的申请，税务机关可以批准企业延期申报，但最长不得超过一个月，延期申报并不免除或延长纳税人的按时纳税的义务。根据税法规定，纳税人（适用零税率和免税除外）应当按季度预缴企业所得税。报告期内，所得税的预缴金额累计额依次应为当年第一季度、前半年、和前九个月的应纳税额。预缴金额应按照根据《吉尔吉斯斯坦税法典》计算的当期利润的 10% 确定。企业所得税季度预缴的当期应纳税额应为当期季度预缴应纳税额与上期季度预缴应纳税额的差值。

7. 预提所得税

吉尔吉斯斯坦非居民取得与常设机构无关的消极所得，需要按以下税率缴纳预提所得税，且无可抵扣项：股息和利息，10%；风险保险或再保险协议下获得的保险费用，5%；著作费和版权税，10%。

非居民通过经营活动和提供劳务在吉尔吉斯斯坦获得的与常设机构无关联的收入，需要缴纳预提所得税（不含增值税），利率如下：在吉尔吉斯斯坦和其他国家之间国际往来运输交流中的电信或货运服务收入，5%；管理与咨询服务收入，10%；其他服务及经营活动，10%。

预提税适用于来源于吉尔吉斯斯坦的收入，无论该笔支出发生在国内还是国外。适用双边税收协定可享受预提税的优惠税率，在非消极收入方面，也提供了所得税减免。但需要注意的是，协定并不是自动适用的，纳税人需要遵守一定行政程序才能获得减免待遇。

（二）增值税

1. 征税原则

在吉尔吉斯斯坦境内销售或进口货物、提供应税服务的单位和个人都是增值税纳税义务人。根据规定，除享受增值税优惠政策外，在吉尔吉斯斯坦境内销售货物和提供服务都需要缴纳增值税。进口货物也需要缴纳增值税，其计税依据为进口货物的海关完税价格。

2. 计税方式

根据《吉尔吉斯斯坦税法典》规定增值税计算方法全部为一般计计税方法，未设立简易计税法，即为指当期销项税额抵扣当期进项税额后的余额为当期的应税额。

3. 税率

根据税法规定除部分适用零税率和免税项目之外，增值税的一般税率为 12%。吉尔吉斯斯坦对某些应税劳务和服务采用零税率。主要包括出口商品（某些特定类型的货物出口除外），国际运输和与国际运输服务相关的中转航班的服务。对于各国外交和领事服务中使用的货物、商品或服务需要缴纳增值税，但在满足特定条件后可以退税。

4. 增值税免税

免税优惠政策规定部分物资免征增值税，其中包括供应和出口的金银合金和精炼的金银、药品、地皮、住宅楼和建筑、金融服务，以及出口的作品和服务。部分进口商品免征增值税主要包括用于帮助消除自然灾害、武装冲突或其他灾难性事件的进口物资；人道主义援助物资；进口商先前出口商品的复入境；在限定期内以原来形态复出境的临时进口物资（需交付担保押金）；由于投送错误退还出口商的货物；过境运输货物；驻吉外交代表机构、外交人员及其家属个人自用的物品；消费税商品；经吉尔吉斯斯坦政府批准的药品；经吉尔吉斯斯坦政府批准的教学用具（笔、练习本、文件夹等一般文具除外）。

5. 销项税额

根据《吉尔吉斯斯坦税法典》规定，增值税销项主要为应税供应服务和商品。应税供应价值（税基）根据不同经营业务主要区分为应税供应价值是所有主体支付或应付的、扣除增值税和销售税的总额；在实物支付的情况下，应税价值为供应商品、工程和服务的、扣除增值税和销售税的市场价格；如果商品、工程和服务以低于市场价格的价格供应，税务局有权决定进行追加税收、滞纳金和税务处罚；如果提供给纳税主体用于开展经济活动的商品、工程和服务无偿提供给雇员或其他主体，商品、工程和服务的市场价格是应税供应价值。

6. 进项税额抵扣

纳税主体在缴纳增值税时，享有销售业务中采购商品已经支付或应支付增值税金额的抵扣权。从关税同盟国以外的国家进口商品根据关税同盟海关法规和（或）吉尔吉斯共和国海关事务领域法律要求，进行报关验收可以进行抵扣；从关税同盟成员国境内进口物品时履行提交间接税税务报表的义务后可进行抵扣。

购进的货物、产品或服务与企业生产经营活动无关，以及免税项目进项税额税法规定不可抵扣。采购商品超过定额损耗（额定损失）的部分，其增值税不应抵扣；增值税发票失效、丢失，则采购物质的增值税不应抵扣；填写不符合增值税发票规定格式要求，采购物质增值税不应抵扣；在吉尔吉斯斯坦境内现金（增值税会计月度间，扣除增值税及营业税后金额超过30万索姆）购买的物品，其增值税不得抵扣。

7. 征收方式

根据《吉尔吉斯斯坦税法典》规定增值税征收方式为抵扣制，当期销项税额抵扣当期进项税额后的余额缴纳。当期存在未抵扣进项税可以结转以后年度抵扣。

8. 征管与合规性要求

增值税纳税申报和税款缴纳的截止日期为次月后的第 25 日。所有纳税人需要对其应税服务申报缴纳增值税。如果纳税人销售应税商品或提供应税服务在连续 12 个日历月里超过 400 万索姆，则需进行增值税登记。进行增值税纳税登记后，可成为增值税纳税人。即使纳税人无需进行增值税登记，也可自愿向相关税收委员会提交申请。进口商品增值税的缴纳应按照《关税同盟海关法规》和《吉尔吉斯共和国海关法规》规定。受税务执行机关下属职能部门管理的纳税大户，应在不晚于税务会计期下个月最后 1 日进行增值税申报。

（三）个人所得税

1. 征税原则

根据税法规定，吉尔吉斯斯坦公民和外国公民（包括居民和非居民）均为个人所得税纳税人的，雇主需要为雇员代扣代缴个人所得税。纳税人因受雇取得的工资薪金所得，应当缴纳个人所得税。居民主要是指在吉尔吉斯共和国境内居留 183 天以上的自然人。

2. 申报主体

根据税法规定所得税实行代扣代缴制度。具有商业实体的组织、企业为主要的申报主体。

3. 应纳税所得额

应纳税所得额根据收入总额、可扣除项目确定。根据《吉尔吉斯斯坦税法典》规定，总收入的构成主要包括职工劳动所得收入；所获得的物质利益形式的收入；无偿获得的资产；利息收入，包括按照保险合同获得的利息收入；红利；出售购买 1 年以下的属于个人财产的交通工具所获得的增值收入；出售不动产所获得的增值收入，该不动产已被不动产产权国家统一登记管理机关列入住宅登记，而且不到 2 年又购买了新的不动产；销售有价证券后减去购买时的价值所获得的收入款（包括财产继承或赠予）；补贴；因道德受到侵害所获得的收入；退休金；奖学金；津贴；获得的任何奖金形式的收入；因出现免除贷款债务、已过诉讼时效而注销债务情况而终止纳税人义务所获得的收入；按照保险合同获得的保险赔偿；产出提成费；缴纳各种结存保险所获得的收入。

4. 扣除与减免

根据《吉尔吉斯斯坦税法典》规定，纳税人根据税法的规定进行税前扣除，主要包括：标准扣除包括个人所需、赡养费、国家社保提成、非国家养老基金提成；社会扣除包括纳税人教育经费支出。财产扣出为纳税人按照偿还住房按揭贷款的实际金额获得财产税务扣除，但每年最多不超过23万索姆。

免税所得收入主要包括：救助款、社保补偿、退休金、教育机构奖学金；给予烈士家属的补贴和抚恤金；雇主对无偿物质援助；雇主为职工购买的体检、保险、出差、培训、劳保用品、危险工种补偿、工伤补偿、去世职工家属提供的抚恤金等。

5. 税率实行固定税率

根据《吉尔吉斯斯坦税法典》规定，吉尔吉斯税率为固定税率10%。

6. 征管与合规性要求

根据税法规定所得税由企业代扣代缴。扣缴义务人不得晚于次月20日前将代扣税金缴纳到税务局指定账户。扣缴义务人应在缴纳同时向税务机构提交个人所得税报表。

（四）关税

1. 关税体系和构成

吉尔吉斯斯坦企业从国外进口货物，需要缴纳关税。根据关税法案，吉尔吉斯斯坦进口货物的关税价值由以下方法确定：进口货物交易价格、相同货物成交价格、类似货物成交价格、倒扣价格估价方法、计算价格估价方法其他合理方法。

吉斯斯坦海关总署隶属吉尔吉斯斯坦政府，在全国下设15个海关：除全国7州和比什凯克市设有海关外（楚河州辖区内有托克马克和卡拉巴尔达两个海关），玛纳斯国际机场和比什凯克自由经济区也分别设有海关机构，此外还有"南方海关""北方海关""动力海关"和"北方铁路海关"。

2. 税率

根据《吉尔吉斯斯坦关税法》规定，关税税率由以下方法确定：从价计征，以应税货物的关税价值为基础按比例计算；特别办法计征，以应税货物的单位尺寸为依据计征；综合法计征，用以上两种方法综合计征 关税税率由 0%~30% 不等，但如果原产地不明的，最高税率可能达到 35%。

3. 关税免税

吉尔吉斯斯坦对"欧亚经济共同体"（ 前"海关同盟"）成员实行特殊的关税优惠，即对原产地为该组织成员国的进口商品免征关税。目前，对中吉两国框架项目享受免征关税政策。2016 年 4 月 9 日，欧亚经济委员会批准欧亚经济联盟使用统一特惠关税的条件和程序的章程，使用的特惠关税包括：对部分来自发展中国家的产品仅需缴纳进口关税的四分之一和对部分来自最不发达国家的产品免税进口。

4. 设备出售、报废及再出口的规定

根据《吉尔吉斯斯坦税法典》规定，免税进口设备物资在出售前，需清关完税，取得海关完税凭证后可以进行出售、报废清理。吉尔吉斯斯坦再出口的规定与国际惯例基本一致，即根据吉尔吉斯斯坦关税法律的规定，已进口吉尔吉斯斯坦的货物再出口的，不需申请非关税管理措施，可免征进口关税或从进口缴纳的关税税款中退税。关于货物再出口，也有特定限定条件，进口货物申报再出口的，免征关税。但是如果该进口货物不符合再出口条件，则需要征收关税，同时需要按照国家银行利率加收利息。

（五）企业须缴纳的其他税种

1. 财产税

根据《吉尔吉斯斯坦税法典》规定财产税征收对象为国有财产、市政财产、私有财产。

财产税计算依据指标较为复杂，按照资产分类需要参照不动产总面积、区域附加额、地区附加额、行业附加额等指标系数核算。具体分为四类财产，第一类常住或临时居住用途且不属于经营用的住宅楼、住宅、别墅，税率为 0.35%；第二类业务用的住宅楼、别墅、寄宿学校、休养所、疗养院以及业务用的其他建筑物，税率为 0.8%；第三类钢结构或其他结构业务临时用的建筑物，包括售货亭、货柜，税率为 0.8%；第四类运输工具，包括自行机械和自动式机构，税率根据运输工具种类及使用年限进行确认。

第一二三类财产计税公式为财产税应税额 = 每平米财产税应税额 × 资产总面积 × 区域附加额 × 地区附加额 × 行业附加额。第四类财产税基自行机械税基为发动机排气量或者账面价值、非自动机械税基为账面价值。

2. 消费税

在吉尔吉斯斯坦境内销售或进口特定货物的单位和个人都是消费税纳税义务人。可在吉尔吉斯斯坦生产或进口特定货物包括某些酒精（乙醇浓度 80% 以上）和酒精饮料、强化饮料、啤酒、烟草物品、铂和石油产品。消费税率根据消费品型号按照税法规定进行缴纳，不同消费品，费率差较大。主要商品消费税率如表 12-2-1 所示：

表12-2-1　主要商品消费税率如表

品名	伏特加	甜酒	饮料	葡萄酒	汽油	柴油	航空油	重油
税率	40 索姆 / 每升	40 索姆 / 每升	40 索姆 / 每升	10 索姆 / 每升	3000 索姆 / 每吨	800 索姆 / 每吨	2000 索姆 / 每吨	800 索姆 / 每吨

数据来源：对外投资合作国别（地区）指南。

消费税纳税期限根据产品不同纳税期限也存在差异，主要包括生产（伏特加酒除外）和 / 或进口已标记消费税标签的应税消费品，消费税纳税期为消费税标签获得当日或之前；自关税同盟成员国进口未标记消费税标签的应税消费品，消费税纳税期为关税同盟海关法和（或）吉尔吉斯共和国海关法规规定的日期，消费税纳税期为不晚于税务决算期下个月 21 日。

按照税法规定对于自然人在限定数额内携带入境的消费品、国际运输工具正常运行所需的消费税应税商品，包括为修理运输工具所需在境外购买的消费税商品、入境前已经损坏报废的商品、人道主义援助物资、用于吉政府或国际组织慈善项目和技术援助项目的物资、没收充公、无主或吉作为主权国家享有继承权的贵重物品、驻吉外交机构、享有外交地位的国际组织、外交人员及其家属自用的物品以上商品享受税后优惠政策，免征消费税。

3. 土地税

占地税在吉尔吉斯斯坦称为土地税，土地税由在一定区域内拥有土地的法律实体按季度缴纳。税法提供的基础税率由位置和土地用途决定。基础税率的范围为 0.9 索姆 / 平方米到 2.9 索姆 / 平方米（根据土地性质及位置等区分）。

土地税税额计算需要考虑地区、土地面积、通货膨胀率、以及土地税率计算。通货膨胀率每年由吉尔吉斯共和国政府在当年4月1日前根据上年实际情况进行确定通货膨胀率未规定的情况下，与上年数值相同。土地税需在土地注册登记地缴纳，比什凯克市范围内土地税需在纳税人税务登记地缴纳。农用地土地税缴纳时间早于4月26日的，按20%比例缴纳；4月26日—8月26日间缴纳的，按25%比例缴纳；8月26日—11月26日间缴纳的，按55%比例缴纳。由公民在城市及农村提供的（宅基地、自留地、园艺用地使用权）年土地税税款应在本年9月2日缴纳。

4. 地下资源使用税

地下资源使用的种类主要包括签字费和产出提成费。

（1）签字费。便于矿床普查、勘探及开采的地下资源使用权的一次性付款。签字费的纳税人为具有地下资源使用权的相组织、外国组织（在吉尔吉斯共和国通过常设机构从事经营活动）及个体企业。签字费税率由吉尔吉斯共和国政府根据分类表按照矿床和（或）矿苗的研究程度、价值、规模，以及矿床普查范围和水文地质钻孔深度确定。签字费的纳税人向税务局提交与矿产开发国家机关协商的相关计算税务局，并在不晚于地下资源使用权许可取得之日起的30日内缴纳签字费。

（2）产出提成费。便于矿床开采和（或）地下水开采（从地下资源中抽取），地下资源使用权的即期付款。产出提成费的纳税人为进行如下作业的本国组织、外国组织（在吉尔吉斯共和国通过常设机构从事经营活动）及个体企业。产出提成费税率为1%~12%。产出提成费纳税期为一个日历月。

5. 销售税

吉尔吉斯斯坦境内商品产品销售、工程、服务提供服务均须缴纳销售税。通过常设机构在吉尔吉斯斯坦境内销售产品或提供服务的外国法人实体。销售税的征税原理不同于增值税，如销售税就收入全额征税，而不考虑采购进项情况。销售税的纳税期间为一个日历月。纳税人需要在每月21日之前在税务登记所在地提交纳税申报表，申报缴纳上月销售税。

销售税税基如下：销售商品、商品以销售收入税基；财产转为租赁时以租金收入为税基；进行矿石冶金加工的组织以冶金加工后商品售出价格与加工前所得矿石价格差额；抽彩活动以彩票销售收入和已付奖品基金差额为税基税基；银行业以销售商品收入、利息收入扣减外汇业务收入为税

基；购买用于精炼和继续销售的金银以买卖价差为税基。

销售税税率如下：

销售、提供应征或免征增值税的产品、作品及服务：贸易活动 1%；其他活动 2%。

销售税免税项目：非现金销售（自 2016 年 7 月 1 日生效）；出口业务；发生在吉尔吉斯斯坦境外的销售活动；符合条件的农业生产企业，符合条件的慈善、教育及医疗组织开展的业务；将资产交付给信托管理人管理。

6. 统一税（简化税制）

简化税制规定由小企业支付统一税的权利，以代替销售税、企业所得税为目的所征收的税种。纳税人有权独立选择税法中规定的税制，若选择为统一税纳税人应向税务登记所在地税务局提交申请。纳税人自愿从简化税制转化为其他形式税制时应不晚于税制转变前 1 个月通知税务局。转化为其他形式税制后三年内不得转回。

小型企业主体为统一的纳税人，主要包含 1 年内收入额不超过增值税登记范围、不是增值税纳税人。统一税简化税制主要适用于执照税缴纳主体、金融保险业主体、投资基金企业、有价证券交易所中间人、消费税纳税人、公共饮食业主体、疗养保健领域主体。

税基为商品、工程、服务销售收入。税率为 4%~6%。统一税税率按产业分为：农产品加工企业税率为 4%，其他行业的税率为 6%。如果纳税人经营多种产业，统一税同样适用，并且按照不同产业的不同税率分别缴纳。统一税纳税期限为 1 个季度。

（六）社会保险金

1. 征税原则

吉尔吉斯斯坦的社会保障制度由养老保险基金、法定医疗保险基金和雇员康复基金组成。雇主需要按照员工薪酬总额的 17.25% 来缴纳社会保险（企业承担部分），其中 15% 为养老保险，剩余 2.25% 为医疗保险。雇主同时需要按照员工薪酬总额的 10% 为员工代为扣缴养老保险基金和国家储蓄基金（个人承担部分）。

2. 外国人缴纳社保规定

在吉尔吉斯斯坦以从事劳动行为为目的的外国公民、无国籍人士需在劳动、就业和移民部登记。按规定程序取得工作许可，在企业工作，以及从事个体商业行为的外国公民、无国籍人士，由劳动、就业和移民部授予工作许可证。企业外籍领导人、外国专家的工作许可证有效期为 1 年，并允许逐年延期。外国职业工作人员的工作许可证总有效期不得超过 2 年，外国个体企业主不得超过 3 年。劳动、就业和移民部自申办所需文件全部递交之日起，15 天内应做出颁发或拒发工作许可证的决定。外国雇员在吉尔吉斯取得工作许可证后，必须在吉尔吉斯支付工资，只需要缴纳工资总额 3% 的社会保险（公司承担部分），外国雇员个人无需缴纳社会保险。

第三节　外汇政策

一、基本情况

吉尔吉斯斯坦共和国国家银行是吉尔吉斯斯坦的外汇管理部门，负责制定汇率制度和外汇管理政策，行使外汇管理职能，进行外汇市场干预，并对涉汇金融机构实施监管。

外汇管理的主要法律依据是《吉尔吉斯斯坦共和国法》《吉尔吉斯斯坦共和国外汇交易法》《吉尔吉斯斯坦共和国国家银行法》《吉尔吉斯斯坦共和国政府和非政府债务法》，以及吉尔吉斯斯坦政府与国际货币基金组织签署的有关规定。主权货币及汇率形成机制：法定货币为索姆，在法律上吉尔吉斯斯坦实行浮动汇率制度，国家银行参与银行间外汇市场交易数据公布每日的外汇交易信息。

2017 年以来美联储实施了货币紧缩政策，为了维持汇率稳定，吉国家银行进行了外汇市场干预，包括出售和购买外币以平稳汇率的剧烈波动。

在吉尔吉斯斯坦注册的商业银行可在吉尔吉斯斯坦境内和境外自由买进或卖出外汇。任何个人、机构、团体都可在商业银行、金融机构以及兑换点将索姆与美元进行自由兑换，无需任何手续，不受额度限制。吉尔吉斯斯坦中央银行每天根据银行间外汇市场的交易情况发布当日平均汇率，并以此作为确定商务交易价格和进行结算的依据。

二、居民及非居民企业外汇管理规定

(一)货物贸易外汇管理

根据规定,企业日常外汇收支业务基本开放,不受限制。在吉尔吉斯贸易市场中可以使用美元、人民币等外币支付购买商品。但对进出口实行负面清单管理,其中酒类进出口需要配额,贵金属、活物、武器、麻醉药品和精神药品等货物进出口需要许可证。目前,中亚地区不稳定因素增多,向境外部分地区转汇需要提供采购合同、发票等相关资料。向吉尔吉斯境内汇入外币无任何法规限制。企业及个人可开设多个外币账户进行贸易交易。

(二)服务贸易外汇管理

根据规定吉尔吉斯斯坦服务贸外汇管理制度与货物贸易外汇管理制度完全一致,无任何差异。

(三)跨境债权债务外汇规定

所有直接投资企业均须向司法部、统计机构、社会基金和税务监察局登记。直接或间接拥有20%以上的银行投票权或成为银行控制人的机构或个人,均需从吉尔吉斯斯坦共和国国家银行获得事前许可。非居民收购境内不动产需经司法部批准。非居民可按照现行规定买卖股票和其他证券、债券、发行人需按规定在披露信息之日起3个工作日内向授权的政府机构提交有关重要事实及其披露信息。居民在境外销售或流通的股票,需按照法律进行事前登记。

根据《吉尔吉斯共和国法典》第84条款的规定,基于债权债务发生的外汇业务,需进行报关处理,将有关信息填入报关单。在吉尔吉斯共和国境外贷款、借款、开账户时应在国家银行注册,按照国家银行要求提供业往来业务发生的相关文件及报关单。

(四)外币现钞相关管理规定

吉尔吉斯斯坦法定货币为吉尔吉斯索姆,吉尔吉斯共和国的居民与非居民均有权在吉国境内自由兑换外币。根据经营的需要可持有外币,可在市场自由流通,收款单位按当日汇率折算为索姆开具发票即可。

三、居民企业和非居民企业资本项目外汇管理

1. 外汇账户相关管理规定

2003 年 3 月 25 日吉尔吉斯国家银行正式颁布规定了银行账户管理法案。2006—2012 年之间对其进行不断地完善和补充。在《吉尔吉斯国家银行账户管理法》中明确规定，吉尔吉斯外汇账户和吉尔吉斯本国货币账户采用相同的法律规范。

2. 所在国其他特殊外汇管理规定

在境外的吉尔吉斯居民，应根据国家银行的要求提供国外银行的账户和存款信息，将国外账户和存款国家银行登记备案。同时还需要报备境外账户相关的文件。

所有非政府机构均需向统计部门报告接受和发放的商业信贷。居民从非居民获得的信贷需遵守以下规定：一是负有非政府外债的居民再次借用外债的必须由财政部或由国家银行担保；二是发货后 180 天之内需完成短期贸易或结算交易的支付；三是若需偿还的信贷总额超过投资基金信贷协议签署日净值的 10%，则投资基金不得借款，信贷期限不得超过 6 个月不得展期。

吉尔吉斯斯坦法律规定证券市场包括衍生品证券，但未制定监管其发行和交易的具体条文，因此，在相关法律条文出台之前，不能在国内发行和交易衍生品证券。

四、个人外汇管理规定

根据《吉尔吉斯斯坦共和国外汇交易法》任何个人、机构、团体都可在商业银行、金融机构以及兑换点将索姆与美元进行自由兑换，无须任何手续，不受额度限制。吉尔吉斯斯坦中央银行每天根据银行间外汇市场的交易情况发布当日平均汇率，并以此作为确定商务交易价格 和进行结算的依据。

银行、信用社、专门贷款机构和小额信贷公司经授权可与个人进行交易，若个人兑换的外币超过限额，需要提供相关身份证明。个人进出口贵金属需许可证。携带超过等值 300 美元的外币现钞出境需书面申报，超过

等值 1 万美元的外币现钞或旅行支票入境需书面报关。国内金融和信贷机构禁止向居民个人提供外币消费和抵押贷款。

第四节　会计政策

一、会计管理体制

（一）财税监管机构情况

按照吉尔吉斯财税管理制度，企业需建立完善的会计核算制度，居民企业及外国投资者应按照吉尔吉斯斯坦共和国现行的会计制度进行会计核算、编制报表，居民企业外国投资者必须按照吉尔吉斯斯坦共和国有关法律规定的办法向税务、统计和其它管理机关报送企业会计报告。

吉尔吉斯金融市场监督管机构对会计制度方面的制定、修订等工作统筹规划，主要职权包括制定和批准规范会计管理和维护的法律法规；协助制定会计和财务报表领域的国际财务报告准则和国际财务报告准则计算机兼容课程；控制吉尔吉斯斯坦共和国国家机构的会计和财务报表遵守《国际财务报告准则》《中小企业国际财务报告准则》《国际财务报告准则》和《吉尔吉斯斯坦共和国立法》；维持吉尔吉斯斯坦共和国授权机构和其他国家机构通过的规范性法律行为国家登记册及其适用的方法指导方针；与专业公共机构合作，定期协商，改善会计制度；吉尔吉斯共和国的公司财务报告框架受到会计法、吉尔吉斯共和国政府制定的简化会计准则或国际财务报告准则法规定要求的约束。

吉尔吉斯斯坦有多个层级的税务机关，在实践中分别履行不同的职能。国家税务服务局直属于吉尔吉斯斯坦中央政府管辖，主要负责判定纳税人复议申请、执行征税预算、负责大企业纳税人的税务审计工作（例如：指派税务检查人员专项调查和解决重大涉税问题）。税务局具有法人地位，在吉尔吉斯共和国法律规定的职权范围内开展税收征管工作，以及参与实施吉尔吉斯共和国的税收政策。

（二）对外报送内容及要求

财务报表及税务报表由纳税人或扣缴义务人按照政府批准的格式对外报出，年度报表不得晚于次年 3 月 1 日。财务报表及税务报表使用吉尔吉斯语或官方语言进行编制，如果涉及外文等其他会计及税务资料，纳税需把文件翻译为吉尔吉斯语言或者官方语言。财务报表对外报送主要包括《当期期末财务状况表》《当期综合收益表》《当期权益变动表当期》。披露对于管理层在采用会计政策过程中所作出的，对财务报表中确认的金额最具有重大影响的判断等。吉尔吉斯法律规定报送税务报表主要包含《增值税报表》《销售税报表》《个人所得税报表》《企业所得税报表》等，税务报表信息必须包含纳税人识别号、法定地址、实际地址，纳税义务、纳税期。企业有权自主提交报表的方式，目前报送的方式主要为报送纸质文档报表及电子格式报表。

二、财务会计准则基本情况

（一）适用的当地准则名称与财务报告编制基础

2002 年颁布《会计法》后经过四次法律修订案。2013 年 2 月，《会计法》修订案，根据实体的规模和重要性，对会计及财务报告要求进行了差异化的规定。目前，吉尔吉斯根据实体性质不同使用不同的会计编制基础，目前主要执行的会计准则主要有国际财务报告准则 IFRS、中小企业国际财务报告准则 IFRS SMES、公共部门国际财务报告准则 IFRS for the Public Sector[1]。

（二）会计准则使用范围

根会计法规定上市公司、银行、其他金融机构、投资基金、保险公司和非政府养老基金等公众利益实体（Public Interest Entity）需要完全采用的国际财务报告准则 IFRS，政府机关等非营利实体执行公共部门国际财务报告准则 IFRS for the Public Sector，中小企业（SMEs）、个体户和微型企业可

---

[1]　国际财务报告准则 IFRS：根据 2002 年 2 月修订的 "2002 年度会计准则中小企业国际财务报告准则 IFRS SMES：单一贸易商和微型企业可以自愿采用吉尔吉斯共和国政府制定的简化会计准则或国际财务报告准则。

公共部门国际财务报告准则 IFRS for the Public Sector：财政部负责制定公共部门会计准则，这些标准在 "2008 年度国家预算实体管理和执行会计制度"。

以自愿采用吉尔吉斯共和国政府制定的简化会计准则或国际财务报告准则。

三、会计制度基本规范

(一)会计年度

根据会计法"第 13 条会计年度"的规定,会计年度为每年的 1 月 1 日—12 月 31 日。对于 10 月 1 日以后注册的实体,会计年度为注册登记日到次年的 12 月 31 日。

(二)记账本位币

吉尔吉斯共和国所有企业和组织均应以吉尔吉斯索姆作为记账本位币。

(三)记账基础和计量属性

根据会计法第三条"会计原则和财务报表"规定,吉尔吉斯会计记账基础采用权责发生制,会计核算使用复式记账法,核心计量属性是公允价值。

四、主要会计要素核算要求及重点关注的会计核算

(一)现金及现金等价物

根据国际会计准则制度,现金和现金等价物是是现金流量表的编制基础。现金主要是是指库存现金和活期存款;现金等价物,是指随时能转变为已知金额的现金的短期投资,其流动性高,价值变动的风险小的投资。

(二)应收款项

根据国际会计准则制度,应收款项泛指企业拥有的将来获取现款、商品或劳动的权利。它是企业在日常生产经营过程中发生的各种债权,是企业重要的流动资产。主要包括:应收账款、应收票据、预付款项、应收股利、应收利息、应收补贴款、其他应收款等。根据吉尔吉斯会计制度应收账款需要对 30 天以上未收回的款项计提减值准备,计提比例分别为 1~30 天 4%;31~60 天 10%;61~91 天 15%;90 天以上 25%。当期计提的减值准备可以税前扣除。

(三)存货

根据国际会计准则制度,存货是指在正常经营过程为销售而持有的资产,为这种销售而处在生产过程中的资产,在生产或提供劳务过程中需要消耗的以材料和物料形式存在的资产。存货的初始成本应由使存货达到目

前场所和状态所发生的采购成本、加工成本和其他成本所组成。

存货的期末计量应按成本与可变现净值中的低者来计量。如果存货遭到损坏，或者全部或部分遭到废弃，或者导致其销售价格降低，存货的成本就可能得不到补偿。此外，如果到完工或完成销售，所估计发生的费用有所增加，存货成本也可能得不到补偿。将存货成本减记到可变现净值。

存货被出售时，在收入被确认的同时，存货的账面金额应确认为费用。存货因减记到可变现净值而被减记的任何金额以及存货的所有损失，都应在减记或损失发生的期间作为费用被确认。由于可变现净值增加使得存货被减记的金额有一部分需要转回时，被转回的任何金额应在转回的期间冲减已确认为费用的存货金额。

（四）长期股权投资

根据国际会计准则制度，根据吉尔吉斯会制度规定长期股权投资在出事计量方面不包括同一控制下的企业合并，其对于子公司的投资，采用成本法进行后续计量，并且不区分该投资是否形成企业合并。

长期股权投资初始计量：非企业合并形成的长期股权投资，按照付出的成本计量；企业合并形成的长期股权投资，所有的企业合并都采用购买法进行会计处理。购买法是指母公司为了取得子公司的控制权，使用现金、票据、其他资产或者是法定发行的优先股或债券或甚至是一部分普通股，按照协商好的价格去收购其他公司或单位的股份。

（五）固定资产

根据《吉尔吉斯会计准则》规定，固定资产主要是指不动产、厂房、设备。固定资产主要是企业为了在生产或供应商品或劳务时使用、出租给其他人，或为了管理的目的而持有，并且预期使用一年以上。

固定资产的初始计量，应同时满足与该资产有关的未来经济利益可能流入企业该资产对企业的成本能可靠地计量。不动产、厂房和设备项目的成本，应由其购买价格，包括进口税和不能退回的购买税，以及任何使资产达到预期工作状态的直接可归属成本所组成。在计算购买价格时，应减去任何有关的商业折扣。

固定资产的后续支出，当超过原先确定的现在资产的业绩标准的未来经济利益有可能流入企业的，与某项已被确认的不动产、厂房和设备有突的后续支出，应增加该资产的账面金额。而所有其他的后续支出，应在其发生的期间确认为费用。

固定资产折旧，不动产、厂房和设备的可折旧金额应在其使用年限内，按系统的基础进行分配。所采用的折旧方法应反映企业消费该资产的经济利益的模式。每一期间的折旧费用应确认为费用，除非它能包括在另一项资产的帐面金额中。当体现在一项资产中的经济利益被企业消费时，该资产的帐面金额应减少以反映这种消费，通常是计算一项折旧费用。

固定资产使用年限的复审，应该定期地对不动产、厂房和设备等项目的使用年限进行复审，并且如果预计值与以前的估计有很大的不同，就应该调整当期和以后期间的折旧费。

固定资产报废和处置，不动产、厂房和设备项目，在处置时，或者当该资产永久性不再使用并且预期从它的处置中不能得到未来经济利益时，应从资产负债表中剔除。由一项不动产、厂房和设备的报废或处置产生的利得或损失，应确认为估计的处置净收入与资产的账面金额之间的差额，并且应在损益表中确认为收益或费用。

（六）无形资产

根据国际会计准则制度，无形资产指为用于商品或劳务的生产或供应、出租给其他单位、或管理目的而持有的、没有实物形态的、可辨认非货币资产。无形资产的定义要求无形资产是可辨认的，商誉不属于无形资产。

无形资产初始计量，无形资产应以成本进行初始计量。初始确认后，无形资产应以其成本减去累计摊销额和累计减值损失后的余额作为其账面余额。

无形资产的后续支出，无形资产在其购置或完成后发生的支出应在发生时确认为费用。无形资产的应折旧金额应在其使用年限的最好估计内系统地摊销。所使用的摊销方法应反映企业消耗无形资产的经济利益的方式。如果该种方式不能可靠地确定，那么应采用直线法。每期的摊销额应确认为费用。摊销通常应确认为费用。但是，有时体现在无形资产中的经济利益，不会导致费用而是由企业吸收在其他资产的生产中。在这些情况下，摊销费用形成其他资产成本一部分，并包括在其账面金额中。摊销期和摊销方法至少应在每个财务年度末进行检查。如果资产的预期使用年限与以前的估计相差很大，那么摊销应作相应的改变。

无形资产的报废和处置，无形资产应在处置或没有未来经济利益流入时，终止确认。无形资产的报废或处置形成的利因或损失，应根据净处置收入和资产的账面金额之间的差额确定；并在收益表中确认为收益或费用。

（七）职工薪酬

根据根据国际会计准则制度，规定职工薪酬指企业为换取雇员提供的服务而给予的各种形式的报酬。主要分为短期雇员福利，如对现有雇员提供的工资、薪金和社会保障提存金、带薪年假和带薪病假、利润分享和奖金（如果应在期末后 12 个月内支付）和非货币性福利（如医疗保障、住房、汽车、无偿提供商品或服务，或对所购商品或服务提供补贴）；离职后福利，如养老金、其他退休福利、离职后人寿保险和离职后医疗保障；其他长期雇员福利，包括长期服务休假或高等院校教师的休假年、节日或其他长期服务福利、长期伤残福利以及利润分享（如果在期末以后 12 个月内不全部支付）、奖金和递延酬劳；辞退福利；权益计酬福利。雇员福利包括提供给雇员或其被赡养人的福利，可以直接支付（或供应商品或服务）给雇员、其配偶、子女或其他被赡养人或支付给其他方面（如保险公司）进行结算。雇员可以是专职、兼职、永久、不定期或临时的。吉尔吉斯财务报表需要对企业员工成本和关键管理人员职工薪酬进行披露。

（八）收入

根据国际会计准则制度，收入是指企业在一定的期间内，由正常经营活动所产生的经济利益的流入的总额。该流入仅指引起权益增加的部分，而不包括企业投资者出资引起的部分。根据吉尔吉斯会计准则收入主要包含销售商品，提供劳务，他人使用企业的资产而产生的利息、使用费和股利。收入应以已收或应收的价的公允价值进行计量，交易所产生的收入额通常由企业与资产的购买方或使用方所达成的协议来决定。该项金额是以企业已收或应收的价款的公允价值为根据，并考虑了企业允诺的商业折扣和数量。根据相关规定吉尔吉斯建造、施工企业应参照国际会计准则建造合同收入准则确认收入。

2018 年当年或之后开始年度，《国际财务报告准则第 15 号——客户合约收益》生效，则遵循新颁布的准则：在履行了合同中的履约义务，即在客户取得相关商品或服务的控制权时，确认收入。对于在某一时段内履行的履约义务，在该段时间内按照履约进度确认收入，并按照一定方法确定履约进度。履约进度不能合理确定时，已经发生的成本预计能够得到补偿的，按照已经发生的成本金额确认收入，直到履约进度能够合理确定为止。

（九）政府补助

根据国际会计准则制度，政府补助是指政府以向个企业转移资源的方式，来换取企业在过去或未来按照某项条件进行有关经营活动的那种援助。这种补助不包括那些无法合理作价的政府援助及不能与正常交易分清的与政府之间的交易。政府补助只有在企业将符合补助所附的条件和补助即将收到两条得到合理的肯定时，才能予以确认。

政府补助的会计处理方法主要有两种：资本法，在这种方法下，将补助直接贷记股东权益；收益法，在这种方法下，将补助作为某一期或若干期的收益。政府补助应有规则地在会计期间确认为收益，以便将它们与需要弥补的有关费用相配比。政府补助不应当直接贷记股东权益。

政府补助可能采用将非货币性资产，诸如土地和其他资源转移给企业使用的方式。在这些情况下，对非货币性资产通常需要确定公允价值，并且对补助和资产均按公允价值进行会计处理。有时还采用一种变通办法，按名义金额记录资产和补助。

（十）借款费用

根据国际会计准则制度，借款费用是指企业发生的与借入资金有关的利息和其他费用。主要包括银行透支、短期借款和长期借款的利息；与借款有关的折价或溢价的摊销；安排借款所发生的附加费用的摊销；"租赁会计"确认的与融资租赁有关的财务费用；作为利息费用调整的外币借款产生的汇兑差额部分。直接归属于某项资产的购置、建造或生产的借款费用，应包括在该项资产的成本之中。当借款费用可能为企业带来未来经济利益并且该费用能够可靠地计量时，应将其作为资产成本的一部分予以资本化。其他借款费用应在其发生的当期确认为费用。

借款费用资本化分为专门借款资本化和一般借款资本化。在开发活动发生中断的一个较长期间内，应暂停对借款费用资本化当为使相关资产达到预定用途或销售状态的所有准备工作实际上已完成时，应停止对借款费用的资本化。

（十一）外币业务

初始确认。外币交易主要是企业间贸易往来时约定的以记账本本位币（索姆）以外的货币进行结算，一般包含货款的收付、吸收投资或进行筹资等。外币交易在初次确认时应按交易日报告货币和外币之间的汇率将外币金额折算成报告货币予以记录。

资产负债表日后续计量。在每一个资产负债表日，外币货币性项目应以期末汇率予以公告；以外市公允价值计价非货币性项目应采用确定价值时存在即期汇率予以报告。

汇兑差额的确认。由于结算货币性项目或者按照不同于在本期最初记录的或在前期财务报表中所运用的汇率报告货币性项目而产生的汇兑差额应在其形成的当期确认为收益或者费用。

（十二）所得税

根据国际会计准则制度，所得税费用（收益）指包括在本期净损益确定中的当期所得税和递延所得税的总金额。当期所得税，指根据一个期间的应税利润（可抵扣亏损）计算的应付（可收回）所得税金额。所得税的确认采用资产负债表债务法进行确认，根据资产与负债账面价值和计税基础的不同确认递延所得税资产和递延所得税负债。只要资产或负债的账面金额的收回或清偿可能使未来税款支付额大于（小于）不产生纳税后果情况下的收回或清偿金额，那么除了少数例外，企业应确认递延所得税负债（资产）。

所得税计量，本期和以前期间形成的当期所得税负债（资产），应按已执行的或到资产负债表日实质上已执行的税率和税法计算的、预期应付税务部门（从税务部门返还）的金额计量。递延所得税资产和负债，按预期实现该资产或清偿该负债的期间的税率计量，依据的是已执行的或到资产负债表日实质上已执行的税率（和税法）。递延所得税负债和资产的计量，应反映在资产负债表日从企业预期收回或清偿其资产和负债账面金额的方式中推算出的纳税后果。

五、其他

企业合并，指通过一个企业与另一个企业的联合或获得对另一个企业净资产和经营活动控制权，而将各单独的企业组成一个经济实体。在企业合并会计中，购买与股权联合具有本质的不同，因而交易的实质应在财务报表中反映。每一种情形应采用不同的会计方法。

购买合并，采用购买法核算购买企业的原则类似于核算购买其他资产的原则。因为购买企业涉及的是为换取对另一个企业净资产和经营活动的控制权而转让资产、承担债务或发行资本的交易。购买法以成本作为记录购买的基础，其成本的确定取决于购买交易。购买应按其成本核算。该成本即支付的现金或现金等价物的金额或者交易发生日购买企业为取得对其他企业净资产的控制权而放弃的其他购买对价的公允价值，加上可直接归入购买成本的费用。除了购买价，购买企业可能发生一些与购买有关的直接费用，其中包括注册和发行权益证券的费用、支付给为实现购买而聘请的会计师、法律顾问、评估师和其他咨询人员的业务费用。一般管理费用，包括维持购买部门的费用，以及其他不能直接计入所核算的特定购买事项的费用，不应包括在购买成本中，而应在发生的当期确认为费用。

本章资料来源：

◎《中国居民赴吉尔吉斯斯坦投资税收指南》

◎《对外投资合作国别信息指南》中国驻吉尔吉斯斯坦使馆经济商务参赞处商务部对外投资和经济合作司

◎《吉尔吉斯共和国税法》